Schornstein

Jan Faktor

Schornstein

Roman

> LESEEXEMPLAR!
> BITTE NICHT VOR DEM
> 20. FEBRUAR 2006
> BESPRECHEN

Kiepenheuer & Witsch

Die Arbeit an diesem Manuskript wurde gefördert durch:
Else-Heiliger-Fonds der Konrad-Adenauer-Stiftung
Stiftung Preußische Seehandlung
Senat von Berlin

Alle Ähnlichkeiten der fiktiven Figuren dieses Textes
mit Personen aus der Realität können nur zufälliger
Natur sein. Dies gilt genauso für mögliche Ähnlichkeiten
mit Personen, die bestimmten im Lande
vorhandenen und aktiv tätigen Gremien, Institutionen,
Körperschaften oder Vereinigungen angehören.

1. Auflage 2006

© 2006 by Verlag Kiepenheuer & Witsch, Köln
Alle Rechte vorbehalten.
Kein Teil des Werkes darf in irgendeiner Form
(durch Fotografie, Mikrofilm oder ein anderes Verfahren)
ohne schriftliche Genehmigung des Verlages reproduziert
oder unter Verwendung elektronischer Systeme verarbeitet,
vervielfältigt oder verbreitet werden.
Umschlaggestaltung: Linn-Design, Köln
Umschlagmotiv: © Susanne Schleyer, Berlin
Gesetzt aus der Sabon und Formata
Satz: Pinkuin Satz und Datentechnik, Berlin
Druck und Bindung: GGP Media GmbH, Pößneck
ISBN 3-462-03682-3

Für Franzi, Lissy und Anny

Am Ende

Als es draußen wirklich warm wurde, stand ich manchmal mit etwas mehr Freude auf als sonst. Und schleifte mich auf meinen wackligen Beinen langsam durch die Wohnung.

– Der Pflegefall wird in den nächsten Tagen mobilisiert, sagte ich zu Anne, die ungeduldig auf gute Nachrichten von meinem Zusammenbruchs- und Krankenlager wartete.

– Na, hoffentlich, Schornstein.

– Dann bist DU aber wieder dran, mache dir keine Illusionen. Deine Entwicklung und Erziehung ist noch lange nicht abgeschlossen.

– Bist du wieder frech?

Die Katastrophen der letzten zehn Monate hatten mir zwar ordentlich zugesetzt, jetzt kam aber langsam wieder Hoffnung in mir auf. Eines Nachmittags wollte ich meine Restkräfte testen und mich dabei ordentlich atmen hören. Ich entschloß mich, vorsichtig joggen zu gehen. Anne war nicht da.

Ich lief los, es war schon dunkel. Mir war einigermaßen klar, daß ich nicht sehr lange würde durchhalten können; und Rauschzustände erwartete ich von diesem Lauf sowieso nicht. Ich spürte dann schon nach wenigen hundert Metern, wie ich aus einigen meiner vorletzten Löcher pfiff, lief aber gegen die Schwäche weiter. Dabei mußte ich an eine Szene aus alten Zeiten denken, als ich an einem länglichen Straßenaushub vorbeilief, in dem einige Afrikaner in der prallen Sonne schuften mußten. Ich sah sie schon von weitem, sie legten in dem grob ausgehobenen Graben mit ihren Spitzhacken und Schaufeln irgendwelche Kabel frei – und sahen dabei ziemlich jämmerlich aus. Ich hatte ungefähr neun Kilometer in der glühenden Hitze hinter mir und schwitzte auch wie verrückt. Als sie mich bemerkten, richteten sich einige von ihnen auf – bis einer von ihnen die Situation wortlos auf den Punkt brachte. Er hob seine Schaufel hoch und hielt sie mir entgegen.

Jetzt kämpfte ich im Park ziemlich allein. Ich schaffte gerade noch die zweite kurze Runde; bei der nächsten, also etwa nach vier Kilometern, war ich ganz nah dran, aufzugeben. Zu Hause schmiß ich die feuchten Klamotten im Flur auf den Fußboden und blieb beim Duschen lieber sitzen, um nicht auszurutschen. Der Energiemangel machte aus mir so etwas wie ein wirbelloses Weichwesen, das viel zu schwer geraten war. Eine Qualle auf Insektenbeinen. Wenn ich zwischendurch etwas tiefer ein- und ausatmen und dabei meinen Brustkorb heben mußte, empfand ich es als eine Zumutung. Ich hatte zwar gerade einige Härtetests überstanden, eine derartige Kraftlosigkeit war mir trotzdem vollkommen neu.

Ich plazierte mich in meinem Korbstuhl und wartete, bis ich in der Lage sein würde, in die Küche zu gehen. Wegen eines plötzlichen Temperaturabfalls mußte ich mich dann doch auf die Füße stellen und rührte mir zum Aufwärmen schnell eine große Tasse Pulversuppe ein. Dazu aß ich trockenes Brot, weil ich nicht noch einmal aufstehen wollte. Dann ging ich, ohne mir die Zähne zu putzen, gleich ins Bett. Um schnell zu verschwinden und vor allem von Anne nicht geweckt zu werden, schluckte ich zwei Schlaftabletten. Beim Einschlafen hoffte ich stark, am nächsten Tag nicht wieder in meine bettlägerige Form zurückzufallen.

Ich schlief die Nacht gut durch, und es war schon fast neun, als ich aufwachte. Anne wuselte in der Küche. Ich

fühlte mich erholt, spürte die Spuren der gestrigen Totalschwäche aber noch deutlich. Sie steckten in mir als eine Art Muskel-, Sehnen- und Knochenerinnerung.
– Die Genesungsmaschine kommt wieder in Gang, Vorsicht. Bald werde ich fleißig wie du.
– Du warst abends joggen, oder?
– Ich war ziemlich fertig. Die verschwitzten Sachen sind irgendwo liegengeblieben.
– Alles hängt auf der Leine, ich war wieder mal lieb – viel zu lieb, wie immer. Du mußt aber einkaufen gehen, unbedingt. Das schaffst du hoffentlich noch.

Nach dem Frühstück erledigte ich mit relativer Leichtigkeit drei Telefonate, die ich schon seit Tagen vor mir hergeschoben hatte. Und ich erreichte die Leute auch gleich. Eine Weile verbrachte ich noch auf dem Balkon, sah mir die gegenüberliegenden Häuser an und dachte daran, daß hinter den ganzen Fassaden sicher auch einige Menschen Tag für Tag versuchten, nicht zusammenzubrechen. Dann ging ich raus und bekam nach langer Zeit wieder Lust, in meinen Beruf zurückzukehren.

Das Texten für die Werbung war für mich als Arbeit ideal. Und ich dachte jetzt öfter mit Sehnsucht an die alten guten Tage; vor allem daran, wie schön konzentriert ich mich damals beschäftigen und mich dabei wunderbar austoben konnte. In meiner alten Firma durfte man während der Arbeit sogar Videospiele spielen. Zusätzlich werden in vielen Agenturen oft gemeinsame Unternehmungen wie Reisen, Feste oder verrückte Wettkämpfe organisiert – und natürlich auf einem professionellen Niveau. Mein Glück war, daß ich es genoß, wenn Erwachsene solche kindlichen Dinge wie Schnitzeljagden oder alberne Gokart-Rennen veranstalteten und versuchen mußten, sich dazu einigermaßen reif zu verhalten. Gleichzeitig genoß ich es, wenn sich die Agentur ihre Feste oder Exkursionen viel Geld kosten ließ.

Es war gegen elf, am Rondell vor dem Supermarkt sammelten sich die ersten Alkies, die wegen der Sonne etwas früher aus ihren Höhlen herausgeschlichen kamen. Einige kannte ich nur flüchtig vom Sehen. Von meinen Vertrauten – also den Repräsentanten der alten Garde – waren nur der Riese und der Hinker da. Allerdings waren mir während des Winters ganz bestimmt einige Umschichtungen in der Szene entgangen. Über den Beißer hörte ich beispielsweise einmal von Frau Schwan, daß er in Wedding eine neue Freundin habe und zu ihr gezogen sei. Hoffentlich war diese Frau mit Zähnen ähnlich gut ausgestattet wie er.

Frau Schwan war nicht zu sehen. Am Rande des ehemaligen Springbrunnens saßen einige erstaunlich junge Kerle, die ich überhaupt nicht kannte – offensichtlich Neurekrutierungen aus den Winterquartieren. Sie sahen unverbraucht aus und man hätte sie glatt als die hoffnungsvolle frische Trinkergeneration feiern können. Mit meinen weitsichtigen Augen verfolgte ich alles aus einer sicheren Entfernung, blieb auf meiner Straßenseite und überquerte die Hauptstraße erst später.

Im Supermarkt brauchte ich ewig. Ich schleppte mich an den Regalen wie ein Trottel entlang und merkte mehrmals erst am Ende einer Schleife, daß ich nicht konzentriert genug wahrgenommen hatte, was an mir vorbeigerauscht war. In der Zwischenzeit füllten sich draußen auf dem Rondell die Bänke – und als ich mich auf dem Rückweg dem kleinen Säuferparadies näherte, war das Publikum schon sehr gemischt. Es saßen dort wegen der Sonne – und dank des im Winter geschmolzenen schlechten Rufes der Örtlichkeit – auch einige Mütter mit Kindern, mehrere Omas und einige möglicherweise Ortsfremde, die ihre überschüssige Zeit totschlagen wollten. Viele leckten ihr erstes Eis. Die Büsche waren nach den Wintermonaten noch nicht vollgemüllt. Außerdem war das nette Plätzchen wegen der noch fehlenden Blätter an den Büschen gut einsehbar, wirkte noch nicht wie ein gepachtetes Open-Air-Wohnzimmer – schreckte nicht so stark ab. Das wilde Treiben ging trotzdem schon los. Einer der neuen Typen kippte gerade den Inhalt einer Schnapsflasche in sich hinein. Wahrscheinlich ging es darum, zu beweisen, daß er danach aufrecht sitzen bleiben würde.

Ich näherte mich mit meinen beiden Taschen dem Rondell, bis ich den unbekannten Kotzenden entdeckte. Der Mann war so merkwürdig anzusehen, daß ich stehenbleiben mußte. Ich setzte meine Taschen ab, lehnte mich an einen Baum und staunte. Der Typ war kein normaler Alkoholiker, der gerade an dem Tag zufällig etwas falsch gemacht hätte. Er war mit einer Speisenröhrenfunktion ausgestattet, wie ich sie bis dahin nie zu sehen bekommen hatte.

Der Fremde trug einen hellbraunen Anzug und machte absolut keinen verwahrlosten Eindruck. Neben ihm stand ein sauberes kleines Köfferchen. Von zentraler Bedeutung an ihm war aber etwas anderes: Eine offene Konservendose, die er waagerecht und umsichtig in der vorgestreckten Hand hielt. Er saß breitbeinig an der Ecke einer Bank, am anderen Ende verharrte eine steif nach vorn glotzende Oma, die offensichtlich wegen der sonnigen Lage ihre Stellung nicht räumen wollte. Der Mann saß da und kotzte ruhig vor sich hin. Er kotzte aber nicht so, wie man es kennt, nicht stoßartig und eruptiv. Aus ihm floß die Magensuppe in einem gleichmäßigen Strom heraus, fast geräuschlos – also ohne das übliche Würgen. Und ich hatte den Eindruck, daß das, was er so unmittelbar ans Tageslicht brachte, der fast unveränderte Inhalt seiner Dose war. Der Kotzbrei konnte höchstens leicht angesäuert und etwas angewärmt sein. Von Blut konnte die tomatenhafte Farbe nicht kommen, geronnenes Blut wäre nämlich schwarz; Kaffeesatzerbrechen heißt es, wenn ich mich nicht irre.

Die Alkies sieht man sonst nie etwas essen. Dieser Mann schien aber auf Reisen zu sein und mußte sich nicht unbedingt an die Regeln halten; er hatte eben Appetit auf eine pikante Stärkung bekommen. Die kalte und vielleicht zu sahnige Tomatensuppe war für ihn offenbar nicht das Richtige. Eigentlich hätte er ruhig in das Gefäß zurückkotzen können, dachte ich. Er tat es aber nicht, umklammerte die Dose so gewissenhaft, als ob er mit dem Restinhalt noch einiges vorhätte.

Seine angewärmte Suppe spritzte unterdessen in alle Richtungen, die Lache zwischen seinen geschickt auseinandergehaltenen Beinen wurde immer größer; in der Mitte bildete sich ein Häufchen, er selbst wölbte sich darüber starr wie eine Statue. Das eigentlich Absurde an der ganzen Situation war die allgemeine Ruhe und Gelassenheit um ihn herum. Die vielen Zeugen der Szene taten, als ob nichts Besonderes im Gange wäre, sogar die Kinder machten keine Probleme. Sie zeigten nicht auf den Störer, stellten keine lauten Fragen. Niemand wollte wissen, ob er nicht Hilfe bräuchte. Aber er brauchte tatsächlich keine. Seine Situation war klar und seine Lage stabil – er mußte sein unreines Geschäft nur zu Ende bringen und machte außerdem den Eindruck, daß er seine Reise bald wieder fortsetzen würde. Alle anderen wollten unbedingt die Sonne genießen, ihr Eis zu Ende lecken. Auch ich war voller Ruhe. Ich wunderte mich nur, wieviel Absondermasse aus dem Menschen insgesamt herauskam. Sie floß und floß. Ich hätte immer weiter zusehen können, meine Leute sahen mich hinter dem Baum nicht – es passierte aber nichts mehr. Irgendwann wurde es mir zuviel, und ich ging zurück – zum Supermarkt.

Der Mann, der im Leben – ähnlich wie ich – bestimmt noch weiterkommen wollte, war ein echtes Sorgenkind.

Sein Zustand hätte sich von einem Moment auf den anderen dramatisch verschlimmern können – und er wäre dann glatt nach vorn in seine Pfütze gefallen. Ich zeigte der Kassiererin stumm durch Hochhalten meiner beiden Taschen, daß ich noch einmal in ihren Superladen mußte, und stellte die Taschen hinter ihrem Verschlag ab. Ich ging rein, um die Dose zu suchen. Ich würde sie an einigen äußeren Merkmalen sicher erkennen. Und ich fand sie auf Anhieb – es war tatsächlich eine »echte« italienische Tomatensuppe mit Sahne; aus seriöser deutscher Produktion. Haltbar waren die drei Proben, die ich in die Hand nahm, noch zwei Jahre; Geschmacksverstärker, Emulgatoren, Farbstoffe, Antioxidations- und Verdikkungsmittel konnten den Mann nicht so verstört haben. Das Rot auf der Abbildung strahlte verführerisch. Da ich in dem Büchsen- und Fertigfraßgang in dem Moment vollkommen alleine war, schüttelte ich eine der Büchsen kurz und riß sie auf. Die Farbe war exakt die gleiche, wie ich sie von draußen bereits kannte. Ich stellte die Büchse zurück, sie sah dort ziemlich traurig und verlassen aus.

Ich wollte dann schnell wieder an die frische Luft, mußte mich an der Schlange vor der Kasse und an einigen vollgeladenen Einkaufswagen vorbeiquetschen. Und ich ärgerte mich über meinen ziemlich überflüssigen Recherchegang. Für den Fremden konnte ich sowieso nicht viel tun. Draußen schlich ich mich in sicherer Distanz zum Rondell bis zur nächsten Kreuzung. Was auf dem Parkgelände vor sich ging, konnte ich wegen einer Straßenbahn und eines Busses eine ganze Weile nicht sehen. Mein zufälliger neuer Freund schien aber nicht mehr da zu sein.

Nachmittags ging ich noch einmal hin, um die Spuren zu studieren. Die Suppenlache war stark eingesickert, wirkte relativ trocken – und war unberührt. Ich entdeckte keine Knie- oder Handabdrücke. Nirgends war ein Männerkörper zu sehen, im Gebüsch lag auch kein leergeraubtes Köfferchen. Mein Freund und Ebenbild war also eindeutig nicht nach vorn gekippt. Er mußte sich geschickt aufgerichtet, sich erst neben der Lache in Bewegung gesetzt haben – und höchstwahrscheinlich aus eigener Kraft. Er war von keinen schwerbestiefelten Feuerwehrmännern oder Polizisten weggeschleift worden. Ich war stolz auf ihn. Die bleichrote Lache mit einer Korona aus vielen kleinen Tröpfchen sah wie ein von der Allgemeinheit respektiertes Kunstobjekt aus.

ENDE

Am Anfang

Da ich mich beim Schildern des Ausgangs dieser Geschichte gerade als eine halbe Leiche präsentiert habe, muß ich etwas klarstellen: Ich war lange davor wirklich schon einmal so etwas wie eine halbe Leiche – und potentiell bin ich es immer noch. Mit dreiunddreißig, also vor zehn Jahren, war es schon so weit mit mir, daß ich beim gemütlichen Herumlaufen wie ein Greis stehen bleiben mußte, um nicht umzufallen. Und ich bin dann sogar umgefallen, wobei mir auf dem Boden gar nicht klar war, daß das mein Ende hätte sein können. Angst spürte ich keine. Anne meinte später, so viel Ignoranz würde schon an Idiotie grenzen. Mir kam es damals offensichtlich zu absurd vor, so jung zu sterben. Ich hatte recht. Man hat mich nicht nur wiederhergestellt, ich bin aus meinen Trümmern munterer aufgestanden, als ich je war. In unserem, für mich auf jeden Fall besten Land auf der Erde gibt es eine Möglichkeit, Leute wie mich bei Gesundheit zu halten. Daß ich immer noch da bin, verdanke ich einer Maschine, mit der ich mir mein Blutplasma filtern lasse. Erfunden wurde das wunderbare Gerät zwar für andere Störungen, es funktioniert aber auch bei mir. Wenn ich mal im Urlaub bin und drei Wochen Pause mache, ist der Hauptfilter am Ende nicht nur dunkelgelb statt weiß, sondern voll von dicken Klumpen. Medikamente gibt es gegen mein sonderbares Blutfett nicht. Mein Herzinfarkt brachte mir im Grunde aber nur Glück. Ich und Anne begannen ganz anders zu essen und zu leben. Ohne meine Krankheit wären wir inzwischen sicher fett und häßlich.

Die Geschichte, die ich erzählen möchte, begann mit einem kurzen Anruf aus meinem Krankenhaus. Mein Arzt Dr. Arnold meinte, es gäbe irgendwelche Probleme mit der Finanzierung meiner Therapie. Er würde sich aber sofort darum kümmern und alles regeln. Dann faxte er mir ein kurzes offizielles Schreiben, in dem das Problem in seltsam allgemeiner Form erläutert wurde. Mir waren solche Briefe leider so unheimlich, daß ich mich grundsätzlich weigerte, sie zu verstehen. Auch jetzt war ich ratlos. Das Schreiben kam nicht von der Kasse, sondern von der KASSENÄRZTLICHEN VEREINIGUNG – der KV. Daß es so etwas wie die KV gibt, wußte ich zwar, wie die meisten Leute hatte ich aber absolut keine Ahnung, was dieser Geheimbund eigentlich treibt. Mir war damals der Zweck auch vieler anderer Institutionen aus diesem Umfeld völlig schleierhaft. Die Kassenärztliche Vereinigung war für mich so etwas Ähnliches wie die Ärztekammer, und wozu die Ärztekammer gut war, wußte ich auch nicht genau. Von mir aus hätte die KV der verlängerte Arm der Ärztekammer sein können, deren Tochterfirma oder eine Untergrundarmee kassenversklavter Ärzte. Irgendwo vermutete ich allerdings eine Dachorganisation, vor allem auch eine klar strukturierte Hierarchie, auf deren Gipfel ein Minister etwas zu sagen hätte.

Kurz nachdem ich den bösen KV-Brief in eine Ablage geschoben hatte, gab es draußen ein Gewitter – und bei uns kam wieder das Wasser durch die Decke. Das passierte schon zum dritten Mal, mir reichte das endlich. Ich schickte ein großbuchstabiges Fax an die Hausverwaltung, ich wollte mich mit den Damen nicht wieder streiten und mir die Laune nicht verderben lassen. Ich und Anne waren für den Abend zu einem Empfang in der französischen Botschaft eingeladen. Es war wohl eher ein Zufall oder die Folge von anderen Absagen. Ich wußte es nicht. Die Werbeagentur, für die ich arbeitete, hatte für die Franzosen vor einem Jahr im Zusammenhang mit den Kulturtagen gute Arbeit abgeliefert, und ich hatte seit dieser Zeit einen losen, aber herzlichen Kontakt zu dem neuen Kulturattaché. Die Fete fand zu Ehren des französischen Kulturministers statt.

Ob es der Frust war, weil wir uns anfangs etwas verloren fühlten, oder meine Angst, wie es mit mir weitergehen würde, weiß ich nicht. Auf jeden Fall betrank ich mich an dem Abend fürchterlich. Als die erste große Alkoholwelle angeschwebt kam, entschloß ich mich für Gin Tonic. Die Hausmischung schmeckte ausgezeichnet und war immer greifbar. Eins hatte ich aber nicht wissen können: Die Franzosen sind nicht nur großzügige Weintrinker, sie gehen offenbar auch großzügig mit hartem Alkohol um. Man bekam wahrscheinlich ein ehrliches 1:1-Gemisch. Ich trank relativ schnell hintereinander einige Gläser, sprach mit Bekannten, die ich lange nicht gesehen hatte, unterhielt mich aber zunehmend auch mit netten und mir ganz unbekannten Menschen. Teilweise auf französisch. Daß der Alkohol wirkte, und sogar stark, merkte ich zwar, zog daraus aber keine Konsequenzen. Ich trank weiter und wurde immer lockerer, bis ich plötzlich Gespräche mit ganz ehrwürdigen Persönlichkeiten führte, die allerdings auch schon einiges getrunken und gegen ein Schwätzchen mit einem netten jungen Mann nichts einzuwenden hatten. Bald hielt ich längere Vorträge vor irgendwelchen Professoren und Diplomaten, sprach mit ihnen wie mit alten Freunden. Da ich dabei offensichtlich nicht aufdringlich war, gab es zu diesem Zeitpunkt noch keine Probleme mit mir. Man rätselte wahrscheinlich nur ein bißchen, wer ich war.

Anne verlor ich eine ganze Zeitlang aus den Augen. Ein besorgtes Wundern sah ich ihr aber deutlich an, als sie wieder auftauchte. In ihrem Blick war neben leichter Angst auch Bewunderung. Sie merkte, daß ich für meine Verhältnisse viel zu betrunken war, griff aber nicht ein. Auch deswegen nicht, weil ich ihr, wenn sie erschien, einen grandiosen und entwaffnenden Empfang bereitete – und das wiederholte sich an dem Abend mehrmals. Wenn sie in meine Nähe kam, unterbrach ich jedes laufende Gespräch oder sogar einen meiner Monologe, zeigte auf Anne und sagte:

– MEINE HERREN: UND DAS IST MEINE FRAU!

Anne freute sich, und alle Umstehenden freuten sich ebenfalls, diese besondere Frau kennenlernen zu dürfen. Sie grüßten sie äußerst höflich und waren – das war auf keinen Fall eine Täuschung – von meiner süßen, gekonnt geschminkten und für diesen Abend neu eingekleideten Anne ehrlich begeistert. Und Anne war stolz.

Ich dachte natürlich zwischendurch daran, daß ich eigentlich nicht viel Alkohol vertrage, hatte mir aber schon so viel Mut angetrunken, daß ich überzeugt war, den sauberen Stoff diesmal problemlos verarbeiten zu können. Und ich redete mir ein, der Tonic würde schon einiges ausgleichen. Später hielt ich nur noch lange Reden, realisierte allerdings, daß ich meine Gesprächspartner nicht wirklich wahrnahm. Und irgendwann hörte ich auf zu sprechen; konnte auch nicht mehr sprechen. Ich legte eine kurze Pause ein, erholte mich aber nicht. Machte einen neuen Versuch zu sprechen. Es ging nicht. Dann merkte ich auf einen Schlag, daß ich nicht mehr lange würde stehen können, und geriet in Panik. Glücklicherweise war ich noch in der Lage, die nächsten Schritte zu planen: Anne zu finden, die Garderobe aufzusuchen und schnell zu verschwinden. Als ich Anne sah und sie meinen Blick und Gesichtsausdruck erwischte, war alles klar. Ich preßte mir ab, so gut wie gesichtsgelähmt:

– Mir wird schlecht. Sehr schlecht.

Was Sache war, konnte man erraten, ohne mich akustisch zu verstehen. Ich hätte auch sagen können ›Mein Name ist Bond. James Bond‹. Mein nächster schlapp artikulierter Satz war schon substantieller:
– Wir müssen hier weg.
Draußen standen genügend Taxis. Die zwanzig Minuten bis nach Hause hielt ich nicht ganz durch und ließ den Wagen etwa einen Kilometer vor unserem Haus anhalten, kotzte dann gleich auf den Bürgersteig, Anne stützte mich dabei. Anschließend gingen wir zielgerichtet und von einer dumpfen Aura umgeben nach Hause. Anne hatte für diese Art Paar-Überlebenstraining nie Erfahrungen sammeln können und war etwas arglos.
– Ist dir noch sehr schlecht?
Mir war ein solcher alkoholbedingter Globalangriff auf meinen Organismus neu. Ich fürchtete, die Distanz bis nach Hause niemals schaffen zu können. Wir schwankten wie ein Säuferpärchen. Ich gab die Wucht meiner Manöver an Anne weiter, sie mußte als die Leichtere kräftig gegensteuern. Mehrmals blieben wir stehen, ich mußte Luft holen, würgte kurz. Zum Schluß wurde Anne richtig böse, weil sie mit ihren Kräften auch am Ende war. Ob bei Frau Schwan noch Licht brannte, sah ich nicht, ich wollte jetzt aber nichts mehr wissen. Dabei beobachtete ich gerade in der letzten Zeit alles genau, was mit ihr und ihren Leuten zusammenhing. Im Moment wollte ich nur noch nach oben, die neunundsechzig Stufen in den dritten Stock überwinden und die Toilette ansteuern. Irgendwann saß ich unverletzt und unbesudelt auf der Schüssel und schickte Anne schlafen. Ich vertröstete sie, daß ich einigermaßen in Ordnung sei und bald wieder okay sein würde. Auf der Toilette blieb ich fast den ganzen Rest der Nacht sitzen.
Es war die Hölle. Ich saß da, die Welt ging unter, alles drehte sich. Mein Zustand wurde immer bedrohlicher,

mir war, als ob sich der Gin in immer neuen Schüben in meinem Körper ausbreitete. Ich wußte, daß ich nicht mal die paar Schritte ins Wohnzimmer würde schaffen können. Die Toilette war schon der beste Platz für mich. Ich konnte, wenn ich wollte, im Sitzen in die Badewanne würgen und spucken, ich konnte mir den Mund ausspülen und das Gesicht kühlen, und ich konnte nach Belieben irgend etwas aus mir tropfen lassen. Als ein höheres Vernunftwesen hatte ich mich vorläufig so gut wie aufgegeben. Die Vorstellung aufzustehen, auf meinen eigenen Beinen stehen zu müssen, machte mir noch nach zwei Stunden große Angst.

Ich wartete ab und versuchte etwas zu dösen – teilweise aus Mattigkeit, teilweise aber auch im optimistischen Vorausblick auf den nächsten Tag, an dem ich wieder funktionieren wollte. Mit den Schlafversuchen klappte es zwar kurzzeitig, an sich war dieses Projekt aber ein fataler Fehler, weil ich – halb gebeugt in Richtung Badewanne – mehrmals hart mit dem Gesicht auf dem Wannenrand aufschlug. Das war schade. Obwohl ich heil und sauber zu Hause angekommen war, sah ich bald wie nach einer bösen Schlägerei aus: dicke Nase, Bluterguß an der Wange und unterm Auge, eine Beule auf der Stirn. Ich sah mich, wenn ich mich halb umdrehte, in der Ferne im großen Flurspiegel und konnte die Veränderungen in meinem Gesicht halbwegs deutlich verfolgen. Jetzt nur noch ein Büchsenbier in die Hand, dachte ich, und ab in Richtung Rondell zu den Säufern.

Trotz der kurzen Schlafphasen kam mir die Nacht endlos vor, die Zeit lief nicht richtig. Im Flur brannte das Licht, ich saß im Halbdunkel. Wie ich wirklich aussah, erfuhr ich erst von Anne, die gegen vier Uhr ins Bad pinkeln kam – und erschrak. Ich mußte sie kurz auf das Klobecken lassen, setzte mich halb auf die Waschmaschine, schickte Anne dann aber gleich wieder ins Bett. Ich beruhigte sie und verriet ihr nicht, daß ich das Bad in der Zwischenzeit gar nicht verlassen hatte.

Und ich blieb, wo ich war. Die verheerende Alkoholwirkung ließ auch gegen Morgen kaum nach. Ich hatte das Gefühl, daß der Stoff in mir weiter und weiter unverändert zirkulierte, daß er blieb, wie er war und was er war. Irgendwann kippte ich beim Einnicken vollkommen ungebremst zur Seite – und schlug gegen die scharfe Kante der Waschmaschine.

Erst gegen sechs Uhr ging es mir etwas besser. Ich wusch mich zum letzten Mal und schaffte es sogar, mir kurz die Zähne zu putzen. Dann peilte ich freudlos das Bett an und fiel auf den harten Futon, ohne mir Illusionen zu machen, daß alles vorbei wäre. Es war angenehm, endlich ausgestreckt liegen zu können, gleichzeitig aber auch beängstigend. Ich hatte mich an die mönchische Naßzelle so gewöhnt. Irgendwann schlief ich doch ein.

Der Abgrund

Anne schlief an dem Morgen tief und fest. Und als es um halb neun klingelte, war sowieso ich dran, weil ich vorne schlief. Es klingelte zum zweiten Mal. Ich versuchte trotzdem, diesen Unsinn, den es zu dieser Tageszeit gar nicht geben durfte, nicht zu glauben. Ich lag da und wartete. Die Müllmänner waren das nicht, die hören sich anders an. Beim nächsten Klingeln realisierte ich, daß es die Klingel an der Wohnungstür war – und nicht der Summer von unten. Ich wollte auf keinen Fall aufstehen; und noch weniger wollte ich mich jemandem zeigen. Es klingelte noch einmal und noch einmal. Im Haus wußte man natürlich, daß wir beide zu Hause arbeiteten. Als es neulich im Nebenhaus gebrannt hatte, waren wir nicht mit Sirenen, sondern auch nur mit diesem schlichten Klingeln aufgescheucht worden. Mit Katastrophen ist immer zu rechnen – und die Feuerwehr kann auch anders, das weiß man. Stark nach vorn gebückt und halb besinnungslos stolperte ich ins Bad und warf mir provisorisch den Bademantel um. In welchem Reifegrad mein Gesicht sein mußte, blendete ich noch aus.

Vor der Tür stand ein friedliches Pärchen, für mich war es trotzdem ein Gespann des Grauens. Es waren die letzten, die ich an diesem Morgen hätte sehen wollen: Herr Kabrow und sein Freund Alleskönner. Ich war entsetzt – das Dreamteam aber auch. Als erstes machte Kabrow, wie es seine Art war, gewichtige stumme Gesten. Sagte dann nach einer kleinen Verspätung endlich:

– Kommen Sie mit.

– Mir geht es nicht gut, ich bin krank. Ich kann nicht…

Interessanterweise hatte ich gerade heute nacht auf der Toilette an meine Großmutter und an ihre Bewunderung für die großen Literaten ihrer Zeit denken müssen. Und daran, daß sie, obwohl sie aus dem Großbürgertum kam, vor jedem einfachen Handwerker oder Arbeiter den höchsten Respekt hatte. Wenn jemand wie unser altgedienter Klempner nicht nur sehr geschickt und freundlich war, sondern zusätzlich auch noch kreativ, wurde er wie ein Zauberer oder Künstler verehrt. Fast genauso wie Thomas Mann, Karl Kraus oder August Strindberg. Ich durfte zu dem Doppelgespann nicht grob sein.

– Mir geht es überhaupt nicht so ...
– Wir müssen uns die Sache aber unbedingt gemeinsam ansehen.
– Ich bin dazu aber absolut nicht in der Lage.

Jedes Wort, das ich absondern mußte, war mir zuviel. Es war eine Situation, wie ich sie immer schon gehaßt habe. Ich werde nicht gern vormittags im übermüdeten oder sogar versoffenen Zustand aus dem Bett geholt; und ich stehe nie gern im Bademantel vor Menschen, die im Gegensatz zu mir ordentlich angezogen sind. Und jetzt kamen noch meine Körperhaltung und mein zerschlagenes Gesicht hinzu. Daß mir übel war, sah man mir bestimmt auch an. Eine solche Ungerechtigkeit – ich bin normalerweise nie betrunken! Und wenn ich es schon einmal bin, müssen das gerade diese beiden mitbekommen. Dabei müßten die sich eigentlich schämen, nicht ich; und zwar jeden Tag – wegen ihrer Penetranz, ihrer handwerklichen Inkompetenz, ihrer Beschränktheit.

Blind waren die beiden Dummköpfe leider nicht. Sie musterten mich herablassend – in der festen Überzeugung, mich bis in meinen Darmtrakt hinein zu durchschauen. Kabrow sagte:

– Sie müssen unbedingt mitkommen, es ist wichtig. Wir sind jetzt beide da.

Leider standen mir in meiner Aufmachung keine plausiblen Ausreden zu. Darüber hinaus konnte ich nicht wissen, wieviel man im Haus über meine Kumpanei mit Frau Schwan und ihrem lasterhaften Kreis wirklich mitbekommen hatte. Ich hatte meinen Ruf zu verteidigen.
– Okay, ich ziehe mich schnell an, warten Sie bitte einen Moment, bin gleich da.

Ich lehnte die Tür an. Zum Glück überkam mich erst jetzt ein trockener Übelkeitsanfall. Ich schaffte es, ihn fast geräuschlos zu unterdrücken. Ich verzichtete auf die Unterwäsche, zog mir meine Jeans an, verkehrt herum noch einen Pullover und richtig herum eine alte Lederjacke. Im Gesicht sah ich völlig verklebt aus, beim Waschen tat mir alles weh. Von der Garderobe holte ich mir zur wenigstens partiellen Tarnung meiner Wunden mein Basecap. Und hoffte, daß die beiden vorhin im dunklen Flur mein Gesicht nur unzureichend gesehen hatten.

Kabrow und sein Helfershelfer blieben brav und ganz knapp vor der Tür stehen. So knapp, als ob sie verhindern wollten, daß ich die Tür wieder zuschlug. Ich sah sie durch den Türspalt und hörte sie halblaut etwas murmeln. Beim Gang in Richtung Küche, wo ich etwas trinken wollte, wurde mir wieder kurz, aber kräftig übel. Im gleichen Moment begriff ich endlich, was man mit mir vorhatte. Ich kam zum Stehen; das Parkett, das unter meinen Füßen gerade noch gleichmäßig geknarrt hatte, signalisierte nach draußen meine Erstarrung. Und ich spürte in der Stille, wie gnadenlos die beiden alles registrierten. Irgendwann stand ich schutzlos in der offenen Tür, die beiden wichen stumm zurück. Meinen Schlüsselbund hielt ich fest in der Hand.

Mir wurde plötzlich wieder übel, ich krümmte mich etwas. Zum Glück wandten sich die beiden gerade von mir ab und fingen an, die Treppe hochzusteigen. Ich mußte mir wieder meinen Bauch festhalten und drückte mir dabei meine vielen Schlüssel gegen den Magen. Mit der anderen Hand stützte ich mich an der Wand ab. Es war wie in einem bösen Traum. Normalerweise bin ich schwindelfrei und habe keine übertriebene Höhenangst. Jetzt fühlte ich zusätzlich, wie schwach meine Beine waren. Ich folgte dem Traumpaar schweigend, sie sprachen nicht miteinander und wirkten sehr ernst.

– Was ist eigentlich los? traute ich mich zu fragen.
– Warten Sie, Sie müssen es vor Ort begutachten.

Wahrscheinlich sollte ich als ein übertrieben wasserscheuer Querulant über die Unabwendbarkeit mancher Wasserschäden belehrt werden. Kurz vor dem Dachboden, als ich wieder einen Schwächeanfall bekam, war ich nah dran, zu flüchten. Kabrow drehte sich aber gerade in dem Moment um und sah mich streng an. Er erwischte mich mit der Hand auf meinem Bauch und lächelte verständnisvoll. Ich hoffte nur noch auf die oben reichlich vorhandene frische Luft.

Der Bastler stieg die Leiter zur Luke als erster hoch, machte die Klappe auf und verschwand. Kabrow folgte ihm, drehte sich oben mit seiner Aufsehermiene noch mal nach mir um. Ich steckte mir den Schlüsselbund endlich in die Hosentasche und begann mit dem Aufstieg, blieb dann vorsichtshalber in der Nähe der Ausstiegsöffnung stehen. Dort konnte ich mich an einem übriggebliebenen Antennenmast festhalten. Die geteerte Fläche, auf der wir standen, hatte nur eine schwache Neigung. Weiter hinunter zum Rand, wo es steil abwärts ging, traute ich mich nicht. Kabrow winkte mich aber resolut zu sich, um mir endlich seinen sicher lange vorgekauten Satz ins Gesicht zu schleudern:

– SEHEN SIE IRGENDWO EIN LOCH?
– Wie bitte?
– Sehen Sie sich alles ruhig an.

– Ja, das will ich.
– Wir wollen nur wissen, ob Sie irgendwo ein Loch sehen.
– Nein, sagte ich gedankenlos.
Etwas stimmte hier nicht. Ich hatte plötzlich eine noch größere Leere im Kopf. Ich hätte einen Moment allein sein müssen. Daß Kabrow ein strohdummer Mensch ist, wußte ich schon lange – jetzt zweifelte ich aber erst einmal an mir. Jetzt war ich eben der Idiot. Ich wandte mich von den beiden ab und täuschte vor, mich auf der übrigen Dachfläche umsehen zu wollen. Dabei verschwand ich hinter einem breiten Schornstein, wo ich einen heftigen Übelkeitsanfall hinter mich brachte.

Ich hatte keine Ahnung, was sie mitbekommen hatten, inzwischen war es mir relativ egal. Es ging ums nackte Überleben.

– Nein, ich sehe nichts, sagte ich noch einmal; dummerweise erklärte ich damit Kabrows Frage für zulässig.

– Kommen Sie doch her, kommen Sie näher, gucken Sie sich das hier noch mal an. Alles ist wirklich sauber gemacht. Kommen Sie zu uns.

Die beiden machten Ernst. Und das war äußerst unverantwortlich – sie wußten genau, in welchem Zustand ich war. Ich näherte mich langsam der Todeskante.

– Alle diese Falze sind neu, alle Dachziegel – sehen Sie die ganz hellen dort? –, alle sind umgelegt. Er hat sie alle einzeln in der Hand gehabt.

– Und sehen Sie etwas? Ist etwas nicht in Ordnung? fragte jetzt der Bastler persönlich, ich war überall dran.

– Nein, aber ...

– Diese ganze Hälfte ist neu geteert! Und diese beiden Bahnen sind komplett neu.

Plötzlich halfen mir ordentliche Adrenalinschübe zum gedanklichen Durchbruch:

– Wenn es aber ordentlich regnet, sagte ich leise, reichen doch auch ganz kleine Löcher, kleine Risse im Blech zum Beispiel ... Und von oben sieht man ohnehin nicht viel. Beim Falzen der alten Bleche ...

Beim Anblick der kleinen Autos und Menschen auf der Straße wurde mir wieder übel. Ich setzte mich – mitten im Satz – schnell rückwärts in Bewegung, mit dem Gesicht den beiden zugewandt und verzog mich wieder hinter meinen Schornstein. Ich würgte dort ausgiebig. Diesmal wahrscheinlich hörbar. Trotzdem sagte ich, als ich mich dem Team wieder anschloß, so lässig, wie ich nur konnte:

– Mir ist etwas übel, wissen Sie, vom Essen, tut mir leid.

– Und wissen Sie was? sagte Kabrow, auf dem Dachboden und auch in der leeren Wohnung darunter sieht man im Moment gar nichts! An der Decke neben den alten Flecken sieht man zwar etwas Feuchtigkeit, auf dem Fußboden aber gar nichts!

– Und was bedeutet das, was heißt das? fragte ich wieder etwas ratlos; bis mir klar wurde, daß die beiden offensichtlich einen Schuldigen oder Mitschuldigen suchten.

– Fakt bleibt doch, daß das Wasser bis zu uns gelaufen kam, daß es bei uns naß ist, oder nicht? Das zählt doch. Es reichen millimetergroße Löcher. Das Wasser läuft wahrscheinlich durch irgendwelche Ritzen in der Waschküche und dann vielleicht durch den Türrahmen – in der oberen Wohnung. Eigentlich ist es egal. Ich denke, daß das Wasser durch den Rahmen läuft, innen im Türrahmen in der Zwischenwand. Teilweise lief das Wasser aber auch an der Außenwand lang. Ich muß jetzt runter, Herr Kabrow, meine Frau wird mich suchen, wir müssen jetzt frühstücken. Tut mir leid. Sie werden das Loch schon finden. Ich bin noch wahnsinnig müde, habe eine schwere Nacht hinter mir, ich muß nachts oft lange arbeiten ...

Was dann genau geschah, weiß ich nicht. Als erstes nahm ich wahr, daß zwei Stimmen auf mich einredeten und von Schornsteinen sprachen. Dann wurde ich grob hochgezerrt – mehrere mir unbekannte Arme halfen mir, das Gleichgewicht zu halten. Nach meinem Geschmack im Mund zu urteilen, mußte ich wieder gekotzt haben. Das erste, was ich sagte, hätte sicher nicht nur Kabrow verwundert:

– Erzählen Sie das bitte nicht meiner Mutter.

– Wie bitte? fragte Kabrows Stimme, Herr Schornstein, hallo, was ist mit Ihrer …

Mir kam es seltsam vor, daß es schon so abendlich dunkel um mich war und ich unter meinen Füßen schmutzige breite Bretter statt Pflastersteine sah. Ein Stück weiter glänzte eine grünliche Pfütze. Es war reiner Schleim ohne Essensreste.

– Ich habe etwas gebrochen. Tut mir leid.

– Wir rufen lieber einen Arzt, sagte der Bastler.

Dann sagte er noch leise zu Kabrow:

– Er hat einen Blackout, so etwas nennt man Blackout.

Ich versuchte mich zu sammeln. Und dachte, wie kurios es war, daß ich – wie schon meine Mutter – einen so luftigen Sprung von einem Gebäude überlebt hatte. Ich befreite mich aus der Umklammerung der beiden Männer und richtete mich auf. Mein Hintern tat sehr weh, war aber eindeutig nicht zertrümmert. Meine Wirbelsäule und meine Füße schienen auch heil zu sein. Nur die linke Schulter hatte etwas mehr abbekommen und mein Hinterkopf.

– Wir rufen die Feuerwehr, sagte Kabrow, es kann auch eine Gehirnerschütterung sein, er kann eine Gehirnerschütterung haben, sicher hat er eine …

– Nein! murmelte ich, nicht die Feuerwehr, ich bin einfach nur müde und muß ins Bett. Mir ist eben schlecht geworden.

– Wir haben es nicht direkt gesehen, aber Sie sind offensichtlich von der Leiter gerutscht, sagte der Bastler.

– ... gefallen! korrigierte ihn Kabrow, ich habe den Knall gehört. Und vielleicht auch auf den Kopf gefallen. Damit ist nicht zu spaßen, ich kenne das. Gerade wenn man sich daraufhin erbricht!

Ich erfaßte endlich halbwegs die Situation und bat die beiden, mich endlich in meine Wohnung gehen zu lassen.

– Ich kann alleine laufen, schauen Sie mal.

Ich verabschiedete mich und lief so perfekt, wie ich nur konnte, in Richtung Treppenhaus.

– Tschüß, und alles Gute da oben, sagte ich noch.

Als der selektionsartige Prüfgang zu Ende war, sackte ich wieder zusammen und schleifte mich am Geländer langsam nach unten. Dabei mußte ich an den verletzten Jungen aus »Short Cuts« denken, der auch nur noch ins Bett gehen und schlafen wollte. Am meisten tat mir der Hinterkopf weh, wo der Schädelknochen am dünnsten ist. Jetzt bin ich echt gründlich auf den Kopf gefallen, dachte ich – von vorn, von der Seite und von hinten.

Als ich die Tür aufschloß, hatte ich nur einen einzigen Wunsch – unter der Bettdecke alles zu vergessen. Beim Pinkeln freute ich mich allerdings schon wieder darauf, wie ich später meine Zirkuskuppelnummer Anne schildern würde.

Das Haus

Lange bevor man dank systematischer DNA-Analysen feststellte, daß zum Beispiel Rosen mit Brennesseln, Papayas mit Senf oder Menschen mit Erdferkeln und Ratten eng verwandt sind, entdeckte ich meine private jüdische Verbundenheit mit bestimmten Kleintieren, am Ende sogar mit den Kellerasseln. Ausgerechnet mit den Kellerasseln, die sich gern in eklig dunklen und feuchten Flachräumen versammeln und die ich als Kind oft mit Freude breitgerieben hatte. Es ging dabei praktisch um stille Massenmorde.

Für mich spielte es früher keine besondere Rolle, daß ich Jude bin. Richtige Juden waren für mich sowieso eher die Zigeuner, mit denen ich mich schon von klein auf verwandt fühlte. Inzwischen sind die Juden von heute auch ganz andere Minderheiten oder Gestalten. Hier, wo ich wohne, sind es neben einigen Vietnamesen die Alkoholkranken und Obdachlosen, die ich für mich als solche durchgehen lassen kann. Die Juden unseres Hauses mußte ich nicht lange suchen. In gewissem Sinn gehörte zu ihnen auch der mit Dummheit geschlagene Herr Kabrow, in erster Linie aber seine Feindin Frau Schwan und die mit ihr assoziierten Alkoholjuden. Auf jeden Fall gingen mir schon immer Berufsjuden auf den Wecker, die ihre stinknormalen Schwierigkeiten nur auf das Schicksal des auserwählten Volkes schoben und grundsätzlich anders und besser behandelt werden wollten.

Wenn Herr Kabrow aus dem ersten Stock mit einem sprechen wollte, mußte man versuchen, schnellstens zu flüchten. Der Mann wußte zwar ungefähr, was er besprechen wollte, war aber nicht in der Lage, den logischen Faden des Gesprächs im Auge zu behalten und auf die Proportionen zwischen Informationen und Nebensächlichkeiten zu achten. Außerdem fehlte ihm jegliche Sensibilität für die Geduldsreserven der anderen. Bei seinen Redeausflügen nervte er durch unpräzise Umschreibungen und umständliche Formulierungen, aus denen er sich wiederum nur durch detailbesessene Kleinarbeit befreien konnte. Sein Gehabe könnte man als selbstherrlich bezeichnen, da Herr Kabrow aber gleichzeitig etwas furchtbar Kleinliches hatte, war er eher eine Karikatur von Selbstherrlichkeit. Trotzdem spielte er sich zu einer Art Ein-Mann-Hausbürgerwehr, Tür-Zurammeldienst und Sittenwärter auf; er war auch so etwas wie ein Nachtwächter. Da er allerdings aus Angst vor Dunkelheit seine Wohnung nachts kaum verließ, führte er sich um so penetranter als Dämmerungswächter auf. Einen nächtlichen Kontrollgang machte er nur, wenn er im Haus nach zehn Uhr abends handwerkliche Geräusche oder laute Musik zu hören bekam. Man konnte, wenn man ihn testen wollte, irgendwann zwischen zehn und elf einen Hammer nehmen und kurz Krach machen. Bald danach wurde Kabrow aktiv, und man hörte ihn im Haus hoch- und runtertrampeln. Zwischendurch legte er kurze Horchpausen ein. Einmal hielt er sogar eine Axt in der Hand.

Die Besitzer unseres Hauses sind zwei wenig souveräne Nervenbündel. Scheu und etwas träge, dafür aber menschenfreundlich. Der eine der beiden ist ein unter Dauerdruck stehender Großhändler und der andere ein im Auftreten wenig überzeugender Steuerberater. Ihre Trägheit und relative Armut haben Vor- und Nachteile. Uns störte beispielsweise, daß die leere Wohnung über uns im Winter kalt blieb und wir viel mehr heizen mußten. Aber wir hatten dadurch unsere Ruhe und keine trampelnden

Füße über unseren Köpfen zu ertragen. Die beiden Besitzer hatten angeblich schon eine ganze Weile Geldprobleme, schoben die Modernisierung der oberen, stark verwohnten Wohnung vor sich her und ließen auch das Dach unangetastet, das längst neu hätte gedeckt werden müssen. Aber wahrscheinlich beschäftigten sie sich mit den Gedanken an einen lukrativen Dachausbau; für eine derartige Großinvestition fehlte unseren beiden »Immobilisten« aber auf jeden Fall das Geld.

Die Dachprobleme waren uns ziemlich egal, bis das Regenwasser das erste Mal bei uns ankam. Das Wasser arbeitete sich nach und nach durch die Decke der oberen Wohnung und sickerte zwischen die dort noch nicht mit Eimern geschützten Dielen. Die Sache war bei Kabrow offensichtlich nicht in den besten Händen und auch nicht im stringentesten Kopf untergebracht, und die Verwaltung blieb die ganze Zeit uninformiert. Dabei gab Herr Kabrow immer wieder damit an, auch einen direkten Draht zu den Hauseigentümern zu besitzen. Wahrscheinlich hantierte er aber nur chaotisch mit seinen Schüsseln, Eimern und Planen und versicherte allen im Haus, die Dachbodenangelegenheiten im Griff zu haben. Unterdessen bahnte sich das listige Wasser immer neue Wege; an den Schornsteinen oder den Balken entlang – sicher auch zwischen den diversen Blech- und Teerpappeschichten.

In die Planung der Dachreparatur schaltete sich – nach einem wiederholten Wassereinbruch – natürlich Kabrow ein und machte mir gegenüber bald Andeutungen, der Verwaltung eine handfeste Billiglösung angeboten zu haben.

– Die werden die Damen nicht ablehnen können ...

Er hatte dank seiner Langzeitpräsenz in der Gegend gut funktionierende Beziehungen zu ortsansässigen und schwarz arbeitenden Qualitätskräften. Die Dacharbeiten begannen erstaunlicherweise schon bald. Und weil mich im Prinzip alle sichtbaren Bauaktivitäten – auch wenn sie mich nicht direkt betreffen – immer schon neugierig gemacht haben, sah ich mir in meinen Arbeitspausen das UMDECKEN unseres Daches gerne an. Das Umdecken ging folgendermaßen vor sich: Im Dach wurde jeweils ein kleineres Loch freigelegt und die alten Dachsteine wurden nach und nach – beginnend an einer anderen Stelle – neu aufeinandergelegt. Dabei wurden im Grunde nur die ganz kaputten ausgetauscht. Die Vorteile dieser Vorgehensweise waren klar: Man mußte nicht unbedingt ein teures Gerüst mieten und aufbauen lassen; eine kleine Absperrung eines Bürgersteigabschnitts reichte vollkommen aus. Und man mußte nur ganz wenige neue Dachziegel anschaffen und nach oben schleppen.

– Trotzdem wird das Dach wie neu und ganz dicht, versicherte mir der Bastler, der mir seine eigentliche handwerkliche Profession (›Ich kann alles ...‹) nie verriet.

Das Dach würde nur dann wieder undicht, witzelte er einmal, wenn man das letzte Loch vergessen sollte zuzumachen – und er lachte mich dabei aus seinem Umdeckungsloch fröhlich an. Er war ein mutiger Kerl, und ich hoffe, daß er noch lebt. Zu manchen seiner Einsatzorte stieg er nur mit Hilfe einer zarten Strickleiter hinunter und sicherte sich dabei nicht einmal mit einem Seil ab. Irgendwann konnte ich es nicht mehr sehen.

Wie das in Berlin oft der Fall ist, war das Dach nur an den schrägen Seiten mit Dachziegeln gedeckt. Die abgeflachte Mitte war mit ganz profaner Teerpappe isoliert – und diese war an vielen Stellen porös. Außerdem wurde sie durch Jugendliche, die oben gern herumirrten, stellenweise durchgetrampelt. Der Rest des Daches war aus Zinkblech; also alle die verschiedenen Übergänge, Winkel und Schornsteinsockel. Für einen Bastler war das natürlich ein ideales Einsatzgebiet. Und der Mann erzählte mir wiederholt, er hätte nicht nur die Teerpappe teilweise neu geteert, sondern auch viele Blechteile mit

Flicken ausgebessert, Schornsteinsockel mit Mörtel verschmiert und diverse Ritzen mit Silikon gefüllt. In der Folgezeit kam es mir allerdings verdächtig vor, denselben Menschen immer wieder in Richtung Dachboden steigen zu sehen. Er war dort offenbar weiter mit irgendwelchen Ausbesserungsarbeiten beschäftigt.

Das größte Erlebnis im langweiligen Rentnerleben von Herrn Kabrow war sicher die Aufdeckung der Sauf-, Rauch- und Fick-Aktivitäten irgendwelcher Jugendlicher in unserem Treppenhaus oben beim Dachboden. Er klingelte bei uns einen Tag nach dem Vorfall, winkte mich mit einer großen Geste stumm zu sich und machte außerdem mit einer noch bedeutungsvolleren, schnelleren Abweisungsgeste deutlich, daß Anne mir auf keinen Fall folgen sollte. Die Sache sollte also nur unter Männern besprochen werden. Er leitete das Gespräch wie üblich umständlich ein, sprach ungewohnt leise und kam diesmal besonders lange nicht zur Sache. Wir stiegen gemeinsam die Treppe hinunter und standen dann eine Weile vor seiner Tür. Am Ende saßen wir in seiner Küche, wo er immer noch nur in Andeutungen sprach, konsequent von den ›streunenden jungen Leuten‹ und ›ihrem Geschäft‹. Irgendwann wurde es klar, worauf er hinauswollte: Unser Haus sollte abends konsequent – und zwar möglichst mit zwei Schlüsselumdrehungen – abgeschlossen werden, um eine Wiederholung ähnlich kombinierter Perversitäten zu vermeiden.

– Sie rauchten dort und machten ihr Geschäft, Sie wissen schon… eine Kerze brannte dort auch, am nächsten Tag habe ich Wachstropfen auf dem Linoleum entdeckt. Hab ich dann gleich abgekratzt, sind schon abgekratzt, die können Sie jetzt nicht mehr sehen. Aber gehen Sie sich das angucken, die haben auch das Linoleum mit ihren Zigaretten angesengt, einige Stellen waren schon etwas schadhaft; drei, vier sind aber richtig angebrannt und neu und länglich, bräunlich ... die haben ihre Kippen auf dem Boden einfach weiter brennen lassen. Auch die Wachsstellen sind eigentlich noch sichtbar, wenn Sie genau hinschauen. Das Abgeschabte glänzt anders. An einer Stelle haben sie sogar eine Zigarette ganz kräftig ausgedrückt, da ist jetzt – sieht man auch – ein tiefes Loch, am Geländer, in der Nähe der Treppe ...

Die Sachlage konnte ich mir dann endlich ungefähr vorstellen: Ein Pärchen war abends in unser Haus eingedrungen, da unsere Tür oft nicht ganz zuschnappte, und machte es sich auf dem letzten Treppenabsatz vor dem Dachboden bequem. Zufällig entdeckten die beiden wirklich ein ideales Versteck: In der Etage darunter befand sich – neben der leerstehenden – noch eine nur halbwegs bewohnte Wohnung. Die beiden geilen Leute tranken dort oben also ihren Wein, rauchten ihre Zigaretten und schliefen miteinander, weil sie das alles auf einmal und ungestört bei sich zu Hause offenbar nicht konnten. Niemand im Haus bekam ihr Treiben mit – außer dem wachsamen und ängstlichen Kabrow. Natürlich hatte er recht, daß dort etwas hätte anbrennen können. Weil er aber keine Traute hatte, hatte er auch gar nichts verhindert. Wie ich aus seinen Andeutungen begriff, setzte er sich in seiner Wohnung lediglich hinter die Tür auf ein Stühlchen. Er bezog dort also einen Lausch- und Feuerbeobachtungsposten, statt die beiden aus sicherer Entfernung durch laute Rufe aufzuschrecken und zum Rückzug zu bewegen. Diesen Rückzug hätte er dann aus Sicherheitsgründen – von mir aus – hinter der zugeketteten Wohnungstür und mit einer Axt in der Hand verfolgen können.

Solche seltsamen Menschen wie Herrn Kabrow gibt es sicher massenhaft, man trifft sie aber nicht alle Tage und man hat mit ihnen in der Regel auch wenig zu tun. Ich hatte mit dem Mann leider dauernd zu tun. Einmal winkte er mich, als er mich bei den Briefkästen sah, wortlos in Richtung Kellertür. Er war gerade bei einem seiner Rundgänge durch Haus und Hof, hatte sicher auch den Zustand und den Inhalt der Mülltonnen kontrolliert. Jetzt zeigte er bedeutungsvoll auf den Kellereingang und meinte, unten wäre etwas im Gange. Er verdächtigte sicher skrupellose Kellerräuber, böse, gewalttätige Jugendliche beziehungsweise früh erstarkte, nach Schätzen und teuren Fahrrädern gierige Kinder oder sonstwelche Wesen, die dort ›ihren Geschäften‹ nachgingen. Draußen war es noch halbwegs hell, er traute sich in die unübersichtlichen und verwinkelten Gänge trotzdem nicht allein. Ich ging also vor, er blieb oben auf der Kellertreppe und stand mir mutig Schmiere. Dort unten waren natürlich nur die üblichen, mit Vorliebe im Keller pissenden Katzen, die Kabrow bei ihrer Flucht mächtig erschreckten. Ich lief danach ebenfalls schnell weg, um nicht in ein weiteres Gespräch verwickelt zu werden.

Das Quälende an Herrn Kabrow war – um diese Ausführungen abzuschließen –, daß er zusätzlich neben seiner offensichtlichen Dummheit den Ehrgeiz besaß, alles auf eine dem Gesprächspartner angemessene höhere Ebene zu versetzen, die Dinge bildlich zu umschreiben, zu verallgemeinern – und sie dem Zuhörer eben ganz vornehm und didaktisch-genau nahezubringen. Und er vertraute bei seiner Berichterstattung mit Vorliebe auf Redundanz. Aber es war aus noch einem anderen Grund quälend, sich auf ein Gespräch mit ihm einzulassen. Diese sich immer in die Länge ziehenden Gespräche waren meist so angelegt, daß der Zuhörer selbst erraten sollte, was Sache war – Herr Kabrow wollte die Auflösung seiner Ausführungen nach Möglichkeit nie direkt aussprechen. Sein Gesprächspartner sollte es lieber selbst tun und damit zeigen, daß er das Problem eigenständig begriffen hatte.

Irgendwann offenbarte sich mir das Motiv seines Getues: Herr Kabrow wollte den anderen zum Aussprechen des Schlußworts auch deswegen zwingen, um ihn am Ende als einen mitverantwortlichen Urheber der eventuellen Problemlösung vorschieben zu können.

Als Anne und ich in unsere neue Wohnung einzogen, ahnte ich nicht mal einen Bruchteil dessen, was uns hier erwartete. Ich dachte, wir wären in eine gewöhnliche Gegend mit eher gesetzten und ruhigen Bewohnern gezogen. Schon kurze Zeit nach unserem Einzug bekam ich aber eine Ahnung davon, daß hier viel Dramatik in der Luft lag. Eines Tages waren mehrere Wände unseres mit Zäunen in drei Teile zerschnittenen Innenhofes mit der roten, sich wiederholenden Inschrift ICH LIEBE DEINE VERRÜCKTEN IDEEN beschmiert. Der Täter war kein Sprüher, keine Sprüherin – die Inschriften waren ganz altertümlich mit einem breiten Pinsel aufgesetzt. Die Art und Intensität der Pinselstriche, die verwackelten, tropfenden und unterschiedlich großen Buchstaben wirkten auf mich stark – die rote Botschaft war furios. Da der durch seine Liebe getriebene Mensch kein bestimmtes Haus besonders gekennzeichnet hatte, war leider überhaupt nicht klar, in welchem der Häuser das geliebte Objekt zu Hause war, geschweige denn, wer konkret so geliebt wurde. Wahrscheinlich hatte der Täter zuerst das Haus der geliebten Person angepinselt, sie sozusagen direkt »angeschrieben«, dann war ihm aber sicher eingefallen, daß sein Liebesobjekt die Inschrift nicht ohne weiteres aus seinen Fenstern sehen konnte.

Dank eines ganz anderen Ereignisses kam ich der Sache möglicherweise etwas näher, auch wenn ich nie klären konnte, ob es zwischen den beiden Vorfällen einen Zusammenhang gab. Eines Abends hörte ich im Hof eine Mädchenstimme fürchterlich laut brüllen. Das Mädchen brüllte immer wieder nur kurz, dafür aber in regelmäßigen Abständen. Und die Schreisalven hörten nicht auf. Es waren keine Hilferufe, das junge Wesen brüllte sich offenbar irgendein Leid aus dem Leib, pumpte seine Lunge mit unglaublicher Kraft leer. Ich machte das Fenster auf, sah aber nichts, hörte auch keine Schläge oder Geräusche, die auf einen Gewaltausbruch schließen ließen – die Stimme dröhnte trotzdem weiter. An einigen Fenstern sah ich andere Lauscher, unten im Hof ging aber kein Licht an. Herr Kabrow war nicht zu sehen. Ich entschloß mich kurzerhand, nach unten zu gehen und nachzuschauen. Im Nebenhof sah ich dann eine zusammengekauerte Mädchengestalt an der Hauswand hocken, und ich kletterte über den Zaun. Ich war der einzige, der zu ihr ging. Die junge Frau schrie vielleicht nach ihrem verheirateten Geliebten, zu dem sie nicht in die Wohnung durfte oder aus der sie gerade durch die Ehefrau vertrieben worden war. Sie brüllte wieder in voller Lautstärke, obwohl sie mich schon kommen sah. Als ich noch näher kam, wedelte sie wütend mit einer Hand und machte deutlich, daß ich sie in Ruhe lassen sollte.

– Ist was los? fragte ich vorsichtshalber.

Sie fuchtelte weiter wortlos erst mit einer Hand, dann mit beiden, und wies mich auch mit ihrem vor Wut verzerrten Gesicht resolut ab. Ich mußte also gehen – hatte ihretwegen aber weiterhin Angst. Und nicht nur wegen ihrer gefährdeten Stimmbänder.

Kohlhaas

Mittags, als ich nach meinem Sprung vom Dach aufwachte, war mir noch ziemlich übel, und ich hatte Kopfschmerzen, insgesamt hatte ich aber keine schlechte Laune. Die Wohnung war leer, Anne irgendwo unterwegs. Beim Telefon lag ein Zettel mit drei, vier lieben Zeilen von ihr. Der vollgelaufene Anrufbeantworter blinkte wild. Zwei Nachrichten waren harmlos, dafür hörte sich die dritte aus dem Krankenhaus böse an – man dürfe mich ab jetzt nicht mehr behandeln. Mein Termin in zwei Tagen müsse ausfallen, danach finge ein neues Quartal an. Es war Ende September.

Ich konnte das erst einmal nicht fassen, rief aber nicht gleich zurück und wartete auf Anne. Die Nachricht empfand ich als eine Kriegserklärung, etwas Grundsätzliches stimmte hier nicht. Wir lebten zwar nicht unbedingt im Paradies, immerhin aber in einem Land, in dem einiges ziemlich streng geregelt war. Und ich wußte genauso wie jeder andere, daß man egal wie maroden Leuten – ob sie noch liefen oder im Koma lagen – ihre Lungen- oder sonstigen Maschinen auch nicht einfach abstellen durfte. Unabhängig von irgendwelchen Geldsorgen der Krankenkassen. Als ich Anne über die Katastrophe informierte, sah ich, wie sich ihre drei Muttermalhärchen auf ihrer Cindy-Crawford-Oberlippe aufrichteten. Das bedeutete nichts Gutes.

Im Krankenhaus erfuhr ich nichts Besonderes, man war dort ebenfalls etwas ratlos. Man meinte, ich würde einen schriftlichen Bescheid von meiner Kasse bekommen; und gegen diesen müßte ich dann Widerspruch einlegen. Da es für mich nicht in Frage kam zu warten, setzte ich mich wenigstens bequem hin und hörte nicht mehr auf zu telefonieren. Was die ominöse Kassenärztliche Vereinigung bei der ganzen Sache zu sagen hatte, blieb eine Weile unklar. Auch einige Ärzte aus dem Bekanntenkreis verstanden es nicht. Ich klingelte mich trotz zunehmender Kopfschmerzen nach und nach von einem Kassenverantwortlichen zum anderen durch, bis mich am Ende ein netter Herr Heiß aus der Abteilung für Grundsatzfragen besänftigte. Er meinte, ich würde ganz bestimmt die Behandlung, die mir zustünde, bekommen – ganz egal, wieviel sie koste.

– Das alles ist gesetzlich geregelt, wissen Sie. Einfach aus Kostengründen dürfen wir keine Behandlungen verweigern; das geht gar nicht.

Was ich zwischendurch von den anderen Bürofritzen erfuhr, war aber relativ widersprüchlich. Abends war ich vollkommen aufgewühlt, hatte einen heißen Kopf, und körperlich fühlte ich mich immer noch stark alkoholgeschädigt. Den nächsten Tag verbrachte ich wieder am Telefon, sammelte weitere Nummern, Namen, stellte Zusammenhänge her. Es sah danach aus, daß mir ein langwieriger Ärger bevorstand.

Was ich im einzelnen unternahm und erfuhr, muß ich nicht unbedingt aufzählen; auch deswegen nicht, weil ich zu diesem Zeitpunkt immer noch nicht genug wußte und das gesundheitsbürokratische Genehmigungs- und Verweigerungssystem nicht verstand. Erst nach und nach wurde deutlich, daß hier wissenschaftlich, also zwischen den Experten, einiges nicht ganz geklärt war; und daß sich außerdem ausgerechnet in Berlin hinter den Kulissen etwas Undurchsichtiges abgespielt haben mußte; durch Andeutungen der Ärzte, die inzwischen auch ziemlich entnervt waren, bekam ich nebenbei mit, daß die Situation in anderen Bundesländern nicht so problematisch war. Mich überkam eine Art Aufdeckungs- und Recherchefieber. Für meine Arbeit bei der Agentur war das die reine Katastrophe. Am dritten Tag, an dem ich zu nichts gekommen war, mußte ich mein laufendes Projekt einem Kollegen übergeben und mich beurlauben lassen.

Meine kleine Datenbank, also mein Organizer, enthielt anfangs etwa eintausend Namen mit Adressen und Telefonnummern. Das war mein breiterer, zum Teil nicht mehr ganz aktueller, aber größtenteils doch frequentierter beruflicher und privater Bekanntenkreis; ausländische und zufällige Kurzbekanntschaften hatte ich hier auch oft mit abgelegt, ebenfalls alle alten Adressen aus meinen früheren Adreßbüchern und unpraktischen Karteikarten. Bei meinen weiteren Recherchen begann die Zahl der Datensätze bald extensiv zu wachsen, und mein Adressenbestand nähert sich inzwischen der Marke von zwanzigtausend. Darin lauert jetzt alles professionell zubereitet und für neue Katastrophen abrufbereit.

Ich schrieb die obligatorischen Widersprüche, formulierte die ersten Nachfragen an mehrere offizielle Stellen und klapperte verschiedene Institutionen und Gremien ab, an die man sich mit Beschwerden und Petitionen wenden konnte. Wie oftmals in dieser Zeit, ergaben sich aber einige der wichtigsten Kontakte eher durch Zufälle. Oder einfach durch nützliche, teilweise auch nur wilde Breitenstreuung von Anfragen. Abends konnte und wollte ich mich oft nicht stoppen – in der Hoffnung, daß der Spuk schneller vorbei sein würde; ich schlief immer schlechter.

Einmal hatte ich beim nächtlichen Blättern in trockenen wissenschaftlichen Unterlagen, die ich mir vom Krankenhaus zum Kopieren mitgenommen hatte, eine religiöse Erleuchtung. In dem englischsprachigen Artikel ging es um die molekulare Phylogenese meiner Störung.

Es gibt IHN, begriff ich plötzlich und hatte darüber kurzfristig keine Zweifel. Den Kern des Artikels bildeten folgende Sätze:

ES IST LEICHT EINSEHBAR, WIE APOLIPOPROTEIN »B« SICH AUS EINEM DUPLIKAT DES PLASMINOGEN-GENS (ODER EINES GEMEINSAMEN VORLÄUFERMOLEKÜLS) IN MEHREREN SCHRITTEN ENTWICKELTE. EINIGE ABSCHNITTE – WIE DIE FÜR DIE KRINGEL 1, 2 UND 3 – GINGEN VERLOREN, UND DIE FUNKTIONELLEN CHARAKTERISTIKA DER ÜBRIGEN PROTEINDOMÄNEN WURDEN DURCH DEN AUSTAUSCH VON AMINOSÄUREN VERÄNDERT. WEITERE VERDOPPELUNGEN VERVIELFACHTEN DEN ABSCHNITT FÜR KRINGEL 4. DER HOHE GRAD AN ÜBEREINSTIMMUNG ZWISCHEN DEN KOPIEN VON KRINGEL 4 IST VIELSAGEND: ZAHLREICHE PROTEINE ENTHALTEN WIEDERHOLUNGEN BESTIMMTER BEREICHE, DIE SICH IM LAUFE DER ZEIT MEHR ODER WENIGER WEIT AUSEINANDERENTWICKELT HABEN. SO WAREN SICH DIE FÜNF KRINGEL DES PLASMINOGENS WAHRSCHEINLICH ZUNÄCHST SEHR ÄHNLICH, ABER MITTLERWEILE UNTERSCHEIDEN SIE SICH IN ETWA 70 VON IHREN 114 AMINOSÄUREN. VIELE KRINGEL SCHEINEN ERST IN DER ALLERJÜNGSTEN VERGANGENHEIT DURCH UNGLEICHE ODER REGISTERVERSCHOBENE HOMOLOGE REKOMBINATION AN DAS GEN ANGEHÄNGT WORDEN ZU SEIN ...

Für mich war es eine Molekularsaga, deren Logik nur religiös zu erklären war. Wer sagt den Aminosäuren oder Proteinen, was sie zu tun haben? Wer dirigiert und sortiert die ganzen Kringel? Wer hängt wen und wann wo an? Und warum? Dieser molekulare DRANG, so fühlte ich, kann nur von außen kommen. Meine Erleuchtung flaute nach einigen Minuten aber wieder ab, weil mir bald die naheliegende und dem Autor des Artikels selbstverständliche (darwinsche) Erklärung einfiel.

In der ersten Zeit kam ich bei meinem Kampf nicht grundsätzlich voran. Teilweise sammelte ich nur Informationen, wartete auf offizielle Reaktionen oder beantwortete unzureichende oder ausweichende Antworten auf meine bisherigen Anfragen. Nebenbei begriff ich die mir bisher völlig schleierhaften Kompetenzstrukturen. Ich stellte mir Listen von Personen zusammen, die mich weiterbringen konnten. Und ich legte mir eine neue, professionelle Datenbanksoftware zu. Ich hatte eine Heidenangst vor dem Chaos, von dem jeder wachsende Datenbestand zwangsläufig bedroht wird.

Schon die anfänglichen Erfahrungen hatten mir meine Bedenken bestätigt: Hinter jeder neuen Information klafften immer neue Themen und neue Faktenlöcher, die weitere Recherchen notwendig machten. Bald mußte ich mich in ganz speziellen Randgebieten zurechtfinden. Als ich zum Beispiel herausfand, daß es in den USA eine von der weltweit Maßstäbe setzenden »Food and Drug Administration« herausgegebene Richtlinie gibt, die die Entwicklungen für Diagnostik und Therapie von seltenen Krankheiten (»orphan diseases«) unterstützt, stellte ich fest, daß eine solche Richtlinie in Deutschland fehlte. Dabei wäre eine solche Regelung in meinem Streitfall enorm hilfreich gewesen. Ich wollte unbedingt herausbekommen, wer hier in der Vergangenheit geschlafen hatte – und warum. Für den nächsten Schub meiner Briefe und Beschwerden mußte ich mich unbedingt kundig machen, wollte mir einen kleinen Vorsprung herausarbeiten. Ich wußte immer noch nicht, warum man bei seltenen Krankheiten in Deutschland nicht auf Kosten der Krankenkassen forschen durfte – um wenigstens die ersten relevanten Daten über Therapieerfolge zu bekommen. In Holland und sogar in England war das möglich.

So, wie ich in diesen Wochen lebte und arbeitete, konnte es bei meiner Konstitution nicht lange gutgehen. Ich war wie getrieben; ich versuchte, jede neue Möglichkeit der Intervention augenblicklich zu nutzen – obwohl ich genau wußte, daß man für ähnliche Gesellschaftsspiele viel Geduld und einen langen Atem braucht. Mit meiner wachsenden Anspannung, Unruhe und leichten Paranoia steckte ich bald Anne an. Sie schreckte nachts auch oft hoch und begann die Wohnung nun zusätzlich auf ihre Art unsicher zu machen. Eine Zeitlang hielten wir uns einigermaßen über Wasser, hatten zum Beispiel noch die Nerven, abends ins Kino zu gehen und zu riskieren, dort brutale Materialschlachten oder zu viele ausgelöschte Menschenleben präsentiert zu bekommen.

Nachdem der erste große Rechercheschub abgeschlossen war, war ich soweit ausgelaugt, daß ich mich krankschreiben lassen mußte. Mein Chef verstand das zum Glück. Und weil ich mich weiter ausschließlich mit meinem Feldzug beschäftigte, konnte ich bald über nichts anderes mehr reden. Von Freunden bekam ich die ersten Anspielungen auf den tapferen Michael Kohlhaas zu hören. Inzwischen organisierte ich auch viel Pressearbeit. Über lange Strecken konzentrierte ich mich fast ausschließlich darauf, weil ich viel Hoffnung auf den öffentlichen Druck setzte. Bald erschienen die ersten größeren Artikel. Das tat mir jedesmal gut, die Fronten hatten sich dadurch aber eher verhärtet.

Zur Therapie konnte ich nach wie vor nicht gehen und stellte mir bildlich vor, wie sich mein Blut mit meinem Scheißfett langsam anreicherte. Ich ging trotzdem regelmäßig in die Klinik und beriet mich mit den Ärzten, die allerdings überfordert und immer müder wirkten. Ich fragte sie über alles Mögliche aus, merkte irgendwann aber, daß sie im Zusammenhang mit relativ elementaren Fragen, die zum Beispiel die abrechnungstechnischen Dinge betrafen, einiges gar nicht wußten. Sie hatten mit der zuständigen Kommission der KV, von der offenbar alles abhing, bislang noch nie zu tun gehabt. Auch mit der Handhabung der unterschiedlichen Geldtöpfe der Kassen wurden sie bis dahin nie konfrontiert. Vieles wurde anscheinend auf ganz anderen Ebenen und Etagen ausgehandelt und entschieden.

Die Ärzte hatten sowieso genug Streß und einige andere Pflichten. Neben den regulären, also genehmigten Blutwäschen waren sie in der ambulanten Beratungsstelle beschäftigt und mußten nebenbei auch noch forschen. Zu dieser Zeit wurde parallel an einer Margarine-Studie und an einer Hörsturz-Studie gearbeitet. Sie mußten also ständig neue Patienten betreuen, Unmengen von Telefonaten erledigen, haufenweise Papierkram produzieren und am Ende ihre vielen Daten auswerten. Für mich und den Ablauf des Konflikts mit der KV war das äußerst ungünstig. Wenn ich kam, bedeutete ich nur eine Zusatzbelastung. Zu alledem hatte ich das Gefühl, daß irgend etwas im Gange war, was man mir nicht sagen wollte. Beim Mithören der laufenden Telefongespräche erfuhr ich einmal zufällig, daß der Blutwäschebereich im Grunde gar nicht mehr direkt zum Krankenhausbetrieb gehörte, sondern als eigenständige Ambulanz ausgegliedert werden sollte oder bereits worden war. Was das zu bedeuten hatte, wußte ich nicht. Der nächste Schlag folgte bald: Dr. Arnold wechselte in eine andere Abteilung und war für mich nicht mehr zuständig. Und die neue Ärztin, die seine Stelle übernahm, war ein kommunikativer Problemfall.

Diese Frau war zwar eine anziehende Schönheit, sie war aber nie ganz bei sich, daher war sie als Ansprechpartnerin nur begrenzt zu gebrauchen. Wenn man mit ihr sprach, hörte sie – man sah ihr die partielle Abwesenheit gut an – meistens nur schallgedämpft zu. Und sie stieg aus laufenden Gesprächen manchmal ohne sichtbaren Grund und ohne Vorwarnung aus, indem sie plötzlich jemand anderen, der in der Nähe war, ansprach oder zu ihrem Schreibtisch oder Computer aufbrach. Als ich sie dann etwas besser kannte, stieß ich beim Gespräch mit ihr manchmal vorsorglich – wenn ihr Gesichtsausdruck zu lange keine Reaktionen zeigte – ein leises ›Hallo‹ aus. Sie reagierte immer schnell, indem sie mir versicherte, genau zugehört zu haben. Vielleicht stimmte das sogar. Zu diesen Schwierigkeiten kam hinzu, daß sie wahrscheinlich immer etwas fror und dauernd mit steifen und süß abstehenden Brustwarzen herumlief, an deren Spitzen ihr meist offener weißer Kittel hängengeblieben war. Einen BH brauchte sie für ihre zarten Brüste nicht. Wie weit sie ihren eigenen Körper wahrnahm, wie engen Kontakt sie zu ihm hatte – und ob sie seine Wirkung und Ausstrahlung berücksichtigte –, war dank ihrer reduzierten Mimik auch nicht herauszubekommen. Test-Grapschen kam nicht in Frage.

 Bei meinen erweiterten Recherchen stieß ich auch auf alle möglichen Scharlatane, die meistens sehr nett und auskunftsfreudig waren, mir viel Material zuschickten oder mir amerikanische Wunder-Mischpräparate gegen mein Blutfett andrehen wollten – sie stahlen mir viel Zeit und am Ende wollten diese Leute eigentlich nur Geld sehen. Sie hatten aber natürlich viele glückliche oder wenigstens hoffnungsgeladene Patienten vorzuweisen, auch wenn darüber in der bösen Fachpresse angeblich ›stur geschwiegen‹ wurde. Bei dieser aufwendigen Korrespondenz kam oft heraus, daß diese Spezialisten wiederum maßgebliche Veröffentlichungen zu meiner Störung und Behandlung gar nicht kannten. Ich beschäftigte mich also ausgiebig mit Materialien über Vitamin- oder Wasserkuren, einfach übergehen wollte ich diese Informationen doch nicht. Irgendwann arbeitete ich mich aber auch durch diesen Dschungel durch.

Frau Professor

An Frau Professor, die eigentliche und nur punktuell präsente Chefin der Abteilung, kam ich lange nicht heran, weil sie innerlich und äußerlich auf drei verschiedene Arbeitsstellen verteilt und daher mehr als überbeschäftigt war. Ihr Engagement für einzelne Patienten war trotzdem enorm. Im Grunde rettete sie gerade in den letzten Jahren dank der Blutwäschen einige Menschenleben. Wenn ich sie zufällig traf, gab es für ein konzentriertes Gespräch nie wirklich Zeit. Sie war eine sportliche schwarzhaarige Frau mit einer riesigen Mähne – und alles an ihr war groß: ihre Augen, Lippen, Ohren, ihr Kopf, alles. Eine energiegeladene Hexe, hätte man meinen können, wenn man sie nicht gemocht hätte. Auf alle Fälle war sie in ihrem Tun schwer zu bremsen. Die KV-Schwergewichte hatten etliche Gründe, sie nicht zu mögen.

Die medizinische Seite des Konflikts war mir inzwischen einigermaßen klar. Die Schädlichkeit meines Blutfetts war wissenschaftlich belegt und nicht unbedingt strittig – war sogar durch zwei Studien gut nachgewiesen. Nachgewiesen war – in dem Glauben lebte ich jedenfalls immer noch – auch die Wirksamkeit der Blutwäsche. Unter den Ärzten jedenfalls, mit denen ich zu tun hatte, herrschte ein Konsens darüber, daß dem so war.

– Das ist eine reine Demagogie mit den Studien, sagte Dr. Arnold, den ich in der Kardiologie aufsuchte, das ist wie in »Catch 22«. Die Betonköpfe fordern neue ordentliche Studien, wissen aber gleichzeitig, daß es sie bei der seltenen Erkrankung gar nicht geben kann. Mehr Fälle werden wir auch in der Zukunft nicht haben.

– Und warum macht niemand wenigstens eine kleine Arbeit darüber? Sie vielleicht, vielleicht würden Sie damit noch ganz groß rauskommen.
– Mit kleinen Fallzahlen kann man keine statistischen Beweise liefern. Außerdem wollen sich hier die Firmen gar nicht engagieren, wegen der paar Leute. Schon eine Pilotstudie würde mehr als eine Million Mark kosten. So eine Investition würde niemals zurückfließen.

Frau Professor persönlich zu treffen gelang mir nach wie vor nicht. Zwar bekam ich von ihr ihre Handynummer, mußte aber bald feststellen, daß sie mir nicht viel nutzte. Frau Professor ging nie ran und hörte, wie ich später erfuhr, auch ihre Mailbox grundsätzlich nicht ab. Einmal erwischte ich sie zwar in ihrer Sauna, sie erwartete aber einen anderen wichtigen Anruf. Zum Glück bekam ich nach und nach einen guten Kontakt zu ihrer Sekretärin und erfuhr, daß ihre Chefin gern beim ansonsten unproduktiven Autofahren telefonierte. Sie gab mir von ihrem Posten am Fenster einmal sogar das Startsignal:
– Sie steigt ein … sie ist vom Parkplatz runter, Sie können …
– Wer sitzt bei der KV in der Blutwäsche-Kommission, Frau Professor, wissen Sie das?
– Nein, darf ich nicht, weiß ich nicht. Aber finden Sie das doch raus.
– Ist das geheim?
– Mir sagt man das einfach nicht, fragen Sie bei der KV doch selbst.
– Man hat dort etwas gegen Sie, oder?
– Weiß ich nicht, kann sein. Sorry … muß jetzt Schluß machen.

Daß man bei der Kassenärztlichen Vereinigung etwas gegen sie hatte, daß persönlich gegen sie etwas im Gange war, wußte ich aber mit ziemlicher Sicherheit. Man verriet mir zwar nichts Konkretes, manche Andeutungen waren aber deutlich genug. Bei der Recherche nach den Mitgliedern der KV-Kommission erfuhr ich nebenbei – und war deswegen vollkommen überrascht –, daß diese Leute bei internen Wahlen bestimmt wurden. Es waren sozusagen demokratisch gewählte Vertreter, hinter denen irgendwelche Mehrheiten standen.

– Das steht doch alles im KV-Blatt, meinte ein Internist aus dem Bekanntenkreis. Auch die ganzen Kommissionen stehen da drin, soviel ich weiß. In der Stadtbibliothek finden Sie das alles. Aber Sie sollten aufpassen – diese Leute kann man nicht einfach belästigen. Offiziell müßte alles über die KV-Zentrale gehen, beziehungsweise über den Vorsitzenden der Kommission.

Ich ging in die Stadtbibliothek und blätterte zwei Jahrgänge des KV-Blattes durch – sogar mehrmals. Ich fand darin viel über die Wahlen, Fraktionen, Wahllisten und Gruppierungen, sah dort monströse Organisationsschemata, fand aber nirgendwo die gesuchten Namen. Die neuen Informationsmengen waren wieder mal erdrückend. Ich wurde mit Strukturen konfrontiert, die offenbar über Jahrzehnte gewachsen waren und irgendwelchen komplizierten und für mich nicht durchschaubaren Zwecken dienten. Nach Hause kam ich mit vielen seltsamen Kopien beladen und völlig geknickt.

Ein ganzes Stück voran kam ich durch einen Zufall. Bei einer Party hörte ich einen Arzt über die KV und ihre verfluchten Kommissionen schimpfen und traute meinen Ohren nicht. Dr. P. war Nephrologe. Ich ließ mir seine Nummer geben und rief ihn gleich am nächsten Tag an. Er sollte zu meinem ersten wichtigen Informanten werden.

– Bei der Wahl lief etwas grundsätzlich schief, sagte Dr. P., also was diese Kommission betrifft. Einige Ärzte, die ich kenne, hatten gar keine Benachrichtigungen bekommen. Dabei wollten manche sogar kandidieren. Irgendwie hat sich dort eine komische Clique breitgemacht, in dem Fall zufällig aus dem Osten. Diese Leute haben sich dann so gut wie gegenseitig reingewählt.

Von Dr. P. bekam ich auch die lange gesuchten Namen. Darunter den von Dr. Dr. Horn. Ohne Probleme, ohne jegliches Zögern – als ob das die selbstverständlichste Information wäre, die jeder haben konnte. Außerdem bestätigte mir Dr. P. das Entscheidende:

– Der Horn haßt sie doch.

– Wen?

– Na, Ihre Frau Professor, die ganze Uniklinik. Ich weiß aber nicht, warum. Es ist aus der Zeit, bevor ich nach Berlin kam.

– Wieso sagt mir das niemand?

– Keine Ahnung, man weiß es aber. Der dicke Horn ist im Grunde eine gescheiterte Existenz. Im übrigen erfand er für die Blutwäsche auch eine besondere Methode. Und obwohl seine Maschine Schrott ist, darf er sie trotzdem einsetzen. Wissen Sie, warum?

– Nein, ich weiß noch vieles nicht.

– Weil die Methode primitiv und billig ist, die Kassen sie aber trotzdem ziemlich hoch vergüten. Die Spanne, die bei Horn hängenbleibt, ist beachtlich.

– Wenn er gut verdient, könnte er doch ruhig und zufrieden sein.

– Ist er aber nicht! Er hat jetzt mehr Macht und rächt sich, wo er kann.

Ich wollte von Dr. P. zwar so viel erfahren wie möglich, seine Geladenheit war mir aber trotzdem unheimlich.

– Sie meinen also, einfach aus Rivalitätsgründen würden Kranke wie ich nicht behandelt?

– Ja! Horn und seine Leute könnte man ohne weiteres wegen schwerer Körperverletzung anzeigen.

– Das kann ich mir nicht so richtig …

– Wissen Sie, die KV verwaltet sehr viel Geld. Sie ist zwar nun mal dazu da, das Geld zu verteilen, sie hat aber dank der Gewalt über dieses Geld und dank der alleinigen Vertretung der Niedergelassenen viel zu viel Macht; sie vertritt die Ärzte im Grunde auch politisch. Sie ist deren ... so eine Art Kampfmaschine. Oder stellen Sie sich die KV lieber wie einen milliardenschweren Konzern vor, der außerdem ein überall präsentes und immer einsatzfähiges Wahlkampfnetz unterhält. Jeder Arzt kann im Handumdrehen zu einem potenten Wahlkämpfer werden. So viel Macht hat keine andere Berufsgruppe. Ein Patientenschutzbund oder etwas Ähnliches ist die KV also auf keinen Fall, falls Sie das gedacht haben sollten.

– Eine Sache ist mir noch unklar: Wenn manche der Ärzte gleichzeitig in der Kommission sitzen, können sie sich doch ohne weiteres bestimmte Therapien selbst genehmigen, oder nicht?

– Natürlich, und zwar solche, an denen sie gut verdienen. Es ist mafiös, sage ich doch. Sie können auch ganz legal und gezielt ihre Kumpel bedienen.

– Und wieso dürfen sie das? Wieso dürfen sie neue Therapien ablehnen, die ihnen nicht passen?

– Ja, es ist absurd, Sie kommen dagegen trotzdem schwer an. Es ist eine Welt für sich. Stellen Sie sich das so vor: Diese Leute verwalten und verteilen ihre schönen, ihnen von den Kassen anvertrauten Millionen – dieser Kuchen ist aber begrenzt. Wenn diese Experten also nicht aufpassen und alle möglichen Therapien genehmigen, würden sie für das, was sie sonst noch zu leisten haben, anteilig weniger Geld bekommen. Die passen auf wie die Schießhunde. Kapiert?

– Nicht ganz.

– Ist auch egal. Für Normalsterbliche ist das ein Dschungel, soll es offensichtlich auch sein.

Dr. P. konnte auf keinen Fall der einzige sein, der über

diese Zustände Bescheid wußte. Es konnte nicht sein, daß wir gerade dabei waren, einen Skandal aufzudecken.
– Wer kontrolliert die KV eigentlich? fragte ich noch.
– Ha, ha, machen Sie Witze?
– Nein.
– Na dann lache ich mal alleine darüber – die kontrollieren sich selbst.
– Wie denn das?
– Na ja, offiziell heißt das Selbstverwaltung. Weil sich die Leute aber alle kennen und die Vielverdiener oft befreundet sind, können Sie sich vorstellen, wie sie sich gegenseitig kontrollieren. Außerdem hält die KV interne Daten sowieso unter Verschluß.
– Aber das weiß man doch, oder? Warum passiert da nichts?
– Das ist nun mal die gesetzliche Konstruktion; und die ist so, wie sie ist. Diese Lobby trampelt alle Reformen platt. Wenn Sie aber wollen, können Sie den Abgeordneten im Bundestag eine für Sie zugeschnittene Gesundheitsreform vorschlagen.
Es war eine geballte Ladung, die Dr. P. bei mir ablud, ich hatte inzwischen einen heißen Schädel bekommen und schwitzte vor Erregung. Ich fragte vorsichtig weiter.
– Und was haben Sie mit denen von der KV zu tun?
– Direkt nichts, zum Glück, hier im Krankenhaus. Ich bekomme aber trotzdem alles mögliche mit – über Kollegen. Außerdem begutachten diese Idioten auch meine Patienten.
Dr. P. machte eine Pause.
– Aber wieso mischt sich bei Ihnen die KV überhaupt ein? Die hat im Krankenhausbereich überhaupt nichts zu melden.
– Die Stelle dort ist jetzt irgendwie eine Art Ambulanz, sagte ich.
– Was?

– Ja, wurde ausgegliedert – als Ambulanz.
– Ambulanz? Klinikambulanz? Um Gottes willen! Aber das ist doch eine Katastrophe! Und das sagen Sie mir erst jetzt!

Ich versuchte, ruhig zu bleiben, und erzählte, was ich wußte.

– Irgendwie wurde die Abteilung im allgemeinen Einvernehmen umgewandelt – ich habe es aber nur nebenbei mitbekommen. Wegen der Kosten bestand offensichtlich auch die Klinikleitung darauf.

– Wissen Sie, was das bedeutet? schäumte P., die KV-Leute haben jetzt alles in der Hand, haben Ihre Frau Professor fest in der Kralle und können an ihrem Geldhahn drehen, wie sie wollen. Das ist keine Nebensächlichkeit, der Unterschied ist riesengroß!

– Und kann es auch sein, daß man die Abteilung später einfach dichtmacht?

– Damit können Sie rechnen. Die Patienten wie Sie werden zuerst verjagt, und die anderen treibt man dann in die privaten Praxen. Mit den Apheresen läßt sich ordentlich Geld verdienen.

Beim nächsten Gespräch mit Frau Professor versuchte ich, sie vorsichtig wegen der Ambulanzproblematik auszufragen – und auch über Dr. Dr. Horn.

– Ach, der Horn interessiert mich nicht. Den nimmt fachlich doch niemand ernst – aber das nur unter uns gesagt.

– War er nicht auch in der Klinik, vor Ihnen?

– Ja, aber lange vor mir. Ich hatte mit ihm nichts weiter zu tun.

– Ich habe noch weitere Fragen.

– Fragen Sie doch!

– Die Ambulanz war doch vor kurzem noch eine Station, oder habe ich da etwas falsch mitbekommen?

– Ja, ja, die Klinik wollte das so. Aus finanziellen Gründen. Wir sind jetzt eben eine Ambulanz. Aber das spielt für Sie keine große Rolle.

Auf meinem Zettel stand noch eine ganze Reihe von Fragen, mit Frau Professor mußte es aber ganz schnell gehen, möglichst ohne Pausen.

– Mich würde noch interessieren, warum über die Apheresen eigentlich die Nierenärzte von der KV zu entscheiden haben.

Frau Professor lachte kurz. Zum ersten Mal hörte ich, wie sie lacht.

– Endlich fällt es einem auf! Wissen Sie, warum? Weil ihre Dialysegeräte äußerlich so aussehen wie unsere für die Apheresen. Und weil es Maschinen sind. Das ist alles. Vom Fettstoffwechsel haben diese Leute keinen blassen Schimmer, müssen sie auch nicht. Kardiologen oder Nephrologen haben außerdem eine Fachgesellschaft. Wir nicht.

– Läßt sich daran etwas ändern?

– Ach, hören Sie auf! Ich könnte mich darüber stundenlang aufregen, wir Lipidologen sind eben einfache Internisten. Schluß jetzt. Rufen Sie mich wieder an, Tschüß. Machen Sie weiter.

Ich mußte meine investigative Nerverei gut dosieren und auf unterschiedliche Schultern verteilen. Für ganz allgemeine Fragen hatte ich andere hilfsbereite Ärzte.

– Sagen Sie mal: Wenn man die Substanz herausfiltert, die krank macht, muß das doch logischerweise dazu führen, daß man gesunder wird. Oder irre ich mich?

– Ja. In der Wissenschaft braucht man aber eine andere Art Beweise – mit einfachen logischen Schlüssen kann man nicht argumentieren. Dazu ist der Mensch viel zu kompliziert.

– Und wenn es Leute gibt, die auf diese Weise gesund geworden sind – gilt das nicht?

– Eigentlich ja. Das sind aber nur Einzelfälle, Einzelfallbeschreibungen – und keine Studien. Diese Dinge können die KV-Leute ohne weiteres vom Tisch wischen, wenn sie ihnen nicht passen. »Evidence based medicine« heißt das Schlagwort, merken Sie sich das.

– Noch eine Sache: Die Lipidologen haben irgendwelche neuen Kriterien für die Apheresen ausgearbeitet, sie haben beim Bundesausschuß aber kein Vorschlagsrecht. Ist das in Ordnung?

Mein Mann stockte kurz.

– Das wird schon so sein. Vorschlagsrecht kann manchmal genau denen zufallen, die absolut kein Interesse an Veränderungen haben. Völlig ignorieren kann man die Lipidologen aber trotzdem nicht, so wird das auch nicht sein. Kommen Sie lieber zur Ruhe. Sie müssen jetzt auf Zeit setzen, es bleibt Ihnen nichts weiter übrig.

– Ich kann aber nicht zur Ruhe kommen, wenn ich jetzt weiß, was ich weiß.

In den nächsten Tagen reichte ich in der Firma meine Kündigung ein.

Anne

Bevor bei uns der ganze Streß einsetzte, hatte ich oft genügend Ruhe, nebenbei ausgiebig Anne zu beobachten, wenn sie durch die Wohnung streifte. Oder ich nahm mir Zeit, zuzusehen, wie reizend konzentriert sie vor ihrem Computer saß, sich ab und zu auf ihrem Köpfchen kraulte oder halblaut irgendwelche Kommentare losließ. Ausgesprochen witzig war weiterhin eine andere ihrer Angewohnheiten, die sich gegenwärtig wieder im Relaunch befindet: Sie singt sich manchmal – wirklich nur für sich selbst – ein Liedchen vor. Es ist aber kein nerviges, melodiearmes Summen, sie singt richtig. Vorwiegend tut sie es beim Nachdenken darüber, welcher Stapel die Papierchen, die sie gerade sucht, enthalten könnte; oder sie singt abends, wenn sie schon im Bett liegt und nicht mehr lesen will – und ist dann erbost, wenn ich sie für ihre intimen Gesangseinlagen lobe. Mitten in der Nacht, wenn wir uns manchmal auf der Toilette begegnen oder gemeinsam dorthin aufbrechen, ist sie dagegen völlig wehrlos. Ich kann ungestraft einen egal wie kontroversen Disput vom Vortag aufgreifen; Anne läßt sogar jede Kritik über sich ergehen, um bloß nicht wach zu werden.

Die Schiebetüren in den vorderen Zimmern stehen bei uns normalerweise offen, und ich bekomme beim Zeitunglesen – oder beim Vortäuschen, daß ich lese – fast alles mit, was Anne tut und was um sie herum passiert; also auch, was sie mitunter für Ungedeih und Verderb verursacht. Sie rennt zum Beispiel gerne halbvolle Teetassen oder Gläser um, die sie bei bodennahen Arbeiten auf dem Parkett absetzt. Ich studiere auch gern, wie sie irgendwelche Unterlagen umschichtet, zur Seite schiebt oder – wie nebenbei – verschiedene Regale mit den Augen vertikal absucht und dabei ihren ganzen Körper streckt oder schrumpfen läßt; sich also durch leichtes Stauen oder Strecken ihrer Wirbelsäule kleiner oder größer macht, als sie ist. Wenn ich will und mit meinem Stuhl ein Stück zur Seite fahre, sehe ich sie auch dann, wenn sie ins Bad pinkeln geht; wenn die Tür offen bleibt, sehe ich noch mehr. Ich kann mich in diesen Momenten aber auch in ihr Zimmer schleichen und vorsorglich eine ihrer Wasserflaschen zuschrauben.

Wenn ich sehe, daß sie sich schminkt, bedeutet das, daß sie in Kürze auf die Straße hinaustreten wird. Auch einen Kurzausflug zum Zeitungskiosk absolviert sie niemals ungeschminkt. Ich sehe ihr beim Schminken ausgesprochen gern zu. Ich stehe auf, komme leise näher und denke dabei, wie wunderbar es ist, daß ich, wenn ich eine Frau in Großaufnahme vor dem Spiegel beobachten will, nicht extra ins Kino gehen muß. Manchmal muß ich laut auflachen vor Freude, wenn ich die arglose Anne über das umgangsübliche Zeitlimit hinaus bei ihren kleinen Beschäftigungen observiere. Ich amüsiere mich einfach gern, daß sie so schön ist und daß sie meine Frau ist – und nicht die von jemand anderem. Wir wurden beide in wildfremden Winkeln, in irgendwelchen Schlafzimmern gezeugt und verrichten jetzt täglich Tausende von koordinierten und aufeinander abgestimmten Bewegungen ausgerechnet in dieser Wohnung, gehören hierher und nirgendwohin sonst. Und die feinen Fäden, die wir zwischen uns über die Jahre gesponnen und gezogen haben, werden für alle anderen immer ein Geheimnis bleiben.

Anne hat normalerweise nicht den Eindruck, daß ich sie auslache, wenn ich aus Freude über sie lache. Strenggenommen ist es aber so. Ich lache über sie, weil ich sie oft ziemlich lustig finde; am witzigsten ist sie dann, wenn sie gar nicht weiß, daß sie es ist. Ein Beispiel: Ich folge ihr in der Wohnung heimlich, wie sie in Gedanken versunken, mit ihrer typischen Schrittart, die sie nicht ablegen kann, unterwegs ist; das ist alles. Oder: Ich verfolge im phantasierten Zeitlupentempo, mit welch einer kuriosen Finger- und Handstellung sie sich am Kopf krault oder wie sie mit ihren dünnen Fingern in ihrer Nase herumstochert; für mich ist das unterhaltsam genug.

Anne macht Graphikdesign für einige kleine Agenturen; gestaltet aber auch Plakate für Veranstaltungen, Flyer und Programmhefte. Zum Teil layoutet sie ganz langweilige Dinge wie irgendwelche kleingedruckten Richtlinien und Verordnungen, die eine festgelegte Form haben und jedesmal exakt gleich gesetzt werden müssen. In dem Fall bekommt sie riesige Dateien geliefert, bei denen nichts übersehen werden darf. Da sie aber einen genauen Blick hat und gerne präzise Arbeit abliefert, hat sie die meisten Kunden schon ziemlich lange – und wird sie sicher auch behalten. Bei ihren großen Projekten habe ich manchmal Angst um sie; ich stelle mir vor, ich müßte die Verantwortung für Tausende von Details übernehmen, die bei der Gestaltung beachtet werden müssen. Mir würden dabei hundertprozentig dumme Fehler unterlaufen. Anne bleibt dank ihrer schwebenden Art von Aufmerksamkeit entspannt und entdeckt auch gut versteckte Druckfehler zielsicher wie ein Raubvogel. Natürlich beobachtete ich auch unsere Art Directoren in der Agentur ausgiebig, kenne solche Computer-Wachsfiguren mit starren Augen auch aus einigen auswärtigen Studios. So anmutig wie Anne arbeiten sie aber alle nicht. Und so fraugetränkt, wie es bei Anne im Zimmer duftet – keineswegs nur nach Arbeit –, riecht es nirgendwo sonst.

Wenn man Annes Zimmer rein äußerlich begutachten würde, könnte man meinen, daß sie unordentlicher ist als ich. Und das stimmt auch. Im Grunde liegen ihre Papier- und Materialstapel aber deswegen überall im Zimmer herum, weil sie oft gleichzeitig für mehrere Kunden malocht und einiges gleichzeitig greifbar haben muß; der Fußboden ist eine ideale Zwischenablage. Allerdings türmt sie ihre Materialien gern in die Höhe bis zum Kipppunkt – und ohne jegliche Trennblätter oder Kärtchen. Irgendwann läßt sich dann nicht mehr erraten, was in diesen Stapeln alles steckt.

– So findest du doch nichts mehr.

– Ich will auch nichts mehr suchen. Denk doch logisch.

Annes Büro funktioniert trotz ihrer Eigenarten ziemlich perfekt und flüssig – besser als meines. So habe ich irgendwann aufgehört, mich über ihre unübersichtlichen Archivbestände lustig zu machen. Krisenstimmung herrscht nur, wenn Anne einen wichtigen fremden Eindringling empfangen muß. Dann wird geräumt und ihr Papierkram zu großen multiplen Stapeln zusammengefaßt. Manche Reste werden zu mir beziehungsweise in den nicht einsehbaren Teil des Korridors verlagert. Der vordere Teil der Wohnung wirkt daraufhin wie verwandelt. Wir saugen dann auch alles ab, so daß der Fußboden vorübergehend frei von Staubmäusen ist. Gegen unsere lieben Staubmäuse haben wir ansonsten nichts einzuwenden. Sie arbeiten leise und effektiv, ziehen in ruhigen Ecken oder unter Stühlen eigenständig Staub an sich und binden ihn dauerhaft; dadurch ersparen sie einem viel Arbeit. Außerdem sind sie ausgesprochen zutraulich und lassen sich mit den bloßen Fingern einsammeln. Damit können mit einigen wenigen Griffen Unmengen von Staubpartikeln beseitigt werden.

Anne beobachtet mich auch manchmal, wenn ich beim Langlauf durch die Wohnung im Kopfinneren weiterarbeite und nicht recht weiß, was um mich herum los ist.

Unsere Vereinbarung ist, daß wir uns am Tag möglichst nicht ansprechen, wenn einer mit abwesendem Blick unterwegs ist. Stummes Küssen oder Umarmen ist zwar erlaubt, alles andere verboten und kann relativ streng geahndet werden. Manchmal müssen wir darüber laut lachen, weil die Flurszenen, die gleichzeitig in unseren zwei Spiegeln zu beobachten sind, stark somnambul wirken – zwei erwachsene Grapscher umarmen oder befummeln sich kurz, sagen kein Wort zueinander und gehen weiter.

Mit der Zeit gewöhnte ich mir leider an, Anne beim Umarmen mit einer Hand an den Busen zu fassen. Ihre früher eher kleinen Brüste erblühten in den vergangenen zehn Jahren zu einer auffälligeren Größe und zu genau richtig fester Weichheit, so daß das Grapschen noch berechtigter wurde als je zuvor. Da ich ihren Busen immer schöner fand, sah ich nicht ein, warum ich diese Praxis einstellen oder einschränken sollte. Bedauerlicherweise verinnerlichte ich meinen Reflex so stark, daß ich oft bei Bekannten und Freundinnen, wenn wir uns unschuldig umarmten, auch versuchte zuzugreifen. Danach tat ich lieber, als ob nichts passiert wäre. Bei üppigen Frauen fiel der Mißgriff zum Glück wenig auf. Wenn die Zielperson zum Beispiel ein Buch in der Hand trug und ich beides berührte, das Buch und beim Gleiten zum Rücken seitlich den Busen, konnte ich nach ihrer Lektüre fragen. Nur ein einziges Mal landete meine Hand ganz frontal – so übte ich es an Anne nun mal – auf einer völlig fremden Brust. Der Blick, der mich traf, war seltsam. Uns beiden fehlten die Worte.

Zwischen mir und Anne ist das absichtliche Ärgern in der Regel erlaubt. Zu Beginn unserer Beziehung war es zufällig Anne, die damit anfing – sie schob mir einmal beim Küssen einen frisch abgelutschten Kirschkern in den Mund. Obwohl wir uns unsere bakteriell kontaminierte Spucke ansonsten reichlich gegenseitig zuschoben, war es für mich ein Schock. Diese überfallartige Festkörperejakulation wirkte aber vielleicht deswegen so obszön, weil sie unauffällig in aller Öffentlichkeit geschah. Wir saßen friedlich auf einer Parkbank, verschlangen ungewaschene Kirschen aus einer Papiertüte und spuckten, wie es sich gehört, die Kerne in die Gegend – bis Anne hinterrücks die Regeln brach. Wenn meine Mutter von diesem Gut-Kirschen-Essen erfahren hätte, hätte sie sich vor Ekel, Mißtrauen und Eifersucht sicher geschüttelt. Sie hatte sich für ihren Körper ein geheim-rituelles Abstufungssystem der Unsauberkeitszonen geschaffen und ist daher gezwungen, beim Waschen vier unterschiedliche Waschlappen zu benutzen. Ihre Mundhöhle bildet eine heilige Sonderputzzone. Meine Mutter desinfiziert ihre Zahnbürsten regelmäßig.

Als sich Anne einmal morgens im Schlafzimmer anziehen wollte, legte ich mich leise auf den Fußboden und robbte mich vorsichtig von hinten an sie heran. Ich wollte unbedingt wieder mal das sehen, was sie mir längere Zeit in voller Blüte nicht hatte zeigen wollen. Ich war schon fast am Ziel, so daß ich ihren süßen Schlitz – sie wollte sich gerade bücken! – hätte bestbeleuchtet studieren können, als sie mich entdeckte. Sie schrie auf – und ich machte reflexartig die Augen zu. Zusätzlich legte ich mir beide Hände aufs Gesicht, um in der Rückenlage meine gerechte Strafe abzuwarten. Auf sanfte Hiebe mit ihrem Höschen und Ähnliches war ich vorbereitet. Statt dessen stellte sie sich breitbeinig über mich und befahl mir, die Augen zu öffnen.

– Mach die Augen auf – sofort! sagte sie feindselig wie eine Domina.

Ich, der Mann aus Stahl, gehorchte – und sah etwas Furchterregendes. Der Blick auf etwas, was ich nur ganz zart als einen engen Strich sehen wollte, wirkte höchst aggressiv. Mich klagten weit auseinanderklaffende, stolz in die Luft ragende Schamlippen an, der ganze Vulvabereich wirkte erotisch wie eine offene Blutwunde. Obwohl ihr Scheidchen an sich schön zart ist, bekam ich bei dem Anblick noch eine völlig idiotische Idee: daß auf mich ein Ei, so etwas wie ein rohes Hühnerei herausgeschossen kommen könnte. Auch deswegen machte ich schnell wieder die Augen zu. Anne verließ den Raum eindeutig als die Siegerin.

Das Geld

Meine vielen Beschwerden und Protestbriefe bewirkten gar nichts. In der Regel wurde ich auf irgendwelche streng geregelten behördlichen Abläufe hingewiesen. Wenn mir ausnahmsweise mitgeteilt wurde, daß man eine »Anfrage an die Kasse und die KV« richtete, wußte ich, was von dort kommen würde. Die Panik, die sich in mir ausbreitete, war oft unerträglich; auch als klar wurde, daß von politischen Interventionen genausowenig zu erwarten war.

– Man läßt auch hoch postierte Politiker mit Vergnügen abblitzen, wenn sie versuchen, sich in Fachgremien einzumischen – auch wenn sie aus der gleichen Partei kommen, erklärte mir ein Bekannter; man zeigt ihnen mit Vergnügen, daß ihre Macht Grenzen hat.

– Soll ich es politisch also sein lassen?

– Warten Sie lieber ab. Ich könnte zwar ein paar Abgeordnete ansprechen, die würden aber eher herumeiern und sich drücken. Und wenn nicht, würde man diese Leute sozusagen verbrennen – und sie würden sich später nicht mehr engagieren wollen.

– Und was ist mit dem Kontakt zum Bundesministerium?

– Vergessen Sie das lieber. Das ist in diesen Dingen vollkommen zahnlos und will es auch nicht anders. Rein formal hat das Ministerium zwar die Aufsichtspflicht und das Einspruchsrecht, vieles wird aber grundsätzlich nach außen delegiert und ganz bewußt aus der Politik herausgehalten – an die sogenannte Selbstverwaltung. Man fragt dort höchstens vorsichtig nach.

Mein Großvater, den ich gar nicht kannte und von dem ich höchstwahrscheinlich das Stoffwechselproblem geerbt habe, war schon vor dem Krieg an einem Gehirninfarkt gestorben, überraschend und ganz jung. Das wollte ich mir ersparen. Ich mußte unbedingt wieder an die Maschine; und ich entschloß mich, meine Ersparnisse anzugreifen und mich wenigstens eine Zeitlang auf eigene Kosten therapieren zu lassen. Da ich im Moment überhaupt nichts verdiente, suchten ich und Anne gleichzeitig finanzkräftige Spender im Freundeskreis. Bei wöchentlichem Therapierhythmus schätzten meine Ärzte die Kosten auf etwa 120 000 Mark im Jahr.
– Wir kennen den Preis nicht, meinte die Leiterin im Abrechnungsbüro, so etwas bezahlt man nicht privat.
– Ich muß es aber selbst bezahlen.
– So etwas wird mit den Kassen ganz anders abgerechnet, wissen Sie, pauschal.
Der Leiterin wirkte verwirrt und nervös.
– Es sind auch Leistungen dabei, die nicht unmittelbar berechnet werden können. Löhne, Verbandmaterial, Bettwäsche ... also Pflegekosten; die laufen außerhalb dieser Pauschalen an.
Man versprach mir trotzdem, schnellstens einen fairen Preis zu ermitteln. Der betrug schließlich 2401,12 DM pro Behandlung. Also fast hundert Mark weniger, als die Kassen zu der Zeit angeblich zahlten. Woher die Differenz kam, fragte ich lieber nicht. Als ich nach der längeren Pause das erste Mal wieder zur Behandlung kam, war es draußen ziemlich kalt, und als eine Schwester meinte, ich hätte kalte Hände, wußte ich, was sie meinte. In dieser Abteilung denkt man dabei nicht an bessere Handschuhe, man vermutet sofort ernste Durchblutungsprobleme. Die erste Therapie nach der langen Pause war herrlich, obwohl man das blöde Lipid im Körper überhaupt nicht

spürt. Das im Filter zurückbleibende Fett ähnelt am Ende dunklem Eidotter.

– Zuviel Eier gegessen, scherzen dann gern die Schwestern.

Marie ist die beste Freundin meiner Frau. Sie ist Allgemeinärztin und etwas älter als Anne. Marie ist außerdem mit Guido eng befreundet. Und Guido, der sehr viel Geld hat, liebt und bewundert Marie seit der Jugend. Guido wurde mein Großspender wahrscheinlich dank dieser platonischen Liebe. Außerdem kann Marie wunderbar überzeugend agieren, wenn ihrer Meinung nach etwas Bestimmtes getan werden muß. Auf Marie ist in schlechten Zeiten einfach Verlaß.

Guido lebte damals gerade in Luxemburg, kam aber regelmäßig nach Berlin und trieb sich gern in der Großstadt herum. Berlin sollte wieder so wild und prächtig werden, wie es einmal war – und Guido wollte dabeisein. Nebenbei erzählte man über ihn, daß er ein äußerst mißtrauischer Mensch ist und daß nichts von dem, was man über ihn wußte, wirklich gesichert war. Er gab zwar immer wieder einiges von sich preis, wenn seine Geschichten aber zusammengetragen wurden, stimmten sie oft nicht überein. Ich kannte Guido bislang nur oberflächlich als einen dicke Zigarren rauchenden Riesen; nicht ganz standesgemäß waren an ihm nur seine Haarschuppen auf den Schultern. Reich geworden war er als Chemiker und Lobbyist der Chemieindustrie, dann als Börsianer. Er war auch Anwalt und hatte eine Zeitlang mit irgendwelchen amerikanischen Chemielizenzen zu tun. Inzwischen beschäftigte er sich aber nur noch mit der Vermehrung seines Geldes – selbstverständlich auch während seiner Reisen. Eine Noch-Ehefrau in einer Münchner Villa hatte er angeblich auch noch.

Zu unserem historischen Treffen kam es sehr schnell.

Von Marie bekam ich eine seltsame Funknummer – und Guido, der sich gleich nach dem ersten Klingeln meldete, hatte Zeit zum Reden. Eine Adresse, wo ich ihn hätte antreffen oder wohin ich ihm Materialien über mein Problem hätte schicken können, bekam ich von ihm nicht. Seine Reaktion auf die Wohnsitzfrage fiel so eindeutig aus, daß ich sie nie wieder stellte.
– Auch kein Postfach?
– Postfach, Postfach, was soll ich mit einem Postfach. Und vor allem, wo.
Guido, der ganz sicher etliche Postfachadressen hatte, war gerade wieder unterwegs – und zwar in Hannover; er wollte mich lieber gleich sehen, statt auf die nächsten Ergebnisse meiner Recherchen zu warten. Er wäre danach mit jemandem in Südamerika verabredet, sagte er, und könne mich eben nur jetzt oder vorerst gar nicht treffen. Bei unserem ersten Vieraugengespräch – abends in Hannover – bekam ich gleich mit, daß er grundsätzlich etwas gegen Ärzte hatte. Sie hatten ihn nach einem offenen Knochenbruch vor zwanzig Jahren beinah zum Krüppel gemacht. Nach kurzer Zeit duzten wir uns. Die paar Kopien von Artikeln, die ich dabeihatte, ließ er sich zwar geben, wir verblieben aber so, daß ich ihm ab und zu lieber kurze mündliche Berichte liefern würde. Mein Vorschlag, ihm bei Gelegenheit besonders brisante Materialien in irgendein Hotel zu faxen, gefiel ihm gar nicht. Aus Zeitgründen, sagte er, wollte er nicht zu viel lesen müssen; außerdem würde er immer weniger, also so gut wie gar nicht mehr lesen.
– Mir reichen Headlines aus dem Internet.
Er würde intelligent zusammengefaßte mündliche Infos bevorzugen. Und irgendwann würde er wieder in Berlin zu tun haben.
– Wie heißt das Fett noch mal?
– Lipoprotein klein »b«, abgekürzt Lp(b). Man sagt

»klein b«, auch wenn es hier weit und breit kein »groß B« gibt. Auf jeden Fall hat das Teilchen Ähnlichkeiten mit dem schlechten Cholesterin, zusätzlich hängt da aber noch eine Eiweißkette dran.
– Okay, okay. Sag mir jetzt lieber, wieviel das Ganze kostet.
– Ich könnte mit zwei statt vier Therapien im Monat auskommen. Eine kostet etwa zweitausendfünfhundert.
– Mark oder Dollar.
– Mark, Mark.
– Tausend Dollar kannst du von mir haben. Aber nicht hier. Die Konten, auf die ich problemlos zugreifen kann, sind alle in der Schweiz. Du müßtest in die Schweiz kommen.
– Wie denn das?
Ich war etwas erschrocken. Die Summe fand ich zwar schön und rund – wenn auch nicht wirklich umwerfend –, warum ich in die Schweiz reisen sollte, war mir etwas unklar.
– Wenn du einmal im halben Jahr kommen würdest, wäre das doch kein großes Problem, oder? Das wären dann jeweils sechstausend Dollar – oder sagen wir gleich zehn, dann kommst du länger damit aus. Die Sache wird sich bestimmt noch eine Weile hinziehen. Ich will soviel Bargeld nicht selbst schleppen.
Guido hatte also tausend Dollar MONATLICH gemeint.
– Ja, tausend Dollar – das wäre dann etwa die Hälfte ... Und wenn ich mich woanders noch nach Geld umsehe, müßte ich klarkommen. Ich dachte sowieso daran, wo ich noch ... bei Ärzten und anderen ...
Er schien das Mißverständnis nicht mitbekommen zu haben.
– Und wenn die Sache vorbei ist, klagst du das Geld wieder ein.

– Natürlich, klar.

Guidos Adresse bekam ich nie. Marie hatte zwar eine, durfte sie aber nicht weitergeben. Ich mußte mich sowieso auf noch andere konspirative Regeln von Guido einlassen: keine Mails (die könne man abfangen!), und auch am Telefon möglichst kein Gespräch über das Eigentliche, also über das Geld. Am Telefon wird im lokkeren Ton nur ein neues Treffen vereinbart, das eher wie zufällig zustande kommen soll. Er führte mir gleich ein Beispiel vor: ›Bist du in Zürich? ... Ja, ich hab in der Schweiz auch gerade zu tun, wir können uns sehen.‹ Sein Haupthandy war in Portugal registriert. Auf meine Frage, warum gerade dort, antwortete er nicht. Die anderen Handynummern (er trug angeblich drei bis vier Geräte bei sich) waren offensichtlich geheim oder nur für spezielle Kontakte bestimmt. Guido liebte seine Dollars und verachtete die Mark, verachtete auch den noch nicht eingeführten Euro und Europa gleich mit.

– Die Finanzämter hier sind mir zu gierig.
– Wo legst du das Geld eigentlich an, in den Staaten?

Guido lachte laut auf.

– Der Dollarmarkt ist doch ein Weltmarkt, mein Gott. Europa richtet sich finanziell irgendwann zugrunde – warte mal ab. Nur die Schweiz vielleicht nicht.

Bei unserem ersten Treffen in Zürich bekam ich auch die erste Dollar-Ladung.

– Ich habe da und dort Geld, aber nicht mit jedem Geld kann und will ich etwas anfangen. Bei bestimmten Geldsummen werden auch die Schweizer aufmerksam und wollen etwas mehr wissen. Nicht zuviel, aber etwas schon. Ich spreche aber nicht von solchen kleinen Abhebungen.

– Aha.
– Mensch! Guck nicht so erschrocken! sagte er und lächelte breit, du könntest ohne weiteres dreißigtausend

Mark über die Grenze schleppen und müßtest sie nicht angeben.

Nach der ersten Lieferung verschwand meine Angst fast vollständig, daß Guido wieder abspringen könnte. Die erste Zahlung war eine Art Verpflichtung, die einseitig schwer zu kündigen war. Bei Guido hätte man ansonsten meinen können, daß Geld tatsächlich glücklich machte. Er lachte viel und war immer guter Dinge. Wenn ich mit einem Päckchen Dollarnoten aus der Schweiz kam, tauschte ich vorsichtshalber begrenzte Summen bei unterschiedlichen Banken um und bunkerte das Geld zu Hause. Bei einer Geldbeschaffungsreise bekam ich sogar zwölftausend Dollar auf einmal in die Hand und tauschte das Geld gleich in der Schweiz um. Die Therapien bezahlte ich im Krankenhaus an dem mit Panzerglas gesicherten Kassenhäuschen in der Regel bar.

Guido gehört dem Anschein nach zu den Menschen, denen eine gewisse Beziehungslosigkeit entspricht und die sich alleine am wohlsten fühlen. Aber vielleicht ist er doch noch ganz anders. Vielleicht ist Guido zwischendurch auch depressiv und zeigt sich eben nur dann, wenn es ihm gutgeht. Vielleicht nimmt er irgendwelche Tabletten oder Koks. Ich kenne ihn nicht wirklich. Ich weiß kaum etwas über seine anderen Beziehungen oder sein Liebesleben. Ums Geld, das elektronisch bewegte Geld auf den »großen Schachbrettern«, wie er gern sagte, ums Geld, dessen Wert sich heutzutage innerhalb von Sekunden ändern kann und mit dem man deshalb blitzschnell handeln muß, dreht sich alles.

– Die erste Million ist ein Problem, mit den nächsten geht es dann viel leichter.

Ich sollte in die Bereiche des großen Geldes nicht nur eingeführt, sondern hier auch weitergebildet werden. Manche praktischen Grundsätze habe ich mir sogar gemerkt: Geldquellen und -bewegungen müssen permanent

verschleiert werden. Guidos Hauptregel bei der Geheimhaltung seiner Geldarbeit lautete: Das Geld muß schweigend und verschwiegen bewegt werden. Es muß dauernd gekauft und verkauft werden – mindestens alle halbe Jahre muß es passieren, alle halbe Jahre müssen große Teile davon wieder ganz anders aussehen als im Halbjahr davor. Über Geld konnte er allerdings auch anders reden:
– Großzügigkeit gehört zum Kapitalismus genauso wie Knausrigkeit, meinte er einmal.

Bei unserem dritten oder vierten Treffen hatten wir uns beim Wein so gut unterhalten und über alles mögliche so prächtig gelästert, daß ich das Gefühl bekam, wir wären uns ein ganzes Stück nähergekommen. Dummerweise ging ich beim Verabschieden zu weit und versuchte, Guido zu umarmen. Das war ein grober Fehler. Guido wölbte seine Brust als Schutzschild gegen mich, und wir zogen uns daraufhin beide erschrocken zurück. Er wirkte leicht angeekelt.

Da ich seit dem Beginn meiner neuen »Selbständigkeit« nachts nur wenig schlafen konnte, lag ich oft lange Stunden mit offenen Augen herum und bekam dabei einmalig präzise Ideen. Ich entwarf neue Argumentationslinien, formulierte druckreife klare Sätze für meine Briefe oder beschäftigte mich damit, wie ich mein wildes Bürotreiben weiter rationalisieren könnte. Für mein Gleichgewicht brauchte ich immer mehr an ritueller Systematik. Der Schlafmangel schwächte mich zunehmend, ich konnte bald keinen Sport mehr machen. Anne zuliebe versuchte ich wenigstens, meine Nachtarbeit zu optimieren, und kaufte mir ein Diktiergerät. Wenn mir etwas einfiel, brauchte ich nur danach zu greifen. Oft war ich leider gerade beim Einschlafen oder noch im Halbschlaf, so daß ich beim Sprechen etwas lallte. Das, was ich mir in der Frühe dann anhören mußte, war erschreckend. Meine

Artikulationswerkzeuge arbeiteten so kraftlos, daß die einzelnen Laute voneinander kaum getrennt waren. Aber auch die Stimmung, die die Aufnahmen verbreiteten, war gespenstisch. Ich atmete wie ein lebendig Begrabener, mein erschöpftes Röcheln schien etwas Böses vorwegzunehmen. Zu allem Unglück sprach ich in der Dunkelheit automatisch leise und kam mit meinem Mund oft zu nah an das Mikrophon. Die Bart- und Mundhöhlengeräusche gaben meinen kryptischen, oft nur stichpunktartigen Sprüchen den Rest. Nachdem ich einmal im Schlaf zufällig die Play-Taste gedrückt hatte, brauchte ich lange Zeit, um zu begreifen, wieso neben mir ein toter Irrer murmelte, der offenkundig einmal kein anderer gewesen sein konnte als ich.

Ich funktionierte aber weiter, interessierte mich systematisch für alles, was ich erfuhr – auch für abseitige Informationen oder außenstehende Personen, die mir aktuell noch gar nicht nützlich sein konnten. Als Neueinsteiger konnte ich es nicht anders handhaben, produzierte lieber einen dauerhaften »Informationsüberdruck«. Alles, was einigermaßen gesichert war, kam in die Datenbank. Nicht nur Namen, Adressen, bibliographische Angaben und so weiter, sondern auch persönliche Informationen, Verweise auf Kontakte und Einflußmöglichkeiten. Numeriert und für die Archivierung mit Datum und einer Paginiernummer gekennzeichnet hatte ich auch die wild aussehenden Blätter mit meinen Telefonnotizen. Es war eine Art Chronik der Ereignisse. Meine Ordner schwollen immer mehr an. Eines stellte ich dabei immer wieder fest: Die wirklich brisanten Informationen bekam ich ausschließlich durch Indiskretionen, und nur mündlich.

Bei meinen unzähligen Telefonaten stieß ich auch auf Judith in den USA. Ich setzte voraus, daß die Amerikaner auch auf diesem Gebiet weiter waren als die Europäer. Judith entpuppte sich zwar als eine vielbeschäftigte Soziologie-Professorin in Berkeley, sie kannte sich in den dortigen Archiven trotzdem bestens aus – und sie hatte Freunde in der Medizinforschung. Judith nahm sich für mich Zeit und schaffte es, alle meine Erwartungen zu übertreffen. Sie brachte umgehend irgendwelche Fiches aufs Papier und fing an, mich vollzufaxen. Als ich eines Tages nach Hause kam und die Tür aufmachte, kam mir das Faxpapier im Flur entgegengerollt. Das Material aus Amerika konnte ich leider nicht gleich richtig beurteilen und einordnen; daß dort viel geforscht wurde, war erst einmal beruhigend. Vorsichtshalber kaufte ich danach ein ordentliches Laserfaxmonstrum für Normalpapier.

Frau Schwan

Die Beziehung zwischen mir und Frau Schwan führte zu keiner Seelenverschmelzung, sie war aber trotzdem innig. Anne beobachtete diese Entwicklung von Anfang an mit Mißtrauen.

– Mir wäre das schon wegen des Geruchs nicht möglich.

– Sie stinkt furchtbar, ist aber trotzdem reizend. Außerdem gehöre ich als ein Nachkomme von Untermenschen sowieso zu ihrem Dunstkreis, daran kann ich gar nichts ändern.

Auf das Verhältnis zwischen mir und Frau Schwan fiel nur einmal ein Schatten, als sie von der schönsten Zeit ihres Lebens schwärmte – den dreißiger Jahren. Ihre private Idylle zerstörte nicht einmal der Krieg. Ihr Mann mußte nicht an die Front, die beiden hatten eine kleine Laube am Stadtrand und waren dort glücklich miteinander. 1946 bekam Herr Schwan eine schwere Grippe und starb.

Wenn Frau Schwan die Tür ihrer Parterrewohnung öffnete, waren die ätzenden Gifte ihrer kleinen Hölle in einigen Sekunden bei uns im dritten Stock angelangt. Das Verbreitungstempo war enorm, auch die Qualität des Geruchs war einmalig – ich fühlte mich von ihm fast angezogen. Die üblichen Urinzerfallstoffe gingen darin so gut wie unter. Wie es in Altersheimen oder bei vielen alten Menschen riecht, ist zwar traurig, hat aber immer noch etwas von erreichter oder versuchter Hygiene. Davon konnte bei Frau Schwan nicht die Rede sein. Ich gewöhnte mir an, alle kleinen Seitenfenster auf den

Treppenabsätzen aufzureißen, Kabrow machte sie dann wahrscheinlich wegen der ihm immer gegenwärtigen Sturmgefahr wieder zu.

Ich und Anne sind keine übertrieben ordentlichen Leute, einigermaßen sauber sind wir aber schon. Und was den Umgang mit körperlichen Ausscheidungen und anderem stinkenden Dreck betrifft, sind wir in der Kindheit und Jugend mit ähnlichen, wenn auch nicht den gleichen hygienischen Standards aufgewachsen. Als wir nach unserem Einzug in das Haus die ersten Geruchsattacken mitbekommen hatten, hofften wir, Frau Schwans Wohnung niemals betreten zu müssen.

Warum die Wohnung von Frau Schwan so furchtbar stank, war unklar. Sie selbst machte einen relativ gepflegten Eindruck. Eins war allerdings deutlich – sie lüftete nie. Mit der Zeit sammelte ich noch weitere Indizien. Frau Schwan besaß – wie ich jetzt positiv weiß, anfangs aber nur unter ihrer Kittelschürze erahnen konnte – einen künstlichen Darmausgang, den sie am Spülbecken in der Küche, dem einzigen Ort mit fließendem Wasser, pflegen mußte. Ein funktionierendes Badezimmer hatte sie nicht. Eine Waschmaschine auch nicht. Und da sie ihre Fenster wirklich nie öffnete, konnte der konzentrierte Geruch nur durch die Wohnungstür abziehen. Frau Schwan wußte offenbar, daß sie zum Leben etwas Sauerstoff brauchte – ihre Wohnungstür öffnete sie oft und gern. Ab und zu briet sie in großen Mengen grüne Heringe.

Frau Schwan stand – außer an den Heringstagen – zwecks Luftaustausch oft in ihrer Tür und wartete, bis jemand vorbeikam, den sie leiden konnte; also jemand, der das Geruchsthema nicht ansprechen würde. Oft ging Frau Schwan zwischendurch zu den Mülltonnen im Hof, ließ nicht nur den Hinterausgang, sondern auch ihre eigene Wohnungstür offen und nahm sich Zeit. Wenn die feinnäsigen Hausbewohner kamen, täuschte sie eine wichtige Beschäftigung vor und untersuchte ihre Eimer oder die kaputten Latten der Mülltonnenlaube. Wenn es zu solchen Begegnungen kam, während sie im Rahmen ihrer Tür auf der Lauer stand, rückte sie ihre Fußmatte zurecht oder putzte mit der Schürze ihre Klingel. Anne wurde leider bald den Bösen dieser Welt zugeschlagen, nachdem sie über den Geruch auf der Treppe einmal laut geklagt hatte. Frau Schwan, deren Tür gerade nur angelehnt gewesen war, beschwerte sich darüber bei mir. Ich versuchte sie zu beruhigen.

– Nein, Frau Schwan! Meine Frau ist ein ganz lieber Mensch. Ich habe großes Glück mit ihr.

– Also das freut mich, freut mich für Sie; sie musterte mich dabei trotzdem argwöhnisch.

Frau Schwan war fast so breit wie groß und hatte witzige, warm lächelnde Augen, die mich an die meiner Großmutter erinnerten. Zum Beobachter des Treppenhausgeschehens wurde ich mehr oder weniger unfreiwillig. Als sportlicher Mensch laufe ich gern auf allen möglichen Treppen hoch und runter – egal wo. In unserem Haus tat ich es zur Auflockerung meines Tagesablaufs. Ich trug zwischendurch Abfälle hinunter oder holte die Post hoch. Außerdem las ich die Zeitung gern auf dem Weg vom Briefkasten und saß an geruchsarmen Tagen kurz mit halbem Hintern am Fenster des ersten oder zweiten Treppenabsatzes.

Die Luft in Frau Schwans Gaskammer befand sich offenbar unter ständigem Überdruck. Dabei roch man aber nicht besonders viel, wenn man sich mit ihr auf der gleichen Höhe aufhielt – die Gase schossen eindeutig schnell nach oben. Da ich längere Zeit keinen kompetenten Strömungsspezialisten auftreiben konnte, kam ich bei meinen Recherchen zum Thema Geruchsverbreitung nicht weiter. Warum Frau Schwans Fenster immer geschlossen bleiben mußten, erfuhr ich von ihr allerdings bald: wegen der

Abgase. Diesen Gestank würde sie in ihre Wohnung auf keinen Fall hereinlassen, niemals. Vom Hof aus fürchtete sie sich wahrscheinlich vor nasenlosen Triebtätern.
– Der Verkehr wird hier immer schlimmer, früher war das eine ruhige Nebenstraße.
– Ja, viele kürzen hier den Weg ab, wegen der Staus.
Ihre Ansichten zur Abgasproblematik erläuterte sie mir mehrmals. Es war klar, daß sie als Stinkerin oft verletzt worden war. Da Frau Schwan am Tag offenbar viel hinter ihren Gardinen stand und beobachtete, wer ins Haus ging und wer es verließ, konnte sie ihre Lieblinge leicht abfangen. Ich wurde schon innerhalb der ersten Wochen nach unserem Einzug ihr absoluter Lieblingsmieter, und ich machte oft einen kleinen Umweg, um von der anderen Seite zu unserer Haustür zu kommen. Wenn ich knapp an der Hauswand ging, blieb ich für sie unsichtbar.

Frau Schwan führte auf den ersten Blick ein ruhiges, auf ihre Wohnung beschränktes Rentnerleben. Dieses Bild bekam massive Risse, als ich feststellte, daß ihre Besucher zu den örtlichen Trinkern und Pennern gehörten. Es waren zwar die Besseren unter ihnen, die durch die Dauerbelastung nicht übermäßig zerstört wirkten, sie sahen dafür aber extrem traurig und verloren aus. Vom Outfit her waren sie oft unauffällig, steckten in sauberen Mänteln. Und Frau Schwan ließ sie manchmal sogar bei sich übernachten. Ich sah die Männer mal zufällig spätabends kommen oder früh oder vormittags die Wohnung verlassen.
Was Frau Schwan ansonsten den ganzen Tag zu Hause trieb, wußte ich nicht. Auf jeden Fall stand oder saß sie nicht nur hinter ihren dreckigen Fenstern und gelblichen Gardinen. Wenn das Licht nachmittags zwischen den Bäumen schräg auf unser Haus fiel, sah ich sie nicht. Sie hatte aber sicher feste Zeiten, in denen sie dort ausharrte.

Das schloß ich unter anderem daraus, daß es mir fast nie gelang, unseren Müll-, Papier-, Bio- oder Grünpunktmännern als erster die Tür aufzusummen. Der Mensch, der beim Drücken schneller war als ich, mußte das Klingeln schon abgewartet haben.

Einer von Frau Schwans Trinkern war Detlef, ein stark gealterter düsterer Veteran des Großstadtdschungels. Er war an allen möglichen Stellen mit grauem Fell überwuchert; sogar oben auf der Nase hatte er ein überdimensioniert üppiges Haarbüschel – von seinen zugewucherten Ohrmuscheln gar nicht zu sprechen. Er kam – was in der Trinkerszene eher ungewöhnlich ist – meistens mit dem Fahrrad an. Wie ich später erfuhr, hatte er sich einen Schuppen bei einem Bekannten zum Schlafen ausgebaut und wurde auf dessen Grundstück als Dauergast geduldet. Er kam manchmal auch spätnachts, schob sein abgeblättertes 26er Fahrrad etwas schwankend durch die Gegend und stellte es im Hof ab. Ich traf und sah ihn immer wieder. Wie stark betrunken er war, konnte man nachträglich daran erkennen, wie unsinnig das Schloß an seinem Fahrrad angebracht oder ob dieses überhaupt angeschlossen war. Bei schlechtem Wetter kam er manchmal schon nachmittags, fuhr dann in der Regel aber wieder in seine Bude. Ungewöhnlich an ihm waren seine Klamotten. Er kleidete sich demonstrativ hell, trug leuchtende Sakkos oder Jacken und viel zu helle Hosen. Statt der Hosenklammer benutzte er einen Einweckgummi.

Die Nacht, in der sich mir Detlef quer in den Weg legte, brachte uns einander näher; wenn auch nur einseitig. Detlef hatte sich sein Fahrrad wahrscheinlich auf die Schulter gehoben – oder sogar wie eine Riementasche über den Kopf gestülpt – und hatte trotz seines nicht ganz fitten Zustandes versucht, die Treppe hochzusteigen. Vielleicht hatte er noch woanders eine andere Schlafmöglichkeit oder eine andere aktuelle Freundin, die höher als Frau

Schwan wohnte. Auf jeden Fall war er in der besagten Nacht ziemlich betrunken und schaffte bei seinem Aufstieg nur eine halbe Treppe. Kurz nach der ersten Kurve war er dann zu Boden gegangen. Als ich ihn fand, steckte er mit dem Oberkörper im Rahmen seines Fahrrads und schlief friedlich.

Detlef sah auch im aufrechten Zustand etwas schief und unförmig aus, in der stufenschrägen Lage wirkte er noch unförmiger. Ich kam mit dem Taxi von einer Spätvorstellung, es war nach Mitternacht. Detlef wirkte an dem Tag dreckiger und speckiger als sonst. Aber nicht so, daß ich ihn nicht hätte anfassen können. Er sah als schlafendes, wehrloses Wesen ziemlich niedlich aus. Leider hatte er ein bißchen unter sich gemacht. Sein viel zu warmer Ganzjahresmantel hatte sicher einiges aufgesaugt, aber nicht alles. Das nächste Problem war, daß er bei der Rettungsaktion unbedingt hätte mitmachen müssen. Ich vertraute also lieber seinem Selbsterhaltungstrieb, setzte auf die stärkende Wirkung des Schlafs und entschloß mich, über ihn zu steigen und zu verschwinden.

Ich setzte mit meinen kurzen Beinen zu einem großen Schritt an. Da ich aber auch etwas getrunken hatte, war ich bei der Gewichtsverlagerung nicht exakt genug und tangierte das Schutzblech von seinem Vorderrad. Detlef hob daraufhin seinen Kopf leicht an, machte ein Auge auf und murmelte einige unverständliche Worte. Ich stand dabei regungslos und immer noch breitbeinig über ihm – er schien mich aber nicht zu fokussieren. Sein Auge ging wieder zu. Dummerweise bewegte er seinen Kopf noch etwas zur Seite, unter ihm glitzerte eine kleine Blutlache. Ich zog mich am Geländer hoch und ließ ihn trotz schlechten Gewissens liegen. Am nächsten Morgen war die Treppe sauber und leer, Anne regte sich trotzdem furchtbar über mich auf – Detlef hätte sich mehr als nur an der Nase verletzt haben können.

– Er hätte ersticken oder beim Aufstehen stürzen können. Das war unterlassene Hilfeleistung, du Menschenfreund. Du hättest unbedingt die Feuerwehr holen müssen.

Unser Alltagsdasein spielte sich größtenteils zu Hause ab, und wir hatten, bevor mein Drama ausbrach, ein ziemlich idyllisches Leben geführt. Uns hatte im Grunde nichts gefehlt, alles hätte ruhig so weitergehen können, wie es war. Betrüblich war im großen und ganzen nur, daß ich seit Jahren und ohne Aussicht auf eine Erlösung zu meiner Blutwäsche hatte gehen und dafür – wegen der mir dort drohenden zweistündigen Langeweile – immer gute Filme auf Video vorrätig hatte haben müssen.

Außerdem fehlte uns in der neuen Wohnung – obwohl sie an sich viel zu groß war – ein zweites Waschbecken; und vor allem eine zweite Toilette. Um die Schüsseln kämpften wir andauernd. Ursprünglich wollten sich Anne und eine andere Designerin zusammentun und bei uns ein Büro einrichten. Die vielen Zimmer machten uns manchmal den Vorwurf, uns keine Kinder angeschafft zu haben.

Das gute an der Wohnung war, daß man Leuten, bei denen Neidausbrüche zu befürchten waren, ihre Größe gar nicht offenbaren mußte. Unser Schlafzimmer konnte man zum Beispiel ruhig unterschlagen, weil es das letzte von drei Durchgangszimmern war. Der Vorteil dieses geheimen Schlafzimmers war aber nicht nur, daß man dort das Bettzeug den ganzen Tag liegen lassen konnte; das gleiche konnte man auch mit allen besabberten, besamten Taschentüchern tun – bis zu ihrem endgültigen Austrocknen. Dank des Raumüberschusses hatte ich zwei Arbeitszimmer. In dem großen standen mehrere lange Schreibtischplatten, ich konnte mich dort mit meinen Materialien aller laufenden Projekte wunderbar ausbreiten. In der Ecke dieses Prachtzimmers brachte ich noch

meinen fast nie genutzten Werktisch mit Schraubstock unter. Diese Kröte mußte Anne schlucken.
– Ein Mann ohne Schraubstock, ohne Bohrmaschine und ohne Flex ist nun mal keiner.
– Ich habe hier aber Publikumsverkehr!
Wenn Anne keine Lust oder Zeit hatte, bei sich aufzuräumen, empfing sie ihre geschäftlichen Besucher manchmal im Wohnzimmer. In diesen Zeitspannen blieb ich in meinem hinteren Arbeitszimmer, wo mein Computer stand, im Grunde wie eingeschlossen; und sollte auf keinen Fall stören. Einmal mußte ich leider aus Not in eine leere Flasche pinkeln – und zeigte sie ihr dann. Die wortlose Botschaft war klar. Als ich diese hilflose Demo für eine zweite Toilette später einmal wiederholen wollte, ging leider etwas schief – ich mußte plötzlich dringend auch groß. Ich stand schon halb nackt mit der offenen Flasche in der Hand und hatte keine Wahl. NUR zu pinkeln war einfach nicht möglich. Im Wohnzimmer nebenan saß gerade Anne mit einem seriösen Menschen mit Krawatte. Alles mußte ganz geräusch- und komplikationslos vor sich gehen. Ich griff mir ein Stück Papier aus dem Papierkorb und startete das Unternehmen ganz vorsichtig – vorn mit der Wasserflasche im Anschlag. Das klappte sehr gut. Den festen Haufen legte ich anschließend schnell aufs Fensterbrett, lüftete kurz durchs halbe Fenster; und freute mich schon darauf, Anne über meine Fäkalaktion zu berichten. Dummerweise war es draußen etwas windig. Als der Besucher die Wohnung verlassen hatte, war das Fensterbrett leer.
In meiner Firma hatte ich lange Zeit einen zwar nicht hundertprozentig befriedigenden, wenigstens aber relativ ruhigen Stand; ich konnte mich – fast wie ein freier Mitarbeiter – aus dem Alltagsstreß und der strengen Hierarchie weitgehend heraushalten. Wegen der Stelle mußte ich mir keine großen Sorgen machen und wurde nicht andauernd

kontrolliert und bewertet. Gearbeitet habe ich dort fast acht Jahre, was in dem Job eigentlich viel zu lange ist. Für die meisten, die mich in der Branche kannten, galt ich als früh gealtert, altmodisch und unflexibel – und als geschäftsuntüchtig sowieso. Offiziell war ich dort fest als »Seniortexter« angestellt, inoffiziell war ich außerdem für die ironische Endkontrolle zuständig. Mein Chef und sein langjähriger Creative Director schätzten das einigermaßen. Außerdem war ich so gut wie unkündbar – und zwar wegen Auschwitz, wie ich und mein Chef uns in unserer Stammkneipe mal geeinigt hatten. Jüdische Witze, das Judentum und meine Rassenzugehörigkeit waren zwischen uns ein Dauerthema. Mit ihm konnte ich sehr gut über alles mögliche witzeln, auch über die jüdische Unsitte, der Welt dauernd irgendwelche Schwierigkeiten zu bereiten. Trotzdem hatte mein Chef als Angehöriger einer höheren, aber schuldig gewordenen Rasse dauerhaft ein schlechtes Gewissen zu haben. Und er hatte ruhig zu sein, wenn ich mich in der Firma länger nicht blicken ließ.

– Ich muß zu Hause arbeiten, bin dann auch viel besser. Außerdem bin ich inzwischen nicht mehr so belastbar. Familienbedingt, du weißt schon.

Mein und sein Vater sind alte Freunde.

Der Weg nach unten

Bald nach der Wende, also noch vor unserem Einzug, entstanden in Pankow mehrere neue Supermärkte. Der alte klotzige Supermarkt aus Ostzeiten blieb trotzdem bestehen, verschandelte weiterhin die Eingangspartie des örtlichen Parks und wurde oft noch Kaufhalle genannt. Obwohl die »Halle« am nächsten lag, gingen wir in der Regel woanders einkaufen. Für meine Feldforschungen war es günstig, daß ich diese Gegend trotzdem öfter durchqueren mußte und die Eigenarten der dort ansässigen Trinker-Cliquen verfolgen konnte. Anne war von diesen Zwangsberührungen – vor allem wegen der vielen unberechenbaren Hunde, die dazugehörten – nicht begeistert, ich dagegen wollte die feingliedrigen Differenzierungsprozesse vor Ort unbedingt im Auge behalten. Und ich gestand den Leuten das Recht zu, ihre Tage mitten im Geschehen zu verbringen. Besser konnten sie es nirgendwo haben. Die Fläche des Kaufhallenvorplatzes war uneben, dafür äußerst massiv zubetoniert, wirkte unzerstörbar wie ein Bunker. Beton war in der DDR im Gegensatz zu Asphalt keine Mangelware.

In der unmittelbaren Umgebung der »Halle« hielten sich meistens mehrere Grüppchen auf. Sie schienen auf ihre Eigenständigkeit bedacht zu sein, gleichzeitig auch auf friedliche Koexistenz. Man vertrieb sich die Zeit so angenehm, wie es nur ging. Es gab dort eine sehr rauhe und den Platz eindeutig dominierende Clique von wilden, noch relativ jungen Kerlen mit stark neurotisierten und in den Anfangsjahren noch nicht angeleinten Hunden. Diese Leute waren laut, immer stark erregt und hatten miteinander viele Dispute auszufechten. In ihrer unmittelbaren Nachbarschaft hielten sich einige vom Leben noch nicht gezeichnete Glatzköpfe auf, um sie herum standen regelmäßig ein paar angehende Nach-rechts-Aussteiger mit auffällig kleinen, noch nicht abrasierten Schädeln. Diese Fraktion hatte meist nur wenige Hunde, dafür waren oft unterschiedliche, ungesund aussehende blondierte Mädchen dabei. Weiterhin hatten hier – allerdings auf den anderen Seiten der Fläche – die Zigaretten-Vietnamesen mehrere Standorte, sie waren aber wegen der Betreuung ihrer Kunden und ihrer vielen Verstecke oft in Bewegung und daher nicht dauernd als Gruppe präsent.

Ein Stück weiter – sicher mit Absicht so deutlich vom übrigen Treiben abgekoppelt – sammelte sich in einer kleinen vernachlässigten Parkanlage noch ein Zirkel gesetzter, bedächtiger Trinker. Diese örtliche Trinkerelite, deren Kern wahrscheinlich schon seit langem existierte, strahlte – trotz der Inhomogenität ihrer Mitglieder – einen starken Zusammenhaltswillen aus. Einige dieser Männer wirkten wie Unglücksraben aus besseren Verhältnissen, die plötzlich gestrandet waren. Sie saßen dort, hatte man das Gefühl, eher aus Solidarität oder aus Mangel an anderen Beschäftigungsmöglichkeiten. Sie tranken ohne jegliche Begeisterung ein bißchen mit, sahen nicht besonders alkoholgeschädigt aus wie ihre Kollegen und verliehen der ganzen Runde eine gewisse Solidität. Diese gemischte Gesellschaft sendete einen eher leisen Murmelton und wirkte wie ein wegen peinlicher Vorgeschichten verbotener Verein oder eine halbseidene Bürgerinitiative.

Ich beschäftigte mich mit dieser Veteranen-Clique zwar lange Zeit nicht genauer, nahm einige interessante, ihr zugehörige Gestalten aber immer wieder wahr – und erkannte sie mit der Zeit auch unterwegs auf der Straße. Die von ihnen genutzte Parkanlage bestand praktisch nur aus einem mit Büschen umrandeten Rondell; ursprünglich sollte dieses Stück Gartenkunst bestimmt den Zugang zu dem dahinterliegenden Park verschönern. Jetzt war das Rondell noch viel schäbiger als die nackte Betonfläche vor der Kaufhalle, seine kleinlichen Proportionen wirkten zu alledem lächerlich. Die Veteranen fanden hier trotzdem eine stilgerechte, ihrer Lage entsprechende Nische für sich. Und da diese Clique wirklich nur ihre Ruhe haben wollte, nutzte man die Abschirmung des Rondells nicht ganz aus, hockte nicht auf den Banklehnen, sprang nicht herum – die Männer saßen brav und diskutierten. Mein Detlef gehörte dazu. Als in den frisch-sozialistischen Urzeiten diese grüne Oase angelegt worden war, war man sicher stolz auf sie. So wie einige der hier Versammelten ebenfalls stolz auf sich gewesen sein mußten.

Anne und ich hatten uns eigentlich vorgenommen, beim Einkaufen nicht zu sparen. Eines Tages wollte ich es aber unbedingt wieder tun, als ich hörte, die Kaufhalle hätte wegen eines weiteren, in der Nähe aufgetauchten Konkurrenten die Preise drastisch gesenkt. Da ich sowieso einige Vorräte zum Auffüllen der Speisekammer besorgen mußte, machte ich mich – mit einem Rucksack ausgerüstet – auf den Weg. Die Episode mit Detlef war noch ganz frisch.

Auf den letzten fünfzig Metern führen zu unserer Superhalle drei Wege; ein kurzer, der einer idealen Blicklinie folgen würde, ist leider nicht darunter und kann auch nirgends freigetrampelt werden. Die meisten Leute umgehen das etwas unglücklich wirkende Rondell von links oder rechts und nehmen dafür lästige Umwege von etwa fünfzehn bis zwanzig Schritten in Kauf. Offensichtlich stehen hier aber nicht die üblichen Laufzeitberechnungen im Vordergrund, sondern etwas anderes: Man ahnt oder sieht direkt, wie dreckig es zwischen den Büschen und hinter den Bänken ist, und man erkennt auch bruchstückhaft, welche Gesellschaft sich dort aufhält oder gerade uriniert. Man meidet das Rondell auch, weil man die intim-schmuddelige Atmosphäre des leicht bemoosten Plätzchens nicht stören will, egal ob es besetzt oder leer ist. Die Bevölkerung läuft an dem Rondell also nur noch vorbei – zu den Haltestellen, zum Einkaufen oder in das Innere des historischen und ganz anders dimensionierten Parks. Dank der alten Bäume und der großen Wiese in der Mitte wirkt dieser fast majestätisch.

Die unterschiedliche Nutzungsfrequenz der einzelnen Wege sieht man der Bodenoberfläche dieser Gegend überall an – das Rondell gehört eindeutig den passiven und unbeweglichen Geistern. Und noch eine abschreckende Tatsache darf man nicht vergessen: Aus den dichtesten Teilen des dort vorhandenen Buschdschungels tauchen immer wieder rauchende (und bewaffnete?) Vietnamesen, also die mobilen Einsatzkräfte des örtlichen Zigarettenkommandos, mit ihren Plastiktüten auf – oder kriechen gerade hinein.

Normalerweise hätte ich das Rondell wahrscheinlich auch nicht betreten, an diesem Tag bog ich aber hinein, vor allem wegen Detlef. Daß ich ihn dort gleich entdeckte, überraschte mich nicht. Die eigentliche Überraschung kam aber noch – breit und gemütlich thronte in der gut besetzten Trinkerecke auch meine liebe Frau Schwan. Und zwar nicht abseits und alleine auf einer separaten Bank, sondern mitten in der trüben Männerrunde. Auf den Bänken des Rondells gab es früher – das weiß ich von ihr inzwischen detailliert – einen netten Treff einiger älterer Frauen. Auch noch in der Zeit, als die gartenbaumäßige Pflege nachließ und der Wildwuchs begann. Als dann die verstoßenen und einsamen Männer nach der Wende mit ihrem Büchsenbier ankamen, existierte man nur noch kurz nebeneinander, die übrigen Omas blieben nach und nach weg.

– Die Männer sind alle sehr nett, sagte sie mir einen Tag später. – Nette Leute, alle. Und sie haben es wirklich schwer. Lachen Sie nicht, sagte sie.

Ich lächelte wieder mal nur unwillkürlich.

– Ich verstehe mich mit jedem, meinte sie noch, mit fast jedem von ihnen.

Frau Schwan war gehbehindert. Ich hatte sie außerhalb unseres Hauses äußerst selten getroffen. Auf offene Plätze gehörte sie in meiner Vorstellung schon gar nicht. Unser erster Blickkontakt auf dem Rondell war für mich ein kleiner Schock. Mir war, als ob ich einen Schwerkranken beim Fußballspielen überraschen würde. Auch Frau Schwan zuckte leicht. Da wir uns in den letzten Tagen zweimal bei den Mülltonnen getroffen und jedesmal länger unterhalten hatten, konnte ich jetzt nicht so tun, als ob wir nichts zu besprechen hätten. Detlef saß in seiner hellen Kleidung wie unbeteiligt auf der Nebenbank und sah verärgert aus. Wahrscheinlich hatte man sich über ihn gerade lustig gemacht. Mir bot sich eine einmalige Gelegenheit. Detlef hatte einen Bluterguß unterm Auge, seine Nase sah auch nicht besonders gut aus, die Oberlippe darunter war verschorft. Ich ging auf Frau Schwan zu und sprach sie an – so unbeschwert, wie ich nur konnte. Alle Blicke richteten sich auf mich.

Das Gespräch lief ganz gut an, ich konzentrierte mich nur auf Frau Schwan und schaute nicht nach links oder rechts. Man hörte uns zu. Falls es nötig sein sollte, war ich auch auf einen geordneten Rückzug (›Bin in Eile ...‹) vorbereitet. Wir sprachen über das aktuelle Abwasserproblem in unserem Haus, über die andauernden Verstopfungen im Keller. Und wir lästerten über Herrn Kabrow. Ich stellte mich dann den anderen vor und erzählte kurz, wo ich in Berlin früher gewohnt hatte. Und daß ich in der Werbung arbeitete. Die Männer – alles wirklich ruhige und ernsthafte Leute – fingen auch zu sprechen an und fragten mich bald, welche Reklamesprüche aus dem Fernsehen von mir wären.

– Unsere Agentur macht keine Werbespots, wir arbeiten für Printmedien.

Das Neuwort verzieh man mir zum Glück. Die nächste Frage, die ich schon etwas penetranter fand und deswegen nicht wahrheitsgemäß beantwortete, betraf meinen auffälligen Rucksack. Die Atmosphäre war nicht feindselig, man wollte mich nicht vertreiben. Daß ich im gleichen Haus wie Frau Schwan wohnte, war ihnen klar, klar war aber auch, daß ich aus dem Westen kam. Mit dabei saß einer, den ich schon vom Sehen her besonders gut kannte und den ich – ganz privat für mich – »Hinkefuß von der Panke« nannte. Seltsamerweise hinkten etliche der hiesigen Trinker, nicht nur er. Manche von ihnen hörten damit gar nicht auf, sie humpelten nach Wochen immer noch, so daß ich aufhören mußte zu hoffen, ihre Verletzungen würden eines Tages heilen. Dr. Arnold klärte mich über die Dauerhaftigkeit dieser Hinkerei auf. Die Leute hätten einen bestimmten Hirnschaden, meinte er; außerdem würden ihre Wunden wegen Vitaminmangels und Unterernährung extrem schlecht heilen. Viele hätten sicher auch schwere Durchblutungsprobleme in den Beinen – wenn nicht sogar absterbende Zehen.

Der Dauerhinker von der Panke war mir besonders aufgefallen, weil er mal ein schöner und gut gewachsener Mann gewesen sein mußte. In seiner Haltung steckte – trotz seines Laufstils – immer noch viel Eleganz, er war nach wie vor schlank. Beim Laufen setzte er seinen Fuß vorsichtig wie ein Rekonvaleszent auf, mit der Spitze zur Seite, lief daher ziemlich langsam. Über seine Vorgeschichte erfuhr ich jetzt endlich etwas Konkretes. Er hatte früher auch so etwas wie Werbung gemacht, und zwar als Graphiker in einem Betrieb. In welchem, sagte er nicht gleich. Jemand witzelte darüber, daß es in der

DDR nur eine einzige Werbeagentur gab – die DEWAG. Da dies aber kein richtiger Witz war, sondern stimmte, lachte auch niemand. Dann öffnete ein älterer, im Gesicht geschwollener Mann den Mund und räusperte sich, um etwas Grundsätzlicheres zu sagen.

– Wissen Sie, hier sieht es überall nicht so toll aus, wir waren aber trotzdem nicht faul.
– Das glaube ich.
– Also die meisten hier haben die ganze Zeit hart gearbeitet. Ist bloß nichts draus geworden.

Frau Schwan paßte mich am nächsten Tag geschickt ab. Der Hauptgrund dieser Kontaktaufnahme war eindeutig das Ausräumen irgendwelcher dummer Gedanken, die ich mir über Nacht hätte gemacht haben können. Im Eiltempo erfuhr ich zum Beispiel, daß sie persönlich natürlich so gut wie gar keinen Alkohol trinke. Und sie brauche die frische Luft – deswegen müsse sie dort draußen sitzen, wo sie nun, sooft es noch ginge, auch säße.

– Und wissen Sie, den Grauhaarigen, der auf der Nebenbank saß, der sich gerade verletzt hat, den kenne ich schon ganz lange; ein langjähriger guter Bekannter ist das ... Detlef heißt er, seit vierzig oder fünfzig Jahren sehe ich den regelmäßig.

Detlef kannte sogar noch ihren Mann, so lange her war das. Bei diesem Aufklärungsgespräch kam ich kaum zu Wort. Frau Schwan erzählte noch vieles, alles ausgesprochen chaotisch und sprunghaft. Es ging ums ›Einholen‹, die Preise in der Kaufhalle, dann um ihre Geldprobleme und darum, daß sie oft keine Lust mehr hatte, mit ihren Schmerzen und Krankheiten überhaupt noch am Leben zu bleiben. Zwischendurch kam wieder mal eine Beschwerde über Anne, die sie vor kurzem angeblich nicht gegrüßt habe.

Bald danach kam ich dem Geheimnis der schnellen Geruchsverbreitung in unserem Haus etwas näher. Im Treppenhaus müsse – meinte ein von mir konsultierter Strömungsexperte – immer ein leichter, wenn auch nicht spürbarer Zug herrschen. Durch molekulare oder turbulente Diffusion sei die von mir geschilderte schnelle Verbreitung der Beimengungen aus Frau Schwans Wohnung nicht zu erklären. Nämlich: Die Geschwindigkeit des Duftstofftransportes würde bei einer nicht strömungsbedingten Luftbewegung nur etwa 0,1 Meter pro Sekunde betragen; das wäre der sogenannte Diffusionstransport. Zu uns in den dritten Stock wären es aber circa fünfzehn Meter Luft- und Duftlinie, sagte ich ihm; bei diesem Tempo hätte der Gestank mehrere Minuten gebraucht. Da er sich in Wirklichkeit schneller ausbreitete – viel schneller als es sich durch die in der Vertikalen herrschende Temperaturdifferenz (die den zusätzlichen advektiven Transport fördert, wie mein Mann meinte) erklären ließe –, blieb dieses Rätsel weiter ungelöst. Das Gestanksdrama ging unterdessen weiter. Einige Verzweifelte versuchten manchmal, das Treppenhaus zu parfümieren. Es war aber sinnlos – und die finale Geruchsmischung katastrophal.

Der Einbruch

Seit dem Konflikt mit der Krankenkasse hatte ich, wenn ich zu meiner teuer bezahlten Blutwäsche kam, grundsätzlich einen oder zwei Aktenordner dabei. Es gab immer etwas, worüber ich mich beraten oder was ich vorzeigen wollte. Außer der gesprächsscheuen Schönheit gab es in der Abteilung auch noch andere Ärzte. Leider paßte es keinem von ihnen, daß ich inzwischen viel zu viele Interna kannte. Dank meiner Ordner und dank meiner häufigen Aktivitäten am Kopierer hätte allerdings ein Außenstehender denken können, ich wäre eine Art wissenschaftlicher Mitarbeiter.

Direkt im Behandlungszimmer gab es Schränke, die reihenweise mit höchst interessanten Materialien gefüllt waren. An diese legal heranzukommen stand mir natürlich nicht zu. Dabei hätte ich allzugern einiges über andere, von den Kassen abgelehnte Patienten gewußt. Auf mein Drängen hatte man zwar versucht, einige »Mitbetroffene« zu einem Treffen zu animieren, eine Zusammenkunft kam aber nie zustande. Bei gelegentlichen Telefongesprächen mußte ich leider feststellen, daß einige dieser Leute furchtbar lethargisch waren; andere waren zusätzlich viel zu krank und verließen sich ausschließlich auf die Ärzte. Mir fehlten aber nicht nur Patientendaten, ich wollte unbedingt mehr über die »feindliche Übernahme« durch die KV erfahren. Außerdem ging es in der letzten Zeit bei einigen Gesprächen zwischen den Ärzten um eine ominöse »Ermächtigung«, über die mich niemand aufklären wollte.

Wenn die Therapie nachmittags etwas langsamer lief,

war ich danach weit und breit der letzte Patient, also fast allein im ganzen Krankenhausflügel. Die Patienten aus den anderen Ambulanzen und Sprechstunden waren in der Regel schon längst weg. In dieser Zeit begannen die türkischen Frauen mit dem Saubermachen. Für unsere Räume war Fräulein Yilmaz zuständig. Ein etwas rundliches, aber schönes Mädchen mit sanft angedeutetem Lächeln unter ihrem Kopftuch; dieses Fastlächeln zeigte sie konsequent aber nur beim Begrüßen. Ein breiteres Lächeln kam für sie offenbar nicht in Frage. Sie sprach auch mit niemandem. Sie putzte und säuberte erst einmal dort, wo niemand mehr zugange war, arbeitete sich dann langsam vor. Wie sie hieß, wußte ich dank des Dienstausweises, den sie an ihrem Kittel trug. Wenn ich gewollt hätte, hätte ich mir vom Kittel eines Arztes einen klauen können.

Wie ideal die Lage für einen Einbruch war, wurde mir deutlich dank eines Zufalls. Als ich eine Weile nach der Behandlung wieder zurückkam, weil ich einen meiner Aktenordner liegengelassen hatte, herrschte in dem Trakt schon Abendstimmung. Die Empfangstheke war nicht besetzt, kein Wachschutz war zu sehen. Die Leere war einerseits erschreckend, andererseits verführerisch. Ich begrüßte Fräulein Yilmaz, betrat wortlos den leeren Therapieraum und griff mir meine Materialien. Da mir unterwegs noch eingefallen war, daß ich den Ärzten einen meiner Briefe hinterlassen könnte, machte ich im Büro den Kopierer an und legte dann die Kopie in aller Ruhe auf einen der Schreibtische. Die Aktenschränke standen offen, Patientenakten lagen stapelweise auf den Schreibtischen herum oder hingen in tragbaren Körben. Im Sicherheitssystem des Hauses klaffte zu dieser Tageszeit eine riesengroße Lücke – man hätte sich einen weißen Kittel umhängen und problemlos teure Geräte mitgehen lassen können.

Zwei Wochen später war ich innerlich soweit. Ich ging nach dem Ende der Therapie erst einmal raus, holte mir aus dem Auto einen leeren Ordner und ging zurück. In der Cafeteria gegenüber dem Eingang wartete ich kurz, bis die letzte Schwester hinausgegangen war.

Leider kam an diesem Tag einer der Arztpraktikanten auf die Idee, nach Dienstschluß noch zu arbeiten. Als ich um die Ecke bog und die weit geöffnete Tür ansteuerte, sah ich ihn vor dem Bildschirm eines der Computer. Er surfte und lächelte dabei. Daß ich auftauchte, wunderte ihn zum Glück gar nicht. Er half mir, das zu suchen, was ich vorgab, vergessen zu haben, und zeigte mir noch bereitwillig, wie schnell der Datenbankzugang per Breitbandleitung funktionierte.

– Gucken Sie mal, wie schnell sich die ganzen Bilder aufbauen, bei mir zu Hause warte ich ewig.

Das nächste Mal ging alles glatt. Der Raum war leer, Fräulein Yilmaz säuberte den Warteraum und grüßte mich mit einem Lächeln, das wirklich alles andere als unsittlich war. Ich machte den Kopierer an, holte mir eine ganze Menge Patientenakten und kopierte aus jeder das Wichtigste: die Deckblätter, die ersten und letzten Arztbriefe mit den jeweiligen Krankengeschichten, die wichtigsten Untersuchungsergebnisse, Anträge auf Kostenübernahmen sowie die Ablehnungen der KV und der zuständigen Kassen. Insgesamt waren es elf Schicksale. Dann holte ich mir noch zwei dicke Ordner, auf denen »KV« stand. Auf einem der Etiketten entdeckte ich das Zauberwort »Ermächtigung«, das dort allerdings nur schwach mit Bleistift vermerkt war. Die große Entdeckung machte ich gleich nach dem Öffnen des Deckels. Ganz oben lag ein häßliches Amtsblatt, auf dem ganz groß das Wort BESCHLUSS stand. Die fette Schrift darunter verriet, daß die ambulante Behandlungsermächtigung nur bis zu einem bestimmten Datum galt und nicht verlängert werden würde. Ich mußte die wichtigen Zeilen des Deckblattes mehrmals lesen. Aber die Aussage war eindeutig. Die Ermächtigung würde Frau Professor ab März – das hieß in zwei Monaten – entzogen werden.

Mein Herz klopfte wie wild, ich bekam einen glühenden Kopf und fing an, furchtbar zu schwitzen. Ich kopierte schnell den ganzen Beschluß und vorsorglich noch einige Schriftstücke, die darunter abgelegt waren. Ich war aber nicht mehr in der Lage, sie zu lesen. Ich kopierte weiter, vor Erregung war ich dabei wie leergefegt – im Grunde nur auf die baldige Flucht konzentriert. Beim Verlassen des Raumes versuchte ich, mich ähnlich wie Al Pacino nach den Kopfschüssen im »Paten I« zu bewegen – trotz der inneren Erstarrung flüssig, trotz des demonstrativen Gleitens zur Tür in nur sanft gehetztem Takt. Ich ging weiter, guckte nicht nach links und nach rechts. Fräulein Yilmaz war außerhalb meines Blickfelds. Etwas verschwommen sah ich am Ende des Flurs andere Putzfrauen, die sich unterhielten. Erst draußen konnte ich die schlimmste Muskelspannung lockern und den Kopf seitlich langsam drehen. Die mit meinem Datenraub verbundene Erregung ging lange nicht weg, auch abends nicht. Sogar am nächsten Tag spürte ich noch intensiv die Angst, die sich in mir während der Endphase potenziert hatte. Ich sah mich immer wieder, wie ich – festgezurrt durch meine Dokumentengier – nicht in der Lage war, die ungesunde Kopieraktion abzubrechen und zu fliehen.

Ich hatte jetzt alle wichtigen Patientendaten, auch alle Adressen und Telefonnummern, konnte sie aber nicht wirklich nutzen. Auf mein wiederholtes Drängen kam ein Treffen der Patienten etwas später doch zustande. Meine ärztliche Schönheit rief die einzelnen Leute an und gab mir dann den Hörer. Das war rein rechtlich korrekt, trotzdem kam ich mir seltsam vor. Innerhalb eines Monats kontaktierte ich schließlich alle, und wir trafen uns bei mir zu Hause. Ich war gespannt auf die fleischgewordenen Aktenfunde und darauf, welches Gesicht zu welchem Namen gehörte. Lesen konnte ich die Akten nicht besonders gründlich, da ich mich beim Anblick der vielen Intimitäten furchtbar schämte. Über die »reaktiven Depressionen«, »Angstzustände«, »Schlaflosigkeit«, »Eheprobleme« und »sexuellen Schwierigkeiten« der Leute wollte ich nichts wissen. In mir zuckte es an solchen Stellen so, als ob in mir eine Art natürlicher Datenschutz installiert wäre. Neugierig war ich auf die Leute trotzdem – zum Beispiel auf einen von ihnen, der die Therapien früher auch jahrelang bezahlt bekommen hatte und jetzt selbst zahlte wie ich.

Das Treffen verlief leider ziemlich chaotisch, und ich wußte danach, daß ich etwas Ähnliches nicht wieder organisieren würde. Für die gemeinsame Sache brachte die Zusammenkunft gar nichts. Anfangs berichtete ich kurz über den komplizierten Stand der Dinge, vielleicht etwas zu detailliert – und schon diese Einführung kam nicht gut an. Alle wollten lieber über ihr Elend sprechen, wenn sie schon zusammengekommen waren – über ihre Bypaßoperationen, Herzkatheter, Diätprobleme oder die Tablettendosierungen. Daß sie keine Butter und Eier essen durften, war auch ein Gesprächsthema. Ich wurde immer ungeduldiger. Manche, die dann doch zur Sache reden wollten, wiederholten sich andauernd oder kamen über die Schilderung von irgendwelchen traumatischen Erlebnissen nicht hinaus. Ganz unerträglich wurde dieses »selbsthelfende« Beisammensein für mich aber erst, als einige anfingen, über unsere Stoffwechselärzte herzuziehen; also über unsere letzten Verbündeten. Besonders einer der Querulanten war nicht zu bremsen. Er gab den Ärzten die Schuld an seinem hohen Blutdruck und daran, daß der Konflikt überhaupt so weit gekommen war. Die

Ärzte hätten sich schon früher Gedanken machen müssen.

– Wieso war auf diese Katastrophe niemand vorbereitet?

Da war zwar etwas dran, zu der Verhärtung der Fronten kam es aber gerade hier in Berlin vollkommen überraschend. Dann regte sich dieser Mensch noch darüber auf, daß man seine Krankendaten an wildfremde Gutachter vom Herzzentrum weitergegeben hatte, und verstand nicht, warum die Ärzte die Gutachten nicht selbst schrieben. Er sagte aber auch ganz vernünftige Dinge.

– Ich will doch noch eine Weile leben, oder darf ich das nicht?

Etwas kam bei diesem Treffen trotzdem heraus: Wir bildeten auf den Vorschlag eines Patienten, der bei einer etwas abseitigen Kasse aus NRW versichert war und die Therapie noch bezahlt bekam, formal eine Art Selbsthilfegruppe. Allerdings wollte dieser Mensch aus Angst, daß man ihm seine Therapie auch wieder streichen könnte, anonym bleiben. Was mein Arbeitspensum anging, änderte sich mit der Gründung der Gruppe überhaupt nichts. Niemand war bereit, sich zu engagieren und irgendwelche Aufgaben zu übernehmen. Es gab höchstens Sprüche, die mit ›Man könnte ...‹ oder ›Wenn jemand ...‹ anfingen. Immerhin durfte ich ab jetzt mit der »Machtfülle« einer Initiative agieren.

Der selbstzahlende Patient konnte mir auch nichts abnehmen. Er hatte ›wenig Zeit‹; und Geld war für ihn offensichtlich nicht das große Problem. Er war bei dem Treffen bestens gelaunt, war aber still und verriet über sich nichts weiter. Er schien über den ganzen Skandal nicht empört zu sein.

– Man muß einfach Geduld haben, es wird schon ... Laßt euch bloß nicht fertigmachen.

Ein anderer Patient hatte im Moment zwar beruflich

viel zu tun, bot mir seine Hilfe wenigstens für später an. Wie sich aber zeigte, hatte er nicht einmal ein Faxgerät zu Hause und war – wenn er nicht gerade kollabiert war und im Krankenhaus lag – dauernd unterwegs. Eine schlagkräftige und kompetente Initiative, die öffentliche Veranstaltungen aufmischen oder Türen einrennen würde, konnten wir nicht werden. Meine Argumentation, daß manchen die Einmischung psychisch gut tun könnte, behagte ihnen nicht. Ich sprach zum Schluß wie ein Agitator.

– Geht doch mal persönlich hin, zeigt euch doch bei der Kasse. Für die Leute ist es ein großer Unterschied, ob sie eine Standardantwort aus dem Computer rausholen oder euch diese Dinge persönlich ins Gesicht sagen müssen.

Manche aus der Gruppe fand ich trotz allem sehr nett. Ein Spaßvogel war zum Beispiel dabei, den ich früher manchmal mit den Schwestern witzeln gehört hatte – mit Vorliebe war es um sein Siechtum gegangen; vieles davon war natürlich nicht unbedingt zum Lachen. Er hatte einen extrem niedrigen Blutdruck und schleppte immer einen Flachmann mit Espresso mit sich herum. Die Restpumpkraft seines Herzens betrug nur noch etwa dreißig Prozent.

Professor Jessen

Prof. Jessen kannte ich wie jeder andere aus den Medien, außerdem sah ich ihn öfter beim Joggen im Park. Ins Gespräch kamen wir dank einer gemeinsamen Bekannten, die uns einmal, als wir uns beide an Bäumen streckten, mit ihren drei Kindern ansteuerte und ansprach. Weil sie und die Kinder uns beide duzten und wir relativ nah voneinander standen, nahm die Frau an, wir würden uns ebenfalls kennen. So kam es, daß ich und Herr Professor uns gleich bei diesem ersten Gespräch mit DU ansprachen; und wir blieben dabei. Als Sportsfreunde eben – aber auch als Verbündete gegen eine Clique von Hundebesitzern, die sich regelmäßig gegen Abend im Park traf und mit der wir kurz danach einen Streit hatten.

– Meine Hunde mögen Jogger eben nicht ... Die Hunde müssen sich doch auch wehren können!

Nach einem weiteren Vorfall mit Hunden lief ich lieber nachts im Dunkeln und sah Prof. Jessen eher auf dem Weg zum Bioladen an der Ecke. Mit ihm in Kontakt zu treten, war leider nie ganz einfach. Als wir seinerzeit zu Duzfreunden wurden, hatte er vielleicht so etwas wie den »Tag der offenen Seelentür«. Auf der Straße lief er meistens tief in sich versunken, nahm niemanden wahr. Ansprechbar war er nur mit größter Vorsicht.

– Das ist kein Versteckspiel. So war er immer, schon bevor er so bekannt wurde, meinte unsere gemeinsame Bekannte.

Herr Professor ging als Ostdeutscher eine Zeitlang in die Politik, saß im Bundestag und war sogar als Parlamentspräsident im Gespräch. So genau verfolgte ich diese

Dinge aber nicht. Berühmt war er außerdem als Astrophysiker. Wenn ich ihn mit seiner Öko-Stofftüte zum Bioladen schlendern sah, studierte ich zuerst, wie er lief und wie tief sein Kopf nach vorn gekippt war. Im Grunde konnte man schon an der schleichenden Art seiner Schritte erkennen, ob er für ein Schwätzchen aufgelegt war oder nicht. Ich konnte mir dabei ruhig Zeit lassen und ihn schamlos verfolgen – die Gefahr, er würde meine Beobachterblicke spüren, war relativ gering. Bei seinem Kleinwuchs und seinem gesenkten Blick kroch er im Grunde irgendwo in Bodennähe. Zum Himmel sah er nie auf. Ich stellte mir vor, er würde kraft seiner Gedanken die Bürgersteige umpflügen und zur Abwechslung die Bahnen der unterirdischen Leitungen verfolgen. Manchmal grüßte ich ihn versuchsweise nur in mittlerer Lautstärke, und wenn er nicht reagierte, mußte ich auf ein Gespräch verzichten. Aber auch wenn er aufblickte, war noch alles offen – er blickte oft wie durch eine schwere Gesichtsgardine, mehr nach innen als nach außen. Dann brachte ich so kurz wie möglich nur das Wichtigste heraus und verabschiedete mich wieder.

Mich mit ihm kurz auszutauschen war gelegentlich aber doch möglich – und ich war als Hobbyastronom auf alle Neuigkeiten aus dem All extrem neugierig. Er selbst war früher – und innerlich vielleicht immer noch – mit einem verrückten Spezialproblem der Kosmologie beschäftigt gewesen. Soweit ich es verstanden hatte, ging es um die entscheidenden und immer noch ungelösten Quantengravitationsvorgänge zwischen dem Urknall und einem bestimmten Zeitpunkt kurz danach – also genau zwischen dem Punkt Null unseres Universums und der ersten Zehntausendstelsekunde. Zu Prof. Jessen im Bioladen, in dem es seinetwegen oft etwas stiller wurde, ›Hallo, Peter!‹ zu sagen war schon ziemlich witzig. Wir gingen dann nach dem Einkauf manchmal zusammen an meinem Haus vorbei bis zu seiner Ecke und unterhielten uns eine Weile vor seiner Tür über die Sterne, die Hunde oder die Werbung. Wenn Frau Schwan dabei zufällig vorbeigewackelt kam und wir uns dezent grüßten, machte ich allerdings keine Anstalten, diese beiden Menschen miteinander bekannt zu machen.

Als es mit meinen KV- und Kassenkämpfen losging, traf ich Herrn Professor längere Zeit nicht – er war in Chile und in den USA auf Kongressen. Außerdem forschte er dort an den wuchtigsten aller Teleskope. Als er dann wieder auftauchte, wirkte er leider nicht viel gelöster als davor, und ich mußte mich eine Zeitlang gedulden. Ich war mir aber sicher, er würde mir weiterhelfen können. Er war nicht nur Mitglied in verschiedenen Akademien, er wurde auch öfter als Ethiker befragt und zitiert – und saß in einer bundesweiten, in den Medien regelmäßig vorkommenden Ethikkommission. Außerdem war er als ehemaliger Bürgerrechtler im Osten eine Instanz und Respektsperson. Wer mir anschließend half, war allerdings nicht er (diese einfache Delegierungsmöglichkeit erleichterte ihn ungemein), sondern seine Frau, die in der Medizinforschung arbeitete. Sie kannte aus Ostzeiten einige der Nephrologen, die jetzt zufällig in »meiner« Kommission saßen. Und sie intervenierte bei einem jüngeren, den sie auch vor der Wende politisch in Ordnung fand. Ich bekam umgehend einen Termin.

Daß ich jemanden aus dieser Runde zu sehen bekommen würde, konnte ich fast nicht glauben. Für mich sprachen die Mitglieder dieser »ehrenwerten Gesellschaft« bislang mit einer einzigen Bürokratenstimme, gaben ausschließlich knappe und knallharte Urteile von sich: »Nach umfassender und gründlicher Prüfung und Beratung gelangte die Kommission zu dem Ergebnis, daß die Indikationsstellung zur ambulanten Durchführung der LDL-

Elimination als extrakorporales Hämotherapieverfahren gemäß § 3 der EBBM-Richtlinien weiterhin nicht vorliegt.« Als ich zu meinem Mann unterwegs war, überlegte ich, ob ich bei dem Gespräch mein Diktiergerät laufen lassen sollte. Ich zitterte leicht. Der Aufstieg in das Büro des Paten wurde tatsächlich zu einem kleinen Horrortrip. Seine Praxis war auf mehreren Etagen untergebracht. Weil ich es aber fertiggebracht hatte, den Haupteingang in der Durchfahrt – samt Fahrstuhl – zu übersehen, war ich auf eine völlig verlassene Treppe im Hinterhaus geraten. Ich stieg an lauter Notausgängen entlang, keine der Türen ließ sich öffnen. Mein Unterhemd war bald vollkommen durchnäßt. Erst als ich mich über die Sprechanlage mit einer Schwester verständigen konnte, wurde mir in der dritten Etage eine Tür aufgesperrt. Vor mir lag ein geräumiges und helles Aufenthaltszimmer. In einem Behandlungsraum, in den man hineinsehen konnte, sah man eine freundliche Schwester an einem Dialysegerät hantieren; niemand stöhnte, nirgendwo krochen gequälte Menschen herum. In einer offenen Tür weiter vorn stand ein jüngerer Mann im weißen Kittel und lächelte mich an.

Das Gespräch begann relativ unverkrampft. Als ich dem durchaus sympathischen Arzt meine Krankengeschichte schilderte und ihm die entsprechenden Briefe und Befunde zeigte, sah ich, wie er erschrak. Seltsamerweise wirkte es nicht gespielt, ich wurde stutzig. Auch deswegen, weil ihm einiges an meinem Fall offenbar ganz neu war. Er meinte anschließend, er würde als Mitglied der Kommission solche Ablehnungen in der Zukunft nicht mittragen können. Patienten wie ich müßten behandelt werden, und er könne nicht verantworten, wenn jemand wie ich zu Schaden käme.

– Es ist unmöglich, meinte er, wie die Krankenkasse mit Ihnen umgeht.

– Wie meinen Sie das? Die Kassen richten sich doch nach der Meinung der Kommission, Ihrer Kommission ... Oder irre ich mich?
– Es ist anders. Wir geben nur Empfehlungen heraus. Die Kasse wendet sich zwar zuerst an uns, kann im Sinne der Patienten aber trotzdem anders entscheiden.
– Die Kassen berufen sich eindeutig auf die Blutwäsche-Kommission, argumentieren mit ihrer Fachkompetenz.
– Weil sie für jede Fachrichtung nicht eine eigene Expertengruppe unterhalten können ... Wie gesagt: wir geben nur Empfehlungen heraus. Die Kasse hat allerdings ihren eigenen Medizinischen Dienst, und dort sitzen auch alle möglichen Gutachter.
– Wie bitte?
– MDK heißt es abgekürzt. Der MDK wird von den Kassen finanziert. Sollte aber unabhängig arbeiten, theoretisch.
– Mit denen hatte ich noch nie zu tun.
– Waren Sie schon mal länger krank geschrieben, außer bei Ihrer Herzgeschichte?
– Nein. Bei mir haben Krankschreibungen nicht viel Sinn.
– In dem Fall hätten Sie den Medizinischen Dienst kennengelernt.
– Und was heißt das für mich?
– Weiß ich nicht. Bei Ihnen wurde der MDK offensichtlich noch nicht eingeschaltet.
– Und wer trägt die Verantwortung dafür, wenn den abgelehnten Patienten etwas passiert?
– Die Kassen.
– Ihre Kommission also nicht.
– Nicht direkt. Nein, im Grunde gar nicht.
– Die Sache wurde aber gerade von der KV ins Rollen gebracht! Die Kasse ist auf diese Möglichkeit, zu sparen, von selbst gar nicht gekommen.

– Aber nein! Hier geht es doch nicht ums Sparen! Auf keinen Fall.

Das Entscheidende erfuhr ich erst kurz danach. Als ich über die Studienproblematik sprechen wollte, zeigte sich, daß der Herr Doktor bei konkreten lipidologischen Fragen gar nicht mitreden wollte.

– Ich bin Nephrologe, wissen Sie. Ich wollte mit Ihnen nur allgemein über Ihre Situation sprechen, das habe ich Frau Doktor Jessen auch so gesagt. Wenn Sie noch spezielle Fragen zum Fettstoffwechsel haben, dann müßten Sie zu Doktor Horn gehen.

Er sprach weiter, wirkte jetzt gelöster.

– Doktor Horn ist sehr kompetent. Über Lipide weiß er alles, ist auf dem Gebiet jahrzehntelang schon tätig. Ich werde Ihnen einen Termin besorgen.

Vieles hing offenbar nicht so sehr von der Kommission als Ganzes ab, sondern vom Herrn DOKTOR DOKTOR persönlich. Und Dr. Dr. Horn hatte, wie ich wußte, ein wirtschaftliches Interesse daran, die Krankenhausambulanz abzuwürgen. Der Skandal wäre noch mörderischer, wenn er tatsächlich alte Rechnungen mit meiner Frau Professor zu begleichen hätte. Dafür saß er jetzt am richtigen Hebel.

– Ist das hier alles Ihre Praxis? fragte ich zum Schluß, ich bin hinten im Treppenhaus fast verlorengegangen.

– Nein, wir sind hier zu zweit.

Nach einer Pause räusperte er sich noch:

– Was ich Ihnen noch sagen wollte: Natürlich gibt es Spannungen zwischen uns und den Krankenhäusern. Dazu muß man aber wissen, daß die Krankenhäuser im großen Stil Geld verschwenden. Alles, was ambulant gemacht werden kann, sollten deswegen die Ambulanzen übernehmen. Wir arbeiten einfach wirtschaftlicher.

– Was in den KVen intern passiert, ist überhaupt nicht transparent, traute ich mich zu sagen.

Ich wußte allerdings noch viel mehr. Über die von diversen Landes-KVen gedeckten Betrügereien hatte ich mir schon ein kleines Dossier angelegt. Im »Spiegel« ging es vor kurzem um das »Kartell der Abzocker« – gemeint war die KV.

Herr Doktor antwortete mir nicht mehr, das Gespräch war zu Ende. Bei der Aufsteh- und Verabschiedungsprozedur versuchte ich, trotz starker Kopfschmerzen einigermaßen zufrieden zu wirken. Ich bedankte mich und ging, diesmal in die richtige Richtung zur Vordertreppe. Als ich auf der Straße an die riesige, mit Dialysegeräten auf vier Etagen vollgestopfte Großpraxis dachte, wurde mir der Grund für die »mafiösen Aktivitäten« dieser Arztunternehmer klarer. Sie mußten Millionenkredite abzahlen.

Dr. Dr. Horn

Bevor ich mich mit Dr. Dr. Horn traf, wollte ich wissen, was vor etwa zehn Jahren zwischen ihm und Frau Professor vorgefallen war. Dr. Arnold war leider viel zu kurz in der Klinik, um Bescheid zu wissen. Dafür zeigte sich die neue Dr. Schönheit netterweise von ihrer übermütigen Seite und kam auf die Idee, sich direkt an den Klinikchef zu wenden. Sie war kürzlich bei einer seiner Gesprächsrunden und fand ihn nett – er sie wahrscheinlich auch.

– Kommen Sie doch, wir versuchen das. Sie bekommen wenigstens einen Termin.

– Wenn er uns aber doch empfängt?

Ich hätte mich auf ein so heikles Gespräch lieber in Ruhe vorbereitet. Frau Doktor klopfte, wir traten ein – und im Vorzimmer saß statt einer sanften Sekretärin ein etwas düster aussehender männlicher Sekretär. Eine Terminvergabe kam für diese dynamische Kraft überhaupt nicht in Frage – in Patientenangelegenheiten sollte die Pflegeleitung konsultiert werden, nicht der Klinikchef. Dabei blieb es aber nicht. Statt uns gehen zu lassen, fing er an, mich auszufragen. Ich stotterte kurz über den Konflikt mit der KV und ausweichend über ›einige zu recherchierende Hintergründe …‹ Er wollte es genauer hören. Dabei gab er gemeinerweise vor, mir vielleicht behilflich sein zu können, deutete sogar ein krampffreundliches Lächeln an. Unter Qualen umschrieb ich vorsichtig mein Problem und sprach die Vermutung aus, daß dieses mit Dr. Dr. Horn und seinen damaligen Konflikten mit der Klinik hätte zusammenhängen können. Als ich fertig war, explodierte der Vorzimmerdrache förmlich:

– Was stellen Sie sich vor? Glauben Sie, daß man Ihnen Auskunft über solche Interna geben wird? Solche Personalfragen werden auch innerhalb der Klinik nicht offengelegt! Was Sie sich da herausnehmen! Kommen hereingeschneit und wollen wissen – wenn ich das aus Ihrem Gestottere richtig herausgehört habe –, welche Konflikte irgendwelche Professoren ... Sie sind nicht ganz dicht!

Und zu der verschreckten Ärztin meinte er noch:
– War das Ihre Idee, herzukommen?
Ich versuchte, sie zu schützen.
– Ich habe gar nicht erzählt ...
Sie wurde rot.
– Es tut mir leid, ich ahnte es wirklich nicht. Seine Kasse macht massive Probleme mit seiner Apherese. Ich habe ihn nur begleitet ...

Wir gingen raus, zu der Katastrophe war nichts weiter zu sagen. Der Vorfall sprach sich leider bald herum, und man wurde mir gegenüber noch mißtrauischer.

Zum Glück kannte ich persönlich alle möglichen Schwestern aus den angrenzenden Ambulanzen; darunter waren auch ältere, die schon lange im Hause waren. Die dickste und freundlichste von ihnen fragte ich eines Tages vorsichtig nach Dr. Dr. Horn – und sie schickte mich zu Schwester Petra, die seinerzeit direkt bei Horn gearbeitet hatte.

– Horn sollte hier Professor werden, verriet sie mir gleich, er wollte es auch unbedingt, ist dann aber doch nicht berufen worden. Er kam hier mit einigen wichtigen Leuten persönlich nicht klar. Warum wollen Sie das wissen?

– Er macht auch Apheresen, vielleicht werde ich mal zu ihm gehen ... müssen.

– Ach, und noch etwas – erzählen Sie das aber nicht unbedingt weiter –, man wollte seine Stelle sowieso für jemand anders freihalten, Sie wissen schon ... Und »Hornisse« tobte dann wie angestochen. Mir war das recht, als Chef war er unmöglich. Wir nannten ihn damals schon Hornisse.

Mir wurde ganz heiß, und ich hörte auf, freundlich zu lächeln. Aus dem niedrigen Gang, in dem wir standen, wäre ich am liebsten sofort an die frische Luft gerannt. Die sonnige Petra wurde zum Glück nicht mißtrauisch. Sie erzählte weiter Geschichten über den cholerischen Horn, den Mediziner UND Juristen – mir reichte es aber.

– Schlafen Sie schlecht zur Zeit? fragte sie, interessiert Sie das noch?

Für Dr. Dr. Horn hatte ich mir sofort passende Strafen überlegt – zusätzlich zu seinem beruflichen Ruin hätte ich ihn gern öffentlich auspeitschen lassen; am besten direkt von der Ethikkommission der Ärztekammer. Gleichzeitig wollte ich mich auf das bevorstehende Treffen auch technisch gut vorbereiten und nahm mir fest vor, mit einem versteckten Aufnahmegerät hinzugehen. Ich suchte mir einige Detekteien aus dem Branchenbuch aus, schließlich kontaktierte ich eine Detektei im nahegelegenen Wedding. Nach mehreren Versuchen meldete sich eine Frau, die mir leider keine Auskunft geben wollte. Nach zehn Minuten meldete sich der Chef zurück, im Hintergrund war Motorengeräusch zu hören.

– Eine Konsultation im voraus kommt nicht in Frage.
– Die würde ich natürlich gern bezahlen.
– So etwas mache ich nicht. Sie kommen früh zu uns – an welchem Tag soll es losgehen …?
– Steht noch nicht fest.
– Also Sie kommen vor dem Einsatz zu uns, werden mit Spitzentechnik ausgerüstet, gehen hin, und liefern dann das Gerät ab. Von uns bekommen Sie eine CD. Das Ganze würde Sie siebenhundertfünfzig Mark kosten.
– Verstehen Sie mich doch – ich habe so etwas noch nie

gemacht, will mich auf das Risikounternehmen innerlich vorbereiten ... daß ich dann nicht nervös werde.

– Sie werden nicht nervös, das alles ist ganz einfach, glauben Sie mir.

Ich gab nicht nach.

– Ich möchte gern sehen, wie und wo das Gerät befestigt wird, ob ich mir trotzdem mein Jackett ausziehen könnte, wenn mir zu warm wird – solche Dinge.

– Wissen Sie, ich habe jetzt keine Zeit, bin gerade bei einer Observation. Solche Konsultationen veranstalte ich nicht. Ich kann den Leuten nicht alle Geräte vorführen, die bei mir zum Einsatz kommen. Sie melden sich, und wir ziehen das Ding durch.

Das Gespräch war zwar seltsam, das Wort »Spitzentechnik« hatte es mir aber trotzdem angetan. Nachdem ich einen Termin bei Dr. Dr. Horn bekommen hatte, rief ich meinen Technikprofi zurück, und der Countdown lief. Leider unterlief mir bei den anschließenden Vorbereitungen eine üble Fehlleistung. Als ich mir mit meiner Haarschneidemaschine eine passende Frisur zulegen wollte, holte ich mir nur das Grundgerät ins Bad, die Scherkopfaufsätze blieben in der Zubehörkiste. Ich setzte die nackten Scherblätter direkt an meinen Schädel und drückte ab. Die Maschine begann ihre Fahrt neben meinem rechten Ohr – und kam von Anfang an erstaunlich gut voran. Ich wunderte mich etwas, daß die Haare nicht wie sonst durch den Abstandhalter rutschten, sondern radikal und gebündelt von meinem Schädel abfielen. Ich sah dann auch schon die kahle Autobahn auf meiner Schläfe, fuhr aus Gewohnheit aber weiter. Ich setzte sogar noch einmal an und fuhr wieder los. So leicht sollte das immer gehen, dachte ich noch – wie in der Anfangssequenz von »Full Metal Jackett«. Von meinem nicht gerade billigen Profi-Gerät verlangte ich im Grunde eine solche Leistung. Erst als ich mich wieder weit nach oben durchgemäht hatte, kam mir der Gedanke, daß die zukünftigen Marines bei Kubrick – im Gegensatz zu mir – kahlgeschoren werden sollten. Und ich ließ von mir ab. Leider war ich einseitig schon blank bis zur Schädeldecke. Ich brauchte eine ganze Weile, um mich zu sammeln. Von rechts sah ich wie de Niro in »Taxidriver« aus, als er sich für den Amoklauf seinen Irokesen zulegte. Ich mußte mich dann ebenfalls auch links abmähen, verpaßte mir anschließend noch so etwas wie einen hoch angesetzten militärischen Schnitt, so symmetrisch wie nur möglich. Die Übergänge zu dem behaarten »Flat« oben am Kopf versuchte ich, einigermaßen fließend zu gestalten. Zu meinen Vorbereitungen gehörte auch das Anschaffen eines eckigen Pilotenkoffers, in den ich wenigstens die wichtigsten meiner Ordner verstauen konnte. Der Koffer aus Echtleder paßte wunderbar zu meinem Anzug und meiner neuen Krawatte. Weil Menschen in Anzügen meistens den Eindruck erwecken, sie wüßten, was sie tun, wirkte sogar die Kunst an meinem Schädel nicht besonders extravagant.

Das Büro meines mürrischen Detektivs und seiner mißtrauischen Frau bestand aus einem winzigen Raum – dieser war aber nicht Teil eines Spitzenbüros, es war der erste Raum einer stinknormalen Wohnung. Der geräuschlose Recorder (Kommentar: ›118 Minuten Aufnahmezeit in hoher digitaler Qualität‹) wurde mir mit einem Doppelklebeband, das genauso aussah wie Doppelklebebänder für Teppiche, seitlich an den Körper geklebt, das winzige Nitratmikro wurde unter meiner Krawatte versteckt, und ich wurde endgültig verdrahtet. Ich zahlte fünfhundert Mark an – im Grunde als Kaution für die Technik, wurde mir gesagt –, die verstockte Detektivin kopierte nebenbei noch meinen Ausweis und meine Fahrerlaubnis. Ich würde dann, wenn ›die Aktion losgeht‹, nur den obersten Druckschalter unter meinem Unterhemd betätigen müssen. Beim eigentlichen Einsatz sollte ich mich bei Stille um nichts weiter kümmern, das Gerät würde sich automatisch abschalten. Das einzige, was ich beachten sollte, war das Mikro. Jedes ›Spielen an der Krawatte‹ würde einen Höllenkrach verursachen.

– Kann man solche Aufzeichnungen überhaupt verwerten? fragte ich noch.

– Wir dürfen keine Rechtsauskünfte geben, meinte der Mann, fragen Sie Ihren Anwalt.

Zu Dr. Dr. Horn brach ich viel zu früh auf und ging noch in ein Café an der Ecke. Zehn Minuten vor dem Termin schaltete ich auf der Treppe meine Spitzentechnik ein. Im Wartezimmer saßen allesamt Menschen, die im Gegensatz zu mir krank aussahen.

– Schornstein, ich habe kurzfristig einen Termin bekommen.

– Kann trotzdem noch etwas dauern.

Das gefiel mir gar nicht. Ich verschwand auf der Toilette und entschärfte mein Gerät. Danach nahm ich mir einen alten »Stern« zum Lesen, schlug die Beine übereinander und plazierte meine Hand unter meinem Jackett. Lesen konnte ich nicht. Die Zeit verging ausgesprochen zäh und das »Bodypflaster«, das zu jucken anfing, machte mir bald Sorgen. Falls es kein Spitzenpflaster war, hätte es sich beim übermäßigen Schwitzen auch ablösen können. Und ich sah schon das schmale Gerät unter meinem Hemd lose wackeln oder beim Bücken erigieren. Aufgerufen wurde ich ganz plötzlich – und zwar nicht wie alle anderen Patienten von der Schwester an der Theke, sondern direkt von Herrn Doktor durch eine Sprechanlage. Kurz danach öffnete sich eine Tür, die die sonstigen Patienten nicht benutzen durften. Dr. Dr. Horn stand dort breitbeinig und musterte meinen Pilotenkoffer. Den Aufnahmeschalter traf ich erst beim zweiten Versuch.

Dr. Dr. Horn war ein kleiner rundlicher Mann, wirkte freundlich und behandelte mich wie einen gewichtigen Gast. Von nahem sah er allerdings ziemlich aufgeschwemmt und ungesund aus, was ich absolut nicht mag. Ärzte sollten immer gesünder aussehen als man selbst.
– Sie vertreten also eine Selbsthilfegruppe, sagte er als erstes.
– Ja, antwortete ich etwas überrascht.
Wir beide wußten eigentlich, daß ich eher eine Art Gesandter der Jessens war – des Herrn Professors und seiner Frau. Über die Patientengruppe konnte ich anschließend nichts weiter berichten, Dr. Dr. Horn ließ mich gar nicht zu Wort kommen. Er erzählte und erzählte, erläuterte mir die Grundlagen der verschiedenen Behandlungsmöglichkeiten, schilderte mir diverse maligne Vorgänge in den Arterien und noch andere gewichtige Dinge, die ich größtenteils kannte. Als ich versuchte, ihm anzudeuten, daß mir einiges davon geläufig wäre, reagierte er nicht. Der Nervösere von uns beiden war eindeutig er. Das Aufnahmegerät lief sinnlos weiter.
Etwas stimmte hier nicht. Von meinem Wüterich Dr. P. war ich auf etwas ganz anderes vorbereitet worden. Der beflissene Horn sah nicht wie ein Mafioso aus und schien emotional auf meiner Seite zu sein; er war sogar bereit, meinen Antrag in der Kommission nochmals zur Sprache zu bringen und zu befürworten. Ich hielt mich mit lästigen Zwischenfragen zurück. Mehr, als er mir anbot, hätte ich gar nicht verlangen können. Was sich Dr. Horn nicht sparen konnte, waren einige spitze Bemerkungen gegen Frau Professor.
– Ich verstehe das nicht. Diese Frau weiß offensichtlich nicht, wie man solche Anträge stellt. Ein Antrag auf ambulante Behandlung macht in Ihrem Fall gar keinen Sinn.

Die nicht regulären Fälle, die nicht nach der Richtlinie entschieden werden konnten, müßten – meinte er – als Einzelfallanträge gestellt werden. Und die würden dann unmittelbar zwischen dem Krankenhaus und der Kasse abgerechnet, nicht über die KV.

– Wieso weiß sie das nicht? Wieso werden meine Anträge bewilligt und ihre nicht?

Nur zustimmend anlächeln konnte ich ihn nicht mehr.

– Sie sind doch selbst in der Kommission, vielleicht hat Ihre Stimme ein anderes Gewicht.

In diesem Moment stand er auf und ging zu einem Aktenschrank. Wie er mimisch reagierte, konnte ich nicht sehen.

– Nicht von der Kommission! Ich meine von den Kassen – bewilligt von den Kassen! Die Einzelfallanträge gehen direkt an die Kasse. Wir sind nur beratend tätig, das habe ich Ihnen doch schon erklärt. Ich zeige Ihnen etwas, ich habe einen ähnlichen Patienten – schon lange. Und eins sollten Sie noch wissen: Die Kommission ist unter anderem dazu da, Patienten vor falschen Therapien zu schützen.

– Solche Fälle sind in unserer Gruppe nicht zu befürchten, glaube ich.

– Ihre Frau Professor muß die Anträge anders stellen, glauben Sie mir. Und lassen Sie sich von ihr nicht verrückt machen.

Eigentlich hätte ich längst aufspringen müssen und Dr. Dr. Horn umarmen. Ich blieb aber still und erzählte keinen überschwenglichen Unsinn. Auch wegen der laufenden Aufnahme. Gegen Ende des Gesprächs übergab ich Dr. Dr. Horn einige kopierte Unterlagen, er drückte mir ebenfalls ein Blatt in die Hand, auf das er zwischendurch eine Zusammenrottung von Fett- und anderen Molekülen und ein Ablaufschema des Antragswegs skizziert hatte. Wie unerfreulich die Studienlage war und wie kontrovers und unversöhnlich meine Stoffwechselstörung in der Forschung diskutiert wurde, erwähnte er die ganze Zeit mit keinem einzigen Wort. Die Begegnung dauerte ziemlich lange, und Dr. Dr. Horn ließ einige seiner Patienten meinetwegen warten. Dementsprechend böse wurde ich von diesen Leuten im Warteraum gemustert – als ein reicher Privatpatient, Firmenvertreter oder etwas noch Schlimmeres. Meinen Pilotenkoffer mit den Aktenordnern schleppte ich vollkommen umsonst.

Von diesem Treffen mußte ich mich eine Woche lang erholen. Ich wurde insgesamt dünnhäutiger, hielt auch alltäglichen Streß immer schlechter aus.

Als mir später bei Bekannten ein junger Mann vorgestellt wurde, der jahrelang als Privatdetektiv gearbeitet hatte, schilderte ich ihm kurz meine Erfahrungen mit dem Weddinger Büro. Die Detektei war ihm ein Begriff – allerdings galt der Inhaber als ein unseriöser Abzocker. Der von mir gezahlte Preis – im Grunde war es größtenteils nur eine Ausleihgebühr – erschien ihm abenteuerlich. Ein brauchbares digitales Gerät wäre im Laden billiger. Und sein damaliger Chef hätte mich natürlich darüber aufgeklärt, daß solche Aufnahmen nicht verwertbar sind; die Aktion hätte er mir eher ausgeredet.

– Zufriedene Kunden seien ihm das Wichtigste, das sagte er jedenfalls immer. Und was hätte er von siebenhundert Mark, wenn ihm später Observationsaufträge für dreißigtausend entgingen.

Auf meinen Abzocker, der mir immerhin die technische Verantwortung abgenommen hatte, war ich trotzdem nicht sauer. Etwas enttäuscht war ich nur wegen seines »Bodypflasters«, das es für diese Zwecke gar nicht gäbe, meinte der ehemalige Jungdetektiv. Man würde in meinem Fall ein ganz gewöhnliches Heftpflaster benutzen. Das Doppelklebeband sei sicher ein ganz normales vom

Baumarkt gewesen, also doch eins für Teppiche. Diese Bänder benutze man in der Branche gern. Bei Nachtverfolgungen befestige man damit andersfarbige Reflektoren an den Zielfahrzeugen.

Die Nacht

Meinen Herzinfarkt nannte ich lange Zeit grundsätzlich nur »Fast-Infarkt«, auch wenn das nicht stimmte. Und ich freute mich darüber, wie ich ihn dank mehrerer Dummheiten überlebt hatte. Meine ursprüngliche Diagnose hieß Bronchitis. Und obwohl ich starke Krämpfe in der Brust hatte, lief ich trotzdem durch die Gegend, ging sogar in die Stadt einkaufen. Zusammengebrochen bin ich ausgerechnet in der Nähe eines Krankenhauses. Nachdem ich zu mir gekommen war, hatte ich sofort die beste Laune, und als die völlig aufgelöste Anne auftauchte, war ich in Partystimmung. Ich witzelte über meinen Hausarzt, lachte sie an und erwartete, sie würde auch jubeln. Nachdem ich zusätzlich noch an einen in jeder Hinsicht zu empfehlenden Kardiologen geraten war, war die gelassene Einstellung zu meiner Fast-Krankheit besiegelt. Wir sahen uns beim Kathetern eine Zeitlang öfter, weil man erst nach etlichen Monaten herausfand, warum meine Gefäße immer wieder zugingen.

– Was passiert jetzt da an meiner Leiste?
– Ach, nichts weiter, ich bin sowieso schon längst in Ihrem Herzen drin.

Wenn ich bei ihm war, brauchte ich nicht einmal eine Beruhigungsspritze.

– Diese Arbeit erledigt das Gehirn so nebenbei, wir können über andere Dinge reden, es ist reines Handwerk.

Meistens wollte er über die Werbung plaudern, irgend etwas Neues erfahren.

– Wissen Sie, das Herz ist nichts Besonderes, eigentlich ein ziemlich primitiver Hohlmuskel.

– Und was machen Sie da gerade? In mir summt es so.
– Das ist der Bohrer, die angekündigte Rotablation, Sie haben uns da etwas unterschrieben.
– Ja, kann sein.
– Ich bohre mich gerade durch Ihre Riva durch. Beim Zahnarzt ist es aber schlimmer, oder?

Weil ich seinerzeit schnell gerettet und danach optimal behandelt wurde, habe ich zum Glück gar keine Schäden am Herzmuskel. Ich kann mich belasten, wie ich will. Ich muß es sogar – richtig schweißtreibend, um auf eine ordentliche Herzfrequenz zu kommen. Die Parks sind nachts praktisch leer, nach Mitternacht verschwinden auch die letzten Hunde. Man hat alles für sich allein. Und man kann sowieso erst zwischen elf und zwölf Uhr losrennen, weil es nach dem Abendbrot mit vollem Magen gar nicht ginge. Die Stadtluft ist weniger belastet, die Ozonwerte gehen ebenfalls zurück, und am Ende des Tages ist es für jede Pflichterfüllung schon zu spät. Eigentlich müßten alle Jogger und Walker nachts ausschwärmen, die Parks regelrecht überfluten. Ein großes Plus des nächtlichen Joggens ist außerdem die Abwesenheit aller Ironiker und Sportfeinde. Inzwischen werden auch alte Männer immer frecher und die frechen Kinder immer jünger – ›Schneller, schneller!‹, ›Schaffst du nicht mehr!‹, ›Vorne guckt dir was raus ...‹ Im Inneren des Parks ist die Luft viel kühler und feuchter als auf der Straße, es duftet nach echter Natur, die man einige Meter vor den ersten Bäumen zwar ahnen, nicht aber wirklich spüren kann. Beim Eintauchen in die Dunkelheit fühle ich mich jedesmal wie großzügig beschenkt.

Als ich mich einmal nachts unserem Haus näherte – meine Joggingwelt war damals noch intakt –, fiel mir auf, daß bei Frau Schwan alle Lichter brannten. Wie bei einer Party. Daß sie noch wach war, war dank ihrer vielen Tagesnickerchen nichts Ungewöhnliches. Und ich war froh, wenn ich in ihrem Bau irgendein Licht zu sehen bekam. Es war ein Zeichen, daß Frau Schwan lebte. Den schwachen Schein des Fernsehers schluckten dagegen vollständig ihre dreckigen Fensterscheiben. Diese nächtlichen Kontrollen waren wegen ihrer häufigen Aufenthalte im Krankenhaus äußerst wichtig. Wenn man zusätzlich mehrere Tage im Hausflur nichts roch, war ihr Status völlig unklar. Als ich an dem Partytag angerannt kam und die Haustür öffnete, überraschte ich Frau Schwan und einen Riesen, den ich nicht kannte. Sie unterhielten sich. Der Mann hatte offensichtlich noch einige Verpflichtungen vor sich und wollte gehen.

– Bleib doch, meinte sie, es geht nicht mehr lange.
– Weißt du, Heidi ...

Als ich grüßte und vorbeihuschen wollte, lächelte mich Heidi ausgesprochen einladend an. Sie stand in der Tür, wie sie auch sonst darin stand – breit und unüberwindlich wie eine Panzersperre –, ihr Blick wirkte trotzdem nahezu verführerisch. Diese Gelegenheit würde vielleicht nie wieder kommen, dachte ich. In der Wohnung war tatsächlich eine Fete im Gang. Und Frau Schwan schien bereit zu sein, mich in ihre Runde aufzunehmen. Draußen auf der Straße gelang es mir ohne weiteres, sie und ihr Geruchslabor auseinander zu halten, unserer weiteren Annäherung stand im Grunde nur ihr Gestank im Wege.

Zu netten alten Damen hatte ich immer schon einen guten Draht und pflegte solche Beziehungen treu und über längere Zeiträume. Allerdings waren diese Damen meistens etwas gepflegter als Frau Schwan. Unsere Nachbarin in der alten Wohnung war über neunzig gewesen, ich hatte regelmäßig ihre Einkäufe in den vierten Stock geschleppt; und auch andere schwere Dinge, die ihre siebzigjährige Tochter herangeschafft hatte. Probleme gab es irgendwann vor allem mit der schwächelnden

Siebzigjährigen. Ihre Mutter hatte ein ›zu starkes Herz‹, war lange nicht bereit zu sterben, und die Tochter heulte und jammerte uns immer wieder die Ohren voll.

– Sie stirbt und stirbt nicht, ich kann nicht mehr! Sie hat ein unglaubliches Herz.

Aus Frau Schwans Wohnung tönten die ganze Zeit – außer einigen ungeduldigen Fragen, was draußen los sei – Stimmen von vollkommen zufriedenen Menschen, niemand schrie nach frischer Luft. Das Geruchsproblem trat für mich in dem streßgeladenen Kontext in den Hintergrund. Frau Schwan machte unterdessen einladende Grimassen. Und ausgerechnet in dem Moment entschied sich der angetrunkene Riese zu bleiben. Leider waren die beiden nicht die Menschen, denen ich ohne weiteres erzählen konnte, daß meine Mutter in Auschwitz in den Duschen war und daß ich in Sachen Hygiene extrem akkurat erzogen wurde. Frau Schwan bat mich offiziell hinein – und es war ein Angebot, das ich nicht ablehnen konnte. Zu alledem ging im ersten Stock die Tür unseres Blockwarts auf, Kabrow bekam gerade einen konzentrierten Duftschlag in die Nase. Ich trat ein.

Frau Schwan konnte offensichtlich nur das wegschmeißen, was nicht gesammelt werden konnte. Das Wohnzimmer war mit unterschiedlichen, nicht sofort definierbaren Dingen zugemüllt – auch der Fußboden war reichlich belegt. Und dort auf dem Fußboden saß man jetzt auch. Auf Zeitungsstapeln oder auf Lumpen und Plastiktüten, aus denen teilweise alte Bettwäsche und Textilien quollen. Ein etwas zerlumpter Lehnsessel stand ziemlich zentral – es war eindeutig Heidis heiliger Platz. Eine Sammlung leerer Flaschen oder Büchsen sah ich nirgendwo, Asche und organische Abfälle wurden wahrscheinlich auch entsorgt. Ein alter Ost-Fernseher lief leise. Ein an die Wand gekippter Tisch fiel mir auf, der die Besucher offenbar gestört hatte. Schon im Flur sah ich überall Verlängerungskabel liegen, vielleicht hatte Frau Schwan nur noch eine einzige heile Steckdose.

Das Zimmer war nicht groß, dank zweier großer Schränke und der vielen Kartons, Tüten und diverser Häufchen geriet es noch kleiner. Einige Stühle waren ebenfalls mit Tüten und Klamotten belegt. In einer Ecke des Raums stand Frau Schwans Bett. Die ebenerdig verteilten Leute konnten es sich bequem machen, wie sie wollten – und sie konnten sich später gleich an Ort und Stelle weich schlafen legen. Die ganze Szenerie machte einen selbstverständlichen und friedlichen Eindruck. Man saß oder lag hier auf dem Fußboden nicht zum ersten Mal.

Detlef, der zugewachsene Waldschrat, war auch da und hatte blendende Laune. Die Stimme, die ich vorhin von draußen am deutlichsten gehört hatte, war seine. Er hatte Geburtstag, wurde mir mitgeteilt. Den wievielten, traute ich mich nicht zu fragen. Zur Erklärung erzählte mir Frau Schwan gleich noch, warum man bei ihr gelandet war: Nachmittags habe es geregnet, und die Männer hätten im Park nicht sitzen bleiben können. Ansonsten wurde ich, da die vier anderen Fußbodengenossen gerade in einen Streit verwickelt waren, nicht sonderlich beachtet, als ein Kumpel von Frau Schwan aber akzeptiert. Meine Sportbekleidung und die alte graue Jacke, die ich mir im Flur wieder übergezogen hatte, hätten durchaus auch aus einer Kleidersammlung stammen können. Einige hatten auch die in diesen Kreisen so beliebten Freizeithosen an.

– Leise, leise, mahnte Frau Schwan die vier Streiter.

Die hitzköpfigen Männer, obwohl sie groß und stark waren, gehorchten sofort. Sie stritten sich natürlich weiter, und obwohl sie taten, als ob sie mich gar nicht wahrnehmen würden, taten sie es doch. Bei dem Streit ging es konkret um irgendwelche ausgeplünderten Verstecke und darum, wer von den Verstecken gewußt hatte;

es ging also um komplizierte Schuldfragen und schwer aufdeckbare Indiskretionen. Frau Schwan sah mich leicht prüfend an, aber auch mit einem gewissen Stolz. Sie hatte ihre Männer gut im Griff, und sie hatte ein offenes Haus für Menschen, die es im Leben nicht leicht hatten. Ich bekam eine Büchse Bier. Im Flur stand noch eine volle Kiste. Ich fühlte mich wie bei einer erfolgreich gestarteten Expedition. Ich redete erst einmal kurz mit Frau Schwan und erzählte ihr von meinem nächtlichen Trainingsprogramm. Sie klagte wiederum über Leute, die spätnachts noch ihre Briefkästen öffneten und laut zuschlugen.

– Ich mache das anders, Frau Schwan – ganz leise, wenn überhaupt.

– Das weiß ich, Sie sind das nicht.

Das Problem sei, daß ihr Bett nun mal an der Wand zum Hausflur stünde, die Briefkästen also genau oberhalb ihres Bettes klapperten. So gemein wäre das, so wenig Rücksicht nähmen die anderen Mieter auf alte Menschen. Als Frau Schwan dann in die Küche abwackelte, konnte ich mich noch kurz mit dem Hinker über die DEWAG unterhalten, über sein übermächtiges Werbekombinat. Von dem Wohnungsgeruch bekam ich immer weniger mit. Einen der Männer kannte ich vom Sehen schon länger und hatte ihm nach der Rondell-Schnupperrunde den Namen »008-Beißer« gegeben. In seinem riesigen Kieferpaar steckten unglaublich große Zähne – und scheinbar doppelt so viele wie allgemein üblich. Auch sein Lachen war optisch mehr als gewaltig. Plötzlich bekam ich mit, daß er angestachelt wurde, irgendein Kunststück vorzuführen. Alle redeten auf ihn ein. Der Grund des Drängelns war ganz bestimmt mein Novizentum.

– Mach mal, Mann, laß dich nicht bitten, zeig mal.

Er stand auf, sah sich bedeutungsvoll um. Und ich war mir sofort sicher, daß ein Mann mit einem derartigen Gebiß sein Können mit Hilfe dieses Kieferapparates demonstrieren würde. Er schmiß von einem der massiven Stühle alles herunter, biß sich in der Rückenlehne fest und legte eine Hand auf die gepolsterte Sitzfläche. Danach kippte er mit einem gewaltigen Ruck den Stuhl hoch zur Decke und brachte ihn in Balance. Ähnliche Kippakte veranstalten täglich die Müllmänner mit ihren Mülltonnen, Beißers Vorstellung wirkte auf mich deswegen etwas unwirklich – wie mechanisch. Die dazugehörigen ächzenden Geräusche kamen dabei aus seiner Nase. Der Mann hatte mit herausfallenden Sitzpolstern offenbar seine Erfahrungen und stützte die Sitzfläche geschickt ab – aber nur ganz sachte mit den Fingern; er schummelte nicht, nahm seinem Mundwerk nichts von der Kraftarbeit ab. Er harrte in seiner triumphalen Position eine Weile aus, machte dann anschließend allerdings einen kleinen Fehler: Er drehte sich etwas um seine Achse, um sich allen zu zeigen, und kam dabei in die Nähe der Deckenleuchte. Sein Kopf war vollständig nach hinten gekippt, er konnte nur die Sitzfläche des Stuhles sehen. Als er seine Last absetzen wollte, umschrieb er einen anderen Bogen als beim Heben und knallte mit einem Stuhlbein gegen den geblümten Pergamentschirm der Lampe. Dabei ging eine Glühbirne kaputt. Einige lachten, Frau Schwan schimpfte. Ich bekam mein zweites Bier.

Über den Auftritt war ich begeistert und klatschte wie verrückt. Ich liebe solche vitalen Kerle über alles, sie zogen mich schon seit meiner Schulzeit an. Die schlimmsten Sitzenbleiber und muskulöse, sexuell frühstgereifte Störer des Klassenfriedens waren meine besten Freunde. Diese Muskelprotze sind voller überschießender Selbstvergessenheit und voller herrlicher Energien. Sie sind in der Lage, sich bei ihren Kunststücken mitunter ihre eigenen Arme zu brechen; ich weiß zum Beispiel, wie es sich anhört, wenn beim Armdrücken ein Knochen kracht. Der Hinker neben mir wirkte bedrückt und unbeteiligt, dafür trank sich der Riese in die beste Gemütsform. Er machte sich ausgiebig und geistreich über den Beißer lustig, und als er – der Riese – aufstand, um pinkeln zu gehen, hielt er sich seinen dicken, bierschwangeren Bauch fest und sagte wie nebenbei:

– Es wird ein Elefant, der Rüssel guckt unten schon raus.

Der Spruch mit dem Elefanten war sicher nicht neu, der Mann schien aber mehrere solcher Qualitätssprüche auf Lager zu haben. Einen Moment, kurz bevor mir alles egal wurde und ich überhaupt nichts mehr roch, kam es mir vor, als ob ich eine Komponente des Geruchs aus früheren Zeiten kennen würde. Mir fiel dazu aber nichts weiter ein. Mein Ziel war es nun, mich endgültig zu betäuben. Bald bekam ich auch das nächste Bier. Die Nachtparty sollte allerdings noch einen weiteren Höhepunkt bekommen – und dieser flößte mir wieder einmal Respekt vor den Trinkern ein, jedenfalls vor bestimmten Trinkern. Konkret nun vor Detlef – auch in ihm steckte eine Menge Begabung.

Als er sich zum ruckartigen Aufstehen von seiner Plastiktüte entschloß und sich dabei kräftig vorbeugte, trennten sich seine Hosenträger vom Hosenbund. Was genau unter seiner Jacke passierte, wußte ich zwar nicht, ich sah aber, daß seine Hose hinten keinen Halt mehr hatte. Er richtete sich trotzdem würdig auf, im selben Moment begannen seine Nachbarn zu lachen. Detlef versuchte noch, die losen Enden seiner Träger – oben zwischen seinen Schulterblättern – zu finden, wackelte dabei in Richtung Toilette. Als er die Tür erreichte, rutschte ihm seine Hose fast bis auf die Knie. Dabei sah man deutlich den Sauberkeitszustand seiner Unterhose.

– Prächtiger Goldstreifen, Detlef, paß auf ...

Detlef drehte sich um und wurde richtig böse. Er schrie aber niemanden an, sah in die Ferne, konzentrierte sich – und sagte langsam:

– Heidi, gib mir eine Schere.

Frau Schwan bückte sich zur Seite und griff in ein Kästchen hinter ihrem Sessel. Detlef nahm die Schere und machte seine Hose samt Hosenstall auf. Alle waren still. Was dann kam, war für handwerklich interessierte Menschen eine einmalige Vorstellung. Detlef steckte sich die Schere in den Mund, schnappte sich mit der linken Hand seinen Hosenbund und knickte ihn der Länge nach um – ein ganzes Stück neben dem regulären Knopfloch. Danach schnitt er aus dem Hosenrand ein kleines Dreieck heraus. Als er die Stelle wieder freigab, konnte man schon das neue Knopfloch sehen. Er zog sich die Hose enger um seinen Bauch und stecke den vorhandenen Knopf in die eckige Öffnung hinein. Das Loch war nicht zu groß und nicht zu klein, war auch eindeutig an der richtigen Stelle angebracht. Vorn sah die Hose zwar etwas zusammengefaltet aus, sie hielt aber. Detlef sah triumphierend in die Runde und verkrümelte sich auf die Toilette.

– Mal sehen, wann das Ding ausfranst, sagte der Riese.

Viel mehr bekam ich leider nicht mehr mit. Ich wurde nicht nur wegen des Biers, sondern auch dank meiner sieben gelaufenen Kilometer furchtbar müde und schlief plötzlich ein. Wahrscheinlich kippte ich einfach weg, als ich kurz die Augen zumachen und mich ausruhen wollte. Als ich aufwachte, waren einige meiner neuen Kumpel nicht mehr um mich herum; wo sie waren, interessierte mich nicht. Der Riese schlief auf dem Fußboden, Detlef saß neben Frau Schwan – und zwar auf dem Rand ihres Bettes – und sprach leise mit ihr. Es war nach drei Uhr morgens. Ich stand auf, sagte ›Gute Nacht‹ und ging einfach. Auf dem oberen Treppenabsatz lugte ich aus dem Fenster, aus dem man schräg in unsere hinteren Hoffenster sehen konnte. Bei Anne brannte das Licht. Ich rannte als erstes ins Bad. Bevor ich etwas erzählen wollte, wollte ich mich waschen, gurgeln, Zähne putzen, mir gründlich alle Gesichts-, also auch Kopföffnungen durchspülen. Und wenn es ginge, auch meine Lunge. Anne kam, schaute mich erschrocken an. Sie war seit zwei Uhr wach.

– Du stinkst wie ein Wiedehopf, Mann.

– Wie ist das eigentlich genau, wie der stinkt, der Hopf?

– So wie du. Stinkst so, wie der Hopf eben stinkt.

Die Ratte

Im Grunde stand ich wegen des Kampfes mit der KV und der Kasse ununterbrochen unter Druck; finanziell war es eine Katastrophe, weil ich absolut nichts mehr verdiente. Parallel dazu ging das Leben in unserem Haus mit voller Härte weiter. Herr Kabrow fühlte sich für das Hausgeschehen immer mehr verantwortlich und weitete seine Kompetenzen eigenmächtig aus. In der Anfangszeit konnte man gar nicht ahnen, zu was für einem zentralen Quälgeist er sich entwickeln würde. Seine Übergriffe wurden immer brutaler, und er hielt es oft nicht mehr für nötig, sich im Haus um Rückendeckung zu bemühen. Eines Tages trennte er junge Wildweintriebe, die sich tapfer bis zu seinem Küchenfenster vorgearbeitet hatten, von ihren Wurzeln ab. Er befürchtete eine Invasion von Feldmäusen und berief sich auf eine Sendung im Fernsehen. Große Furcht hatte Herr Kabrow außerdem vor den bei Frau Schwan in großen Formationen angeblich schon lauernden Speckkäfern.

– Die leben grundsätzlich in einem derartigen Unrat, das ist nun mal deren Lebensgrundlage, erklärte er mir mehrmals, die Viecher warten nur darauf, loszumarschieren!

Eines Tages entdeckte ich auf der Treppe mehrere leere Streichholzschachteln – und zwar nur die Schachtelhüllen. Wie ich dann mit Hilfe einer Taschenlampe erkunden konnte, lagen in diesen Hüllen kleine Speckstücke. Die Umgebung dieser Speckhäuschen war mit Mehl bepudert. Es handelte sich eindeutig um Speckkäfermelder, die ohne jegliche Elektronik auskamen.

Der Gerechtigkeit halber muß ich erwähnen, warum

die Beziehung zwischen mir und Herrn Kabrow zusätzlich belastet war. Herr Kabrow hegte seit langem einen GROSSEN VERDACHT gegen mich. Er hatte seinerzeit einige Kotspritzer abbekommen, die direkt vom Himmel herabfielen. Er sprach damals alle im Haus an, wollte diese Schweinerei bei der ausgerechnet am gleichen Abend stattfindenden Mieterversammlung zum Schwerpunktthema machen – und hatte seltsamerweise besonders mich im Visier. Da unter Kabrow aber alle litten, hatte ich gute Karten. Alle waren wegen des möglichen Ursprungs der durch die Luft sausenden Kotmasse einerseits wirklich ratlos, andererseits lieferten sie dem Mann auch keine Hinweise, die den Kreis der Schuldigen hätten einengen können. Ich bot spontan eine schlichtende Erklärung an: Die Substanz hätte aus einem kaputten Behälter irgendeines Flugzeugs herabgefallen sein können. Zur Ablenkung regte ich mich kurz über die vielen Maschinen auf, die dauernd und oft in schneller Folge über unser Viertel donnerten.

Einen Tag nach dieser Mieterversammlung gab es noch ein Nachspiel: Herr Kabrow – ausgestattet mit Gummihandschuhen – präsentierte mir ein in einer Prospekthülle steckendes Beweisstück. Es war ein leicht gewelltes Stück Papier, ein Brief – zum Glück kein persönlicher. Das aus meinem Papierkorb stammende Blatt erkannte ich sofort. Es handelte sich um einen an mich adressierten Werbebrief. An der Stelle, wo sich die Anrede befand, hatte die Schrift dem feuchten Druck zum Glück nicht standgehalten. Die über mir schwebende Anschuldigung konnte ich trotzdem nie endgültig aus der Welt schaffen; und ich habe schon wegen der problematischen Assoziation mit dem segelnden Scheißhaufen einen Grund mehr, Kabrow nicht treffen zu wollen. Wenn ich mit dem Fahrrad das Haus verlassen will, Kabrow unten gerade zugange ist und mir voller Hilfsbereitschaft die Eingangstür offenhält, empfinde ich das als Belästigung.

Unmittelbar nach einer Geldbeschaffungsfahrt in die Schweiz mußte ich mich um Frau Schwans Wohnung kümmern – Frau Schwan lag wieder einmal im Krankenhaus. Als die Verwaltung Alarm schlug – es ging um die Überprüfung der anscheinend nicht ganz dichten Gasleitungen –, mußte jemand den Wohnungsschlüssel besorgen. Eigentlich hätte das Kabrows Aufgabe sein müssen, der hatte sich aber verweigert. Als Grund gab er seine angegriffenen Nasenschleimhäute an.

– Bei dieser Gestankskonzentration droht einem Verätzungsgefahr. Wer weiß, was für Gifte dort verdampfen.

Er hielt mir zusätzlich noch einen längeren Vortrag über die unweigerliche Verkeimung von feuchten Innenräumen. Ich unterbrach ihn und sagte zu, daß ich mich um die Sache kümmern würde. Trotzdem wiederholte er große Teile seines Vortrags noch einmal und erweiterte sie um das Problem der Gefährlichkeit von Schimmelpilzsporen.

– Ab und zu versucht jemand, das Treppenhaus zu parfümieren, sagte ich zur Abwechslung.

– Ich war's nicht, weiß ich nicht. Wann denn?

– Immer wieder mal. Der Geruch war aber jedesmal übel.

– War das nicht Lack?

– Nein, nein, billiges Parfüm.

Vielleicht leistete sich diesen Luxus heimlich seine stille Frau, die wesentlich intelligenter wirkte als er, bei gemeinsamen Auftritten aber immer streng kleingezischt wurde. Die Suche nach Frau Schwan verlief ohne Probleme. Vor der Suppenküche bei den Franziskanern fand ich Detlef, und der wußte, wo und in welchem Zimmer Frau Schwan lag. Als ich kam, wachte sie auf, sah in ihrem Bettchen ganz reizend aus. Sie strahlte mich erst einmal wortlos an, und ich schwieg, um sie bei ihrer Rückkehr nicht zu stören. Sie hatte rosarote Wangen. In der Horizontalen wirkte sie noch viel kürzer als sonst.

– Ich komme dem Friedhof immer näher. Gucken Sie mal aus dem Fenster.

– Ach, Ihre Scherze, Frau Schwan, Sie sehen doch so gut aus.

– Es ist furchtbar mit meinem Bauch, ist wieder schlimm entzündet ... hab so viele Spritzen gekriegt. Ich habe keine Lust mehr.

– Und was haben Sie nun?

– Wieder das mit dem Bauch. Irgendwas muß man aber haben, wenn man so alt ist – eine gerechte Strafe. Wissen Sie, wie alt ich bin?

Ich drückte die Schätzung etwas nach unten.

– Einundsiebzig?

Sie lachte und korrigierte mich. Daß sie schon so weit über achtzig war, hatte ich wirklich nicht gedacht.

– In dem Alter muß man einfach etwas haben; und es kann einen viel schlimmer erwischen. Ich hab's noch ganz gut. Meinen Schlüssel können Sie ruhig haben. Aber erschrecken Sie bitte nicht. Detlef hat an dem Tag – wann war das eigentlich?, Dienstag war das –, Detlef hat die Feuerwehr gerufen, und man hat mich einfach aus dem Bett geholt, so wie ich war. Ich konnte nicht aufräumen. Und lassen Sie die Handwerker dort lieber nicht allein!

Ich rief bei der Verwaltung an und ging sofort auf eine Vorinspektion. Dabei hatte ich ein feuchtes Taschentuch und band es mir hinter der Tür so um, daß ich gerade noch drübersehen konnte. Bald brannten mir aber die Augen. Wieso sich Frau Schwan nicht waschen konnte, war klar. Nicht nur die Badewanne war voll von unsinnigem Kram und den unvermeidlichen Plastiktüten, auch der Badeofen war verstellt. In einem kleinen Waschbecken neben der Toilette lagen Klopapierrollen, Kämme und Bürsten; man konnte eindeutig von einem Trockenbecken ausgehen. Der Geruch war hier in der Nähe der Kloschüssel bestialisch. Das Fenster aufzureißen war wegen des vollen Fensterbretts nicht möglich. Was in den vielen, gut gefüllten Plastiktüten gammelte, schimmelte oder gor, wollte ich lieber nicht wissen.

Das Wohnzimmer kannte ich schon, meine Neugier galt eher dem schmalen Zimmer daneben, dort sah man nie das Licht brennen. Was ich dort entdeckte, überraschte mich nicht weiter. Der Raum war eine einzige große Müll- und Abstellkammer. Bis in die Mitte stapelten sich dort wieder Kisten und Kartons. Für zusätzliche Düsterkeit sorgte ein Schrank, der quer im Raum stand. Das Deckenlicht ging nicht an, eine alte Stehlampe funktionierte nicht. Als ich mich an die Dunkelheit etwas gewöhnt hatte, entdeckte ich hinter dem Schrank den zusätzlichen Daseinszweck dieses Zimmers. In einer freigeräumten Ecke lag direkt auf dem Fußboden eine relativ breite Matratze voller Decken, auf der bequem zwei, unbequem drei Erwachsene schlafen konnten. Neben der Tür stand ein schwer transportabler Eimer – er war bis zum Rand mit Urin gefüllt. Ich roch nichts mehr.

Vor der Küche fürchtete ich mich besonders. Auf dem Küchentisch war nur eine kleine Fläche frei, sonst war alles voll mit dreckigem Geschirr. Die Wände waren braun wie die Holztäfelung gutdeutscher Kneipen. Auf der Küchenmaschine mit blitzblank polierten Griffen stapelten sich Zeitschriften und Zeitungen. Heizen konnte man hier höchstens mit dem Gasherd. Überall lagerten zugeschnürte oder zugeknotete Plastiktüten – in hohen Stapeln außerdem noch ordentlich zusammengelegte leere. Das einteilige Spülbecken sah grausig aus, warmes Wasser gab es auch hier nicht. Als zusätzliche Geruchsquelle entdeckte ich ein offenes Glas mit einer dunkelbraunen Flüssigkeit, in der sich wahrscheinlich noch einige Bratheringe befanden. Dann wurde ich auf die Unterseite des Spülbeckens aufmerksam, die ganze Gegend unterhalb des Beckens wirkte feucht. Ich nahm mir eine alte

Zeitung, so daß ich nichts direkt anfassen mußte, und räumte zwei kleinere, unten eindeutig durchnäßte Pappkartons zur Seite. Speckkäfer sah ich nirgendwo. Dafür entdeckte ich um das Abflußrohr herum eine relativ breite Öffnung, die offenbar von nicht beendeten Reparaturarbeiten stammte. Ich beugte mich nach vorn und roch wieder etwas. Und endlich wußte ich, woher ich diesen Geruch kannte.

Als ich eine Zeitlang in meiner Bergsteigerphase auf einer Schutzhütte arbeitete, schlief ich in einem alten Holzschuppen. Dort konnten für wenig Geld kurzzeitig auch andere Bergsteiger übernachten. Den Fußboden bildete ein vom Gletscher abgerundeter Granitfelsen; und wenn es stärker regnete, floß über diesen ein kleines Bächlein. Das alles war damals kein Problem für mich. Problematisch war nur, daß im Raum irgendwo ein kleines Wesen verendet sein mußte. Es war zu riechen, es war immer stärker zu riechen, war aber nicht auffindbar. Dieser Gestank war furchtbar und grundsätzlich anders als alles, was ich in meinem Leben bislang gerochen hatte, und ich war mir sicher, daß er von einer verwesenden Tierleiche stammen mußte. Ich holte mir Streichhölzer vom Gasherd und zündete drei auf einmal an. Die Ränder der großzügig aufgestemmten Dielen waren stark angefault, mehr sah ich erst einmal nicht. Ich zündete die nächsten Streichhölzer an, beugte mich weiter vor – und entdeckte endlich das Rattengrab. Die Rattenleiche lag dort an einem Vorsprung, sah flach und umgeknickt aus wie Dalís überreifer Ur-Camembert und hatte eine beeindruckende Länge. Das Loch war noch viel tiefer, auf meiner verschwitzten Stirn spürte ich die kühle Kellerluft.

Ich stand auf, horchte von innen an der Wohnungstür und rannte auf die Straße, das Taschentuch hatte ich immer noch um. Ich holte mir meine Taschenlampe aus dem Auto und ging zurück, atmete dabei schnell und tief. Mir war so, als ob ich gerade die Leiche aus den Alpen gefunden hätte, zwanzig Jahre später. Geklärt hatte sich auch, wie die von meinem Physiker vorausgesetzte Luftbewegung in unserem Haus – bei geöffneter Tür von Frau Schwan – zustande kam. Ich begab mich wieder auf die Knie und sah mir das Loch noch einmal mit meiner MagLite an. Man sah wirklich bis in den Keller. Plötzlich bewegte sich an der Ratte etwas – und zwar im Kopfbereich. An der Stelle, wo sicher mal ein kleines Rattenohr war, wölbte sich das Fell leicht, und bald erschien dort eine friedliche dicke Made. Daß sie an der Beseitigung des Kadavers arbeitete, fand ich gut. Es war eindeutig im Sinne des ganzen Hauses. Ich schob die feuchten Kartons wieder zurück und entschloß mich, zum Schluß noch einige Schränke zu inspizieren. Als ich den querstehenden öffnete und mit der Taschenlampe anstrahlte, kamen mir einige Motten entgegen, erst danach sah ich die alten Anzüge und eine Uniform. Sie wirkte gut erhalten, ich nahm sie heraus – und hatte zum ersten Mal eine echte SA-Jacke mit der schönen roten Armbinde in der Hand; darunter baumelte die Stiefelhose. Auf dem Bügel daneben hing noch das leichtere braune Hemd und das Koppel mit dem Schulterriemen. An der Innenwand des Schranks war ein Foto aus guten alten Zeiten angeheftet: Herr Schwan – geboren am 20. April – in voller SA-Pracht. Die Innenwand der Tür war voller Wachsspuren, auf dem Schrank lagen mehrere Kerzenstummel. Versteckt wurde das Bild vielleicht schon seit dem »Röhmputsch« von 1934. Nach dem Rückzug aus der Wohnung ging ich erst einmal in den Park.

Daß man sich spezielle Gerüche lange merkt und sie noch nach Jahren genau zuordnen kann, weiß ich dank meiner Mutter. Als ich als Jugendlicher mit meinen Eltern einmal in Böhmen war, besuchten wir unter anderem Theresienstadt. Meine Mutter wollte mir und meinem Vater unbedingt zeigen, wo sie »gewohnt« und gearbeitet hatte. Sie war damals im Ghetto viel unterwegs, konnte sich noch an jede Ecke erinnern, und der Rundgang glich einer professionellen Stadtführung. Sie kannte die Namen der einzelnen Kasernen und wußte, wo bestimmte Ämter, das Krankenhaus oder die Wäscherei gewesen waren. Sie erzählte über diese Zeit wie andere Menschen über nicht ganz erfreuliche Ferienerlebnisse. Auf dem Weg nach Theresienstadt waren wir noch in bester Stimmung, und wir behielten eine Art guter Laune fast die ganze Zeit – bis in die Kleine Festung. Die Kleine Festung war unter den Nazis ein richtiges, vom Ghetto abgetrenntes Konzentrationslager gewesen, und meine Mutter hatte es von damals nicht gekannt. Sie betrat die Innenhöfe jetzt – wie wir – das erste Mal. Was sie aber natürlich sehr gut kannte, war der spezifische Geruch der original erhaltenen Räume mit den alten Häftlingspritschen. Sie kannte ihn aus der Zeit nach Theresienstadt. Gleich als wir die erste Zelle betraten, passierte es: Sie roch Auschwitz, wurde blaß und fiel um.

Zwischenbericht

Dank meiner ausgedehnten Korrespondenz landete ich auf allen möglichen Adressenlisten und bekam seit längerem viele wenig interessante bis unsinnige Briefe von einigen »Initiativbüros« und Kontaktstellen, die sich im Lande gesundheitspolitisch betätigten. Die meisten Aktivitäten betrafen meinen Streitfall nicht annähernd, und ich reagierte auf viele der Anfragen nicht mehr; manchmal wäre es auch recht schwierig gewesen; beim »Ring der Amputierten« meinte man zum Beispiel, mein Problem wäre in ihrem Verein »am besten aufgehoben«. Nur als in Berlin eine Tagung vorbereitet wurde, bei der eine Dachorganisation aller möglichen Gruppen und Gruppierungen gegründet werden sollte, meldete ich mich an. Am Telefon wurde mir gleich einiges erläutert: Man wolle diverse Koordinierungsstellen von Selbsthilfegruppen, halbprofessionelle Initiativen und noch andere, inzwischen etwas schläfrige Alternativprojekte aus der Vergangenheit zusammenführen. Die meisten Namen und Bezeichnungen, die die Stimme heruntergeleiert hatte und die dann auch im Programm standen, sagten mir wenig. Ich ging im Grunde unvorbereitet, gleichzeitig auch arglos hin. Im Prinzip wollte ich nur erfahren, ob von diesem Zusammenschluß eine einigermaßen schlagkräftige Unterstützung zu erwarten war. Ausschließlich auf das Mitgefühl und Verständnis von Dr. Dr. Horn wollte ich mich nicht verlassen. Leider war ich inzwischen in psychisch miserablem Zustand, es pfiff und sauste mir ausgiebig in beiden Ohren.

Es sollte ein langer interessanter Sonnabend mit vielen

abwechslungsreichen Programmpunkten werden. Da ich in der großen Runde neu war, verhielt ich mich in den ersten Stunden bescheiden und blieb stumm. Ich wartete geduldig, bis die Leute mit ihren Verfahrensproblemen und dem internen Kleinkram fertig wurden; sie sollten ruhig ihre aus der Vergangenheit stammenden Kompetenzansprüche klären und eben auch ihre alten persönlichen Animositäten abbauen. Irgendwann wollte ich aber unbedingt auch mein Problem und meine Phantomgruppe vorstellen. Im Vergleich zu dem, was ich bis dahin zu hören bekommen hatte, erschien mir mein Thema ausgesprochen brisant. Die Phase der Klärungen nahm aber kein Ende, ich wurde immer unruhiger. Als dann plötzlich die Mittagspause ausgerufen wurde, war ich nicht der einzige, der erleichtert war. Wenn mich jemand gefragt hätte, worum es in den vergangenen Stunden gegangen war, hätte ich ihm nicht antworten können. Nachmittags verfestigte sich meine Verzweiflung innerhalb kürzester Zeit, mit dem Gequatsche vom Vormittag ging es weiter. Ich blieb sitzen, um nichts zu verpassen, wurde für meine Geduld aber nicht belohnt. Ich kam und kam nicht dahinter, worauf die Rudelführer der einzelnen Gruppierungen hinauswollten. Hielten sie sich vielleicht nur geschickt bedeckt? Die emotionalen Ausbrüche und die Erregung im Raum blieben mir auf jeden Fall ein Rätsel. Dabei hatte ich mich mit der Gesundheitspolitik inzwischen lange genug beschäftigt. Zu allem Unglück sprachen die meisten Protagonisten ausgesprochen weitschweifig – als ob sie sich rhetorisch üben wollten. Zeitweilig schaltete ich ganz ab und verpaßte wahrscheinlich auch einige, vielleicht etwas substanziellere Diskussionspunkte. Zwischendurch blätterte ich in den in der Pause eingesammelten Broschüren, Flyern und Faltblättern. Aber auch diese Lektüre beruhigte mich nicht, im Gegenteil – einiges darin war regelrecht schockierend.

In einem der bunten Hefte voller Übersichten und Verzeichnisse erfuhr ich, daß es nicht nur Hunderte von seltenen Krankheiten und mysteriösen Störungen mit den unmöglichsten Namen gab, sondern daß bereits Unmengen von Selbsthilfegruppen, Initiativen und Foren existierten. Auch hier in Berlin. Im Lande mußte es also Tausende gesundheitspolitisch brisante Probleme und Themen geben, nicht nur Hunderte von unheilbaren Krankheiten, die das gegenwärtige System allein nicht auffangen konnte. Die Träger dieser Krankheiten saßen hier vielleicht auch herum. Oder sie schleppten sich sonstwo durchs Land und planten – wie ich – ihre nächsten Verzweiflungstaten. In den Broschüren, Flyern und Faltblättern wurden unzählige Veranstaltungen angekündigt, regelmäßige Vorträge und Workshops angeboten. Ich kehrte lieber in die Realität des Sitzungssaals zurück. Manche Gestalten auf den Podiumsplätzen und auch etliche aus den ersten Reihen waren ausgesprochen sprachgewandt – und ich genoß ihre Diskussionsbeiträge wenigstens als rhetorische Events. Meine Chancen, in die Diskussion einzusteigen, waren gleich Null. Ich bekam Kopfschmerzen und auch ordentliche Magenkrämpfe, weil ich einen furchtbaren Hunger hatte. Alle diese Selbsthilfeleute waren in der Mittagspause zu Selbstversorgern geworden und hatten an ihren mitgebrachten Broten gekaut. In der Einladung stand sicher etwas vom fehlenden Mittagsbüfett.

Als es nachmittags gegen drei Uhr endlich um den komplizierten Punkt der Bildung von Arbeitsgruppen ging, konnte ich mich nicht mehr zurückhalten. Der Zeitplan war längst zusammengebrochen – und ungeduldig waren inzwischen auch viele andere. Ich meldete mich mit zwei erhobenen Armen zu Wort und fragte an – innerlich war ich dabei halbwegs schon auf der Flucht –, ob die Arbeitsgruppen und überhaupt dieses Organisatorische für mich und meine »Mitbetroffenen« von Bedeutung wäre.

In der Wortwahl zwang ich mich, einigermaßen kompatibel zu wirken.

– Im Grunde bin ich hier, um Beratung zu bekommen und mich mit Leuten, die etwas Ähnliches durchmachen, austauschen zu können; es geht mir auch um ganz konkrete Informationen ... ich trage Verantwortung für etliche Schwerstkranke.

Meine Einmischung – mein »Störmanöver« – machte einige fassungslos. Man gab mir zu verstehen, daß das jetzt nicht das Thema sein konnte, ich hätte wohl nicht zugehört. Perspektivisch würde es in diesem Forum natürlich genau darum gehen – an diesem Punkt sei man aber noch nicht. Es müßten Strukturen geschaffen werden, die gerade solche hilfebringenden Verbindungen böten – und zwar gemeinsam mit den professionellen Verantwortlichen. Geplant sei so etwas, was ich vielleicht meinte – ein Netz aus Sozialrechtlern, Medizinern, Kassenvertretern und so weiter. Dieses müsse aber erst finanziell abgesichert, organisatorisch und auch unter der Berücksichtigung bestimmter, paritätisch einzubeziehender Interessen aufgebaut werden. Diese Belehrung machte mich absolut wehrlos, und ich richtete mich in meiner seelischen Delle endgültig ein. Die Arbeit ging danach in gewohnter Weise weiter, die Stimmung wurde immer gereizter. Inzwischen konnte ich wenigstens die Bildung bestimmter Fraktionszusammenschlüsse ausmachen und bemerkte, wie ihre Wortführer versuchten, sich in günstige Kampfpositionen zu bringen. Von meinem Nachbarn bekam ich irgendwann – ich schaute als Selbstversorgungsversager dauernd auf seine Verpflegungstüte – einen Müsli-Nuß-Riegel angeboten, dann einen zweiten; war also auch noch auf Almosen angewiesen.

Wirklich produktiv wurde auch der Rest des Tages nicht. Die einzelnen, auf dem Papier gebildeten Arbeitsgruppen kamen getrennt gar nicht zusammen, weil die

Protagonisten der Cliquen voneinander nicht lassen konnten; man wollte sicher auch den Überblick über manche graue Eminenzen aus dem Plenum behalten. Mir blieben die höheren Zusammenhänge dieser Taktiererei und die irgendwo lauernden Zukunfts- oder Machtvisionen der Leute weiter verschlossen. Außerdem wurden allen Ahnungslosen wie mir die vielen Abkürzungen der beteiligten Initiativen, die in dem Gerangel eine Rolle spielten, nicht extra erläutert; mit diesen Abkürzungen hantierte man aber andauernd herum. Auch vormittags war niemand auf die Vorgeschichte dieses Forums eingegangen. Den ganzen Tag mußte ich mir also solche Sätze anhören: ›Daß wir so verfahren, wurde in der IBS schon voriges Jahr festgelegt.‹ ›Nein! Ihr habt in der Folgezeit in der BF-Arbeitsgruppe einfach nicht mitgemacht.‹ Oder: ›Warum wurde das dem Vorbereitungsteam des BGLF im Mai nicht vorgelegt? Meiner Meinung nach war das Absicht! Das war kein Zufall!‹

Der Kampf der Giganten ging weiter, dafür schienen die meisten »Passivisten« am Ende ihrer Kräfte zu sein. Trotzdem kam es noch zu einem neuen Höhepunkt. Eine kleine Fraktion, deren Wortführer sich dank jahrelanger Erfahrungen in Verfahrensfragen gut auskannte, bildete mit seinen Gefolgsleuten überraschend eine neue Arbeitsgruppe – die Gruppe »Verfahrensfragen«. Dieser Coup verwirrte kurzzeitig sogar manche der alten Hasen. Der Witz der Sache war, daß diese Arbeitsgruppe laut irgendeiner geschriebenen Statusregel automatisch unter das Dach des Forums aufgenommen werden mußte. Und dank dieses Schachzugs gelangte dieser neugebackene Arbeitsgruppenleiter, den man wegen seiner pathologischen Geschwätzigkeit sicher lieber vor die Tür gesetzt hätte, in den provisorischen Nukleus des Forums. Im nächsten Zug kündigte er den Entschluß an, eine demnächst anstehende Abstimmung zu blockieren. Nach

diesem Eklat drohte die Veranstaltung in ein Patt abzugleiten. Ich staubte noch einen letzten Müsli-Nuß-Riegel ab, und als ich für diese großartige Hilfeleistung etwas bezahlen wollte, bekam ich zu hören, die Riegel wären von Schlecker.
– Und lecker! meinte der Mann.
Ganz zum Schluß kam wie nebenbei zur Sprache, daß in der nahen Zukunft voraussichtlich ein oder zwei BEZAHLTE Stellen in Aussicht stünden. Diese Perspektive hing damit zusammen – und darum war es kurz schon vormittags gegangen, erinnerte ich mich –, daß die Krankenkassen laut einer Verordnung einen diesbezüglichen Beitrag leisten sollten. Mir ging endlich ein kleines Licht auf – kämpfte man hier von Anfang an im Grunde auch um diese Arbeitsstellen? Vielleicht auch um den späteren Einstieg in die große Gesundheitspolitik! Das Ganze war vielleicht nur eine Art simulierter Workshop, so etwas wie die Vorbereitung fürs Eigentliche. Mit einigen aus dem Plenum kam ich während der finalen Auflösungskrämpfe doch noch ins Gespräch und ließ mir einige meiner schlichten Fragen zu konkreten »Patienteninteressen« beantworten. Nebenbei versuchte man mich davon zu überzeugen, daß das vielleicht seltsam anmutende Forum und das Engagement darin langfristig doch einen Sinn hätten. Diese Arbeit würde sich zwar auf einer eher abstrakt-formalen Ebene abspielen, dafür wäre sie aber politik- und veränderungsorientiert.

Ich blieb also weiter auf mich gestellt, setzte meine Aktivitäten fort. Ich suchte nach analogen Problemfällen in der Medizin, nach ähnlichen Krankheitsbildern und Streitfällen und nach Analogien in der Sozialrechtsprechung, machte dabei auch interessante Petitionsverfahren ausfindig. Außerdem studierte ich maßgebliche Urteile des Bundessozialgerichts und sammelte die dazugehörigen

Kommentare. Wenn mir Materialien zugesagt worden waren, die dann aber nicht eintrafen, ließ ich nicht locker und schrieb höfliche Mahnungen. Diese Beschäftigung war nicht nur aufwendig und anstrengend – einige Menschen, die ich dabei kennenlernte, waren überraschend nett. Darüber hinaus stellte ich fest, wie viele verschiedene Professoren, Spezialisten und Spezialbereiche es in Deutschland und auf der Welt in mir völlig unbekannten größeren und kleineren Städten und Gegenden gab, in denen ich früher nichts Besonderes vermutet hatte. Universitäten über Universitäten, Fakultäten, Fachbereiche, Institute über Institute. Wie ich an bestimmte Informationen herankam, war manchmal interessanter als die Informationen selbst. Zu meiner Arbeit gehörte daher auch die regelmäßige Pflege der Beziehungen zu allen meinen neuen und alten Kontaktpartnern. Ich mußte immer wieder zeigen, daß ich noch da war und nicht aufgegeben hatte, mußte regelmäßig Berichte über den Stand der Dinge verfassen. Ich schickte auch längere Dankesschreiben an diejenigen, die für mich gerade etwas getan hatten, auch an die diversen Spender, die mir – neben Guido – mit kleineren, aber regelmäßigen Beiträgen bei der Finanzierung der Blutwäsche halfen. Andererseits mußte ich mich mehrmals gegen böswillige Unterstellungen wehren. Eine Zeitlang wurde – offenbar aus den KV-Kreisen – über mich das Gerücht verbreitet, ich wäre ein Lobbyist der Firmen für medizinische Geräte.

Die wissenschaftliche Literatur sammelte ich ziemlich wahllos und ordnete jeden greifbaren Text dankbar ein. Leider konnte ich nicht alle Literaturverzeichnisse und Fußnoten miteinander vergleichen und begriff erst viel zu spät, daß ich einer publizistischen, die ganze Welt umspannenden Überproduktion auf den Leim gegangen war. Die Wissenschaftler werten einfach auch die schon längst woanders ausgewerteten Fakten und Daten aus –

und dies passiert nicht so transparent wie bei den Metastudien. Diese Leute stehen alle unter dem Zwang, jedes Jahr eine bestimmte Anzahl von Publikationen vorzulegen, egal ob eigene Forschungsergebnisse dahinterstehen oder nicht. Zu allem Übel lernte ich erst nach und nach, wie man ein funktionierendes Büro führt. Anfangs waren mir daher grobe Fehler unterlaufen – zum Beispiel beim Vergeben von Aktenzeichen. Mit kleineren Fehltritten ging es dann aber munter weiter. Daraus folgten leider zeitraubende Umstrukturierungs- und Umarchivierungsaktionen. Eine Zeit lang scannte ich alle nur als Kopien vorhandenen Materialen ein und brannte sie auf CDs. Außerdem hatte ich auch alle möglichen Telefonate, die ich mitgeschnitten hatte, auf CDs gebrannt. Und alle diese CDs mußten ordentlich archiviert werden. Später fertigte ich von meinen Telefongesprächen lieber nur kurze Gedächtnisprotokolle an – diese waren in der Datenbank einfacher zu finden. Meine Datenbestände blähten sich trotz aller Rationalisierungsversuche immer weiter auf, und ich begann langsam, den Überblick über mein Reich zu verlieren. Meine Briefe, Informationsblätter und Textbausteine wurden zwar immer perfekter, ich aber wurde immer zermürbter. Ich war manchmal so durcheinander, daß ich nicht nur nicht wußte, wo die zum aktuellen Gebrauch vorbereiteten Unterlagen steckten; ich wußte auch im Privaten nicht mehr, was mir wer mitgeteilt hatte. Vor allem vergaß ich andauernd, was ICH wem bereits erzählt hatte – und berichtete auch Freunden über die gleichen Ereignisse mehrmals. Wenn ich es ihnen ansah, schämte ich mich tief und intensiv. Ich selbst kann so etwas absolut nicht leiden; man fühlt sich wie ein austauschbarer Gehörkübel.

Ich baute langsam, aber sicher ab. Ich konnte immer weniger entspannen und im Grunde fast nie aufhören zu arbeiten; auch wenn ich unterwegs war, war ich dauernd mit meiner ausschweifenden Agenda beschäftigt. Meine Taktik zur Linderung der Überlastung war alles andere als ideal. Ich versuchte einfach, alles noch schneller, noch hektischer abzuarbeiten, um am Ende des Erledigungsmarathons zur Ruhe zu kommen. Diesen Endpunkt gab es aber nie. Etliche Stapel von unerledigtem Kram unterhielt und verwaltete ich auch ziemlich systematisch. Anne gab es irgendwann auf, mich zu bremsen. In dieser Zeit mußte ich mehrmals an einen Programmierer denken, den ich beim arbeitsbedingten Verrücktwerden beobachten konnte. Ich hatte vor einiger Zeit Texte für eine Broschüre einer Softwarefirma geschrieben, und als ich einmal abends zu einer Kurzbesprechung kam, sah ich beim Gang durch den Flur einen Mann, der in einem kleinen Büroraum einen Stapel Blätter paginierte. Ich fand daran nichts Ungewöhnliches, mein Begleiter wackelte aber bedenklich mit dem Kopf und meinte, der Kollege wäre etwas überdreht. Ihm wären bei einer internen Materialsammlung, die schon komplett ausgedruckt und vielfach kopiert worden war, dumme Fehler in der Seitennumerierung unterlaufen.

– Er will das Ganze nicht noch einmal ausdrucken, erzählte mein Kontaktmann, als ökologisch denkender Mensch, sagt er. Vielleicht will er aber einfach Buße tun. Jetzt korrigiert er die Seitenzahlen manuell.

Als die doch etwas längere Besprechung zu Ende war und ich nach Hause ging, paginierte der Mann noch immer. Nach einigen Tagen erfuhr ich, daß er mitten in der Nacht weiterhin nicht aufhören konnte, auf die Papiere einzuhauen; und weil er mit sich nicht reden ließ und bei den physisch einigermaßen sanften Versuchen, ihn zu stoppen, aggressiv wurde, mußte er vom psychiatrischen Notdienst und der Polizei abgeholt werden.

Die Nadeln

Eines Tages bekam ich telefonisch die Nachricht, daß die Klinikambulanz innerhalb einer Woche – im Rahmen der lange geplanten Umstrukturierung des Krankenhauses – aufgelöst werden sollte. Damit war zwar perspektivisch zu rechnen gewesen, die plötzliche Eile hatte aber auch die Ärzte überrascht. Die Aphereseabteilung sollte einem Dialysezentrum angeschlossen werden. Nach kurzer Unterbrechung würde man dort die Arbeit wieder aufnehmen – nur nicht im gleichen Umfang und eben nicht mehr ambulant. Ich würde als Selbstzahler natürlich, im Gegensatz zu vielen anderen, zurückkehren können. Für die Zwischenzeit empfahl man mir eine nephrologische Praxis in Moabit. Der dortige Arzt sei nett, fachlich würde er sich an die Vorgaben der Klinik halten. Für mich war das ein Schock. Im Grunde trat genau das ein, was mir der Schimpfer Dr. P. vorausgesagt hatte. Außerdem bekam ich noch ganz andere Ängste. Die Schwestern witzelten oft über die Stümpereien in einigen Praxen, die sie »Zum blutigen Anfänger« nannten. Sie imitierten die Anrufe der verstörten Schwestern.

– Was soll ich jetzt!? ... was soll ich tun? Die Maschine piept und piept!

Ich versuchte, mich mit Arbeit zu betäuben. Anne war nicht da. Sie war Hals über Kopf – und ohne die üblichen Impfungen – nach Nigeria aufgebrochen, um ihre beste, dort psychotisch gewordene Freundin zu besuchen. Ihr Rückflug stand noch nicht fest. Ich hatte keine Ablenkung, es gab keine Essenszeiten, mein Tagesrhythmus kam völlig durcheinander. Beim Reorganisieren meiner

Ordner fiel mir mitten in der zweiten, grenzenlos freien Nacht ein, wie ich zum Beispiel die gesamte Korrespondenz neu aufgliedern könnte. Daraus entwickelte sich eine weitreichende Reorganisation meiner gesamten Materialbestände. Gegen drei Uhr morgens stieß ich plötzlich auf die heimlich kopierten Unterlagen von Frau Professor, in denen es um den Entzug ihrer Ermächtigung ging. Ich hatte diese Kopien damals (sicher auch aus Scheu) nicht gleich alle gelesen und anschließend falsch abgeheftet. Vor mir lag jetzt ein langes Schreiben der KV-Kommission. Es war zwar einigermaßen diplomatisch formuliert, in Wahrheit aber war es ein sadistisches Stück Bürokratenprosa. Das Ansinnen von Frau Professor, gemeinsam mit der Kommission eine Änderung der Behandlungs-Richtlinie anzustreben, wurde knallhart zurückgewiesen, zusätzlich wurden alle von ihr aufgeführten Quellen, die für die Apheresen bei Sonderlingen wie mir sprachen, als irrelevant abgetan. Der Brief relativierte gnadenlos die Aussagekraft einiger Einzelfalldarstellungen und zählte die methodologischen Schwächen aller möglichen Studien auf. Ich hatte zum ersten Mal die säuberlich zusammengetragenen Argumente der Gegenseite in der Hand. Sie wirkten auf den ersten Blick überraschend schlüssig; und sie stammten hundertprozentig vom Dr. Dr. Wadenbeißer Horn.

Daß die Studienlage nicht blendend war, wußte ich schon länger, daß sie aber so miserabel sein sollte, hatte mir bis jetzt niemand verraten. Das Wort »Studie« hat eine angenehm einlullende Wirkung. Und von der ärztlichen Seite waren offensichtlich auch Arbeiten als »Studien« im Gespräch, die es streng gesehen nicht waren – oder wenn sie es waren, waren sie für diesen Konflikt argumentativ nicht von Bedeutung. Ich geriet in eine wahnsinnige Wut. Ein Teil meiner Recherchen war vollkommen sinnlos, im Sinne der »Evidence« jedenfalls nicht gut genug. Die weiteren Kopien waren ebenfalls brisant. Frau Professor wurde von einem Kardiologen aus Hessen – offensichtlich unter der Hand – die Korrespondenz zwischen der Berliner Kommission und dem Chef der Kardiologischen Gesellschaft zugespielt. Die Schlußfolgerungen des mächtigen Kardiologen fielen noch vernichtender aus. In seiner Antwort sprach er vom »Privatvergnügen der selbsternannten Lipidologin« und versicherte, die Kardiologische Gesellschaft würde hart bleiben und sich streng an die Grundsätze der »evidence based medicine« halten.

Ich erinnerte mich an ein Gespräch mit Dr. P.

– Die Kardiologen haben überhaupt kein Interesse an den Blutwäschen.

– Sie meinen, wissenschaftlich?

– Ich weiß nicht, ob es den Brüdern bewußt ist, sie würden dank dieser Prävention auf jeden Fall viele lukrative Patienten verlieren. Das steht fest.

Ich konnte mich nach der Lektüre eine Stunde lang nicht rühren, schließlich nahm ich eine Schlaftablette, wachte um halb sieben aber wieder auf – mit einem bösartigen Druck im Schädel. Diese Art Druck preßt einem alle Gedanken dicht unter die Kopfhaut und läßt im Gehirninneren einen Leerraum entstehen. In beiden Ohren quälten mich gleichmäßige Maschinengeräusche. Ich ging wieder zu den Akten, der Anblick der vielen offenen Ordner und losen Blätter, die auf dem Fußboden herumlagen, war grauenhaft. Die Grundzüge der neuen Ordnung waren mir entfallen. Ich ging automatisch zum Computer, um nach Mails zu sehen – und dann passierte es. Ich saß da, sah auf den Monitor und wurde seltsam steif. Ich war nicht in der Lage, zu entscheiden, was ich wollen sollte. Welcher Wochentag draußen gerade losdämmerte, wußte ich nicht, geschweige denn, welche Termine anstanden. Es war mir unerträglich, daß sich nichts tat. Ich sah mir die Liste der zu erledigenden Anrufe an und begann zu rätseln, wieso einige der Namen in unterschiedlichen Schriftgrößen oder teilweise farbig unterstrichen waren. Ich kam mir vor wie eine Blackbox ohne In- und Output. Spazierengehen kam nicht in Frage, mich wieder im Bett zu verkriechen klappte auch nicht, weil ich im Liegen starkes Herzklopfen bekam. Mein Kopf fühlte sich furchtbar heiß an, dann bekam ich den Hörsturz.

Zum Glück war nur mein rechtes Ohr massiv betroffen. Von dort kam ein furchtbares Knistern und Knarren – bis es weh tat. Den Ausdruck HörSTURZ fand ich nie sehr sprechend, jetzt wußte ich aber wenigstens, wovon die Rede war. Dieses Malheur bewältigte ich zum Glück ohne Panik, setzte mich ins Taxi und fuhr zur Notaufnahme meines lieben Krankenhauses. In der Poliklinik bekam ich bald eine Infusion. Die Wirkung dieser Therapie, wie ich später erfuhr, basierte auch auf keiner wissenschaftlichen »evidence«, die Kassen bezahlten sie aber trotzdem, weil es nichts Besseres gab. Anne in Nigeria anzurufen hatte keinen Sinn.

Der eigentliche Horror sollte erst am nächsten Tag beginnen. Ich hatte den ersten Blutwäschetermin in der wildfremden Ambulanz. Als ich dort anrief – ganz vorsichtig, mit dem Hörer in sicherem Abstand vom Ohr –, meinte der Arzt, daß mir die Blutwäsche auch wegen meiner Ohren guttun könnte. Das einführende Gespräch in seinem Praxiszimmer war sehr angenehm, es zeigte sich aber, daß die Apheresen bei ihm erst vor kurzem angelaufen waren und er selbst noch keine Zeit gehabt hatte, die Maschinen näher kennenzulernen.

– Ich hätte zu einer Schulung fahren können – das war aber bei den laufenden Dialysen hier nicht drin. Sie haben es draußen im Warteraum gesehen, das sind teilweise todkranke Leute, viele in Rollstühlen. Sie sind dagegen ein gesunder Kerl.

– Psychisch im Moment nicht ...

– Warten Sie einfach ab. Ich habe hier einen neuen jungen Kollegen, der die Schulung gerade absolviert hat. Eine Schwester war sogar bei einem längeren Lehrgang. Und Sie sind sowieso ein Profi.

Zwischendurch mußte der Mann telefonisch zwei aktuelle Probleme lösen und zu einem kollabierenden Patienten losrennen. Ich wollte ohnehin nichts weiter wissen. Der junge Arzt, zu dem ich von einer Schwester gebracht wurde, mißfiel mir sofort rein äußerlich. An seinen Proportionen und seiner Körperhaltung stimmte etwas nicht. Er war relativ klein, dafür aber extrem breit und hatte so viel Muskelmasse am Skelett, daß er auf mich wie ein pillenschluckender Bodybuilder wirkte. Als ich ihn auf dem Weg zum Behandlungsraum laufen sah, phantasierte ich noch in andere Richtungen. Man konnte ihn auch für einen boxenden Lagerarbeiter oder einen für niedrige Räume spezialisierten Möbelpacker halten. Sein unvorteilhaft geformter Breitschädel war glatt rasiert, ich entdeckte an ihm nicht die kleinsten Spuren von Sensibilität oder Begabung zu Feinmotorik. Und wie ein echter Lastträger hatte er extrem fleischige Hände. Am liebsten hätte ich gleich um Hilfe gerufen.

– Ihre Venen sehen ganz gut aus, meinte der Muskelmann, nachdem ich mich umgezogen hatte.

– Leider muß ich dafür, daß man diese Pferdenadeln in mich steckt, noch selbst bezahlen.

Die im Raum anwesende Schwester wirkte freudlos. Nachdem ich mich hingelegt hatte, wurde mein bulliger Mann sichtlich nervös und bekam steife Gesichtszüge. Er griff sich eine der Nadeln, zog die Schutzhülle ab und ging breitbeinig in Position. Der vordere Teil seiner Glatze zog sich zu einer häßlichen Runzellandschaft zusammen. Um dann den eigentlichen Akt schnell hinter sich zu bringen, nahm er – ohne den Verlauf der Vene zu prüfen – einen

kräftigen Anlauf und fuhr glatt in mein zartes Fleisch hinein. Es tat nicht sonderlich weh, der Mann stach die schöne Vene aber einfach durch. Die Nadelspitze steckte irgendwo tief im Gewebe, der hintere Teil der Nadel ragte steil nach oben. Im Schlauchanschluß zeigte sich kein Blut.
– Die ist para, sagte der Kraftprotz selbstkritisch.

Er zog die Nadel kurz zurück und schob sie blind wieder in die vermeintliche Richtung der Vene. Bei diesem Anlauf bohrte sich die Nadel längs in die Venenwand und der Blutfluß kam wieder nicht in Gang. Die Vene wölbte sich jetzt etwas – auch weil mein Arm schon die ganze Zeit abgebunden war – und zeigte sich dem verbissenen Blutsucher endlich noch etwas deutlicher. Bei dem nächsten Hin- und Hergeschiebe hatte er Glück, der Schlauchanschluß der Nadel lief langsam voll. Der gute Mann hatte aber vergessen, die Schlauchklemme am anderen Ende zu schließen. Ein Röhrchen zur Blutentnahme war auch noch nicht dran. Er richtete sich in seinem unproportioniert langen Kittel erleichtert auf, genoß seinen Erfolg wie ein bulgarischer Gewichtheber und verlor die Zapfstelle aus den Augen. Da ich auch nichts weiter sehen wollte, zuckte ich erst zusammen, als sich mein Handgelenk feuchtwarm anfühlte. Da floß mein wertvolles Blut schon in einem ruhigen Strom in Richtung Fußboden, plätscherte vor sich hin und machte schnell einen farbenfrohen Kreis auf dem Linoleum. Der Anblick meines nach außen plötzlich geöffneten Blutkreislaufs und der Fußbodenkorona aus vielen feinen Minitröpfchen verschlug mir die Sprache. Dabei hätte genügt, einfach ›Hey Joe‹ zu rufen; oder von mir aus ›Box!‹ oder ›Hau ruck‹. Der Arzt sah immer noch nichts, schaute erst dann nach unten, als seine Füße etwas Saft abbekamen.

Zu seiner Selbstsicherheit trug dieser Vorfall nicht bei, die Schwester bekam auch keine bessere Laune, weil sie nun den Fußboden wischen mußte. Es war unglaublich, wieviel Wasser sich durch die relativ kleine Menge Blut verfärben ließ. Zur Aufbesserung der Stimmung witzelte man ein bißchen übers »Schlachten« und Ähnliches. Ich hörte dank meines Knisterohres nur einen Teil davon. Ein zweiter Eimer war am Ende auch wieder voll roter Farbe. Man nahm mir etwas Blut fürs Labor ab. Anschließend mußte noch das Blut aus dem Schlauch und der Nadel zurückgespült werden, um bis zum Start der Therapie nicht zu gerinnen. Der Kraftprotz grapschte sich eine Spritze mit der entsprechenden Lösung und verpaßte mir einen Schuß, der in meinem Arm wie ein venöser Rülps ankam. Dieser Mensch hatte also auch keine Erfahrungen mit durchstochenen Venen. Die Haut um den Einstich herum wölbte sich stark nach oben, bildete eine riesige Beule. Dank der Druckwelle war das hintere Venenloch geplatzt, die Spülung ins Gewebe geflossen.

– O Gottchen, sagte eine neu hinzugekommene Schwester, die Nadel muß raus.

Die Konsequenz dieses Platzers würde später nur ein harmloser Bluterguß sein, für die aktuelle Behandlung war die Panne trotzdem unangenehm. An diesem Arm hatte ich nur noch eine gute Vene. Mir kam es plötzlich absurd vor, dieser Ansammlung von Amateuren zu gestatten, mir meinen wertvollen Flüssiginhalt abzuzapfen und außerhalb von mir zirkulieren zu lassen. Sie waren viel mehr darauf aus, mich zu verletzen, auf meiner Integrität herumzutrampeln und sie anschließend in den Ausguß zu kippen. Nach der venösen Explosion tat ich, was mir mein Selbsterhaltungstrieb eingab: Ich versuchte, mich auf mein geistiges Überleben zu konzentrieren. Ich durchstreifte in Gedanken die Körperteile, die physisch unangetastet geblieben waren und die immer noch bestens funktionierten. Meine Beine waren da, ich atmete und konnte problemlos meinen Kopf bewegen – dafür war ich dankbar. Meine beiden Arme klammerte ich dabei aus und hoffte einfach, man würde sie mir am Ende nicht amputieren müssen.

Eine Schwester holte unterdessen einen anderen Arzt, der in der Praxis sein Praktikum machte. Der wurde mir zwar namentlich nicht vorgestellt, machte aber einen sympathischen Eindruck, sah unverbraucht aus und hatte vor allem zierliche Hände. Nachdem das verbeulte Loch abgeklebt war und nicht mehr blutete, konnte es weitergehen. Dieser viel ruhigere Kollege traf auf Anhieb meine gute Zweitvene und stieß dort auf Blut. Dann war noch der linke Arm dran – der Arm mit den sich überlappenden und etwas abgeflachten Venen. Der erste Versuch mißglückte nicht ganz, der kurze Anschlußschlauch wurde langsam rot; zwar etwas zu langsam, wie jemand meinte (›Na, mal sehen …‹), man war aber erst einmal froh. Dann bekam ich – das gehörte zum üblichen Therapiestart – eine Portion des Blutverdünners Heparin verpaßt, um die Bildung von Gerinnseln zu verhindern. Durch den Nadelangriff wird der Körper nämlich in eine gewisse Kampfbereitschaft versetzt – bei der Therapie sollen aber keine Wunden heilen, man SOLL bluten. Über die Heparinmenge wurde ich nicht informiert. Die Maschine lief an, begann aber relativ bald zu nerven und piepte andauernd – die saugende Pumpe bekam nicht genügend Blut. Mein Arm wurde mit einem Stauschlauch zusammengezogen, die Venen quollen auf – und die Maschine war eine Weile zufrieden. Nur mein Arm wurde mit der Zeit blau. Nach der Lockerung mußte ich pausenlos einen Gummiring kneten, um den Blutfluß anzukurbeln. Der neue Arzt ging wieder, der Fleischberg meines Mißtrauens blieb.

Nach einer kleinen Entspannungsphase kamen die nächsten Probleme. Meine Zuarbeit mit dem Gummiring machte zwar Sinn, aber nur so lange, wie die Rückflußvene am anderen Arm das gereinigte Blut aufnehmen konnte. Der Druck in dem Rückgabeschlauch stieg bedrohlich an. Für die Filter und den ganzen Ablauf der Filterung war dieser Rückstau äußerst ungünstig. Man fummelte etwas an der Nadel, bewegte sie seitlich hin und her, zog sie ein bißchen weiter heraus. Daß die Lage ernst wurde, sah man den bedenklichen Gesichtern gut an. Alle studierten abwechselnd die Druckübersichten auf dem Bildschirm, sprangen wahllos zwischen diversen Tabellen hin und her, klickten wild an allen möglichen Knöpfen.

– Paß mal auf, der Plasmafilter geht langsam kaputt, sagte jemand, der platzt bald.

– Ja, weiß ich.

Die Maschine piepte wie verrückt. Statt sich aber meinen Nadeln zu widmen, suchte man in der Menüsteuerung hilflos nach irgendwelchen Bedienungstricks. Ich mußte mir dabei furchtbare Dialoge anhören:

– Wieso steigt der PPD1 immer noch, auch wenn ich die B-Pumpe herunterfahre?

– Weiß ich nicht.

Oder:

– Man hat uns doch erzählt, daß man die Plasma-Grenzwerte ruhig verstellen kann.

– Nein! Auf keinen Fall, die Kaskade reguliert sich alleine, mit dem FD2 muß man aber vorsichtig sein. Nur bis zu einem Drittel im Vergleich ...

– Ich glaube einem Viertel, oder?

Zu meinem weiteren Entsetzen begann die eine Schwester wild in ihren Notizen aus dem Lehrgang zu blättern; eine andere, die zusätzlich herbeigerufen wurde, durchforstete mit einem abwesenden und ängstlichen Blick den dicken Ordner mit der Gebrauchsanleitung. Das technisch hochgezüchtete Gerät ist in einer Streßsituation besonders schwer zu überblicken. Das Blut wird darin in Blutplasma und in die festen Bestandteile aufgespalten

und mit Hilfe von sechs Pumpen durch vier unterschiedliche Filter geleitet. Zu diesem Zweck ist er übersät mit unzähligen PVC-Schläuchen, Röhrchen, Druckabnehmern, Luftblasen-Meldern, sensorenkontrollierten Doppelkammern, Überlauf-Beutelchen, Bubblecatchern und so weiter. Oben an der Maschine hängen noch mehrere Beutel mit geheimnisvollen Flüssigkeiten. Alle für den Ablauf relevanten Übergänge, Mengenverhältnisse, Vermischungs-, Separations- und Filterungsstufen werden zwar überwacht, teilweise auch automatisch reguliert, irgendwann läuft ohne gezielte Eingriffe aber nichts mehr.
– Wir sollten jetzt vielleicht erst einmal in den Bypaß gehen, sagte der Bodybuilder.
Was das bedeutete, wußte ich. Das Blut würde einfach nur in Bewegung gehalten, würde aus mir langsam heraus- und dann in mich wieder hineinfließen, ohne gefiltert zu werden. Die Schwester mit den Notizen drückte jetzt wieder die gleichen Knöpfe wie vorhin, probierte die selben verdächtigen Manöver. Sie klemmte probeweise manche Schläuche ab und tat Dinge, die mir als erfahrenem Zuschauer völlig neu waren. Mutigen Chaoten standen hier viele Möglichkeiten offen. Ich schwitzte, und meine Nase begann fürchterlich zu jucken. Die Hiobsbotschaft folgte bald:
– Der Plasmafilter ist durch.
Plötzlich handelten alle ganz gezielt und schnell. Die Schwestern klemmten und schraubten meine Schläuche ab und schlossen die beiden Schlauchenden irgendwo an einem der oberen Beutel an, so daß sich jetzt mein abgezapftes Blut vollständig außerhalb von mir im Kreis drehte.
– Keine Angst, sagte das Kraftpaket, die geplatzte Stelle im Filter wird zugehen, und der Filter erholt sich wieder ... hat man uns jedenfalls erzählt.
– Ja, ja, ich weiß.

– Ihr Blut geht so und so nicht verloren, wir werden Ihnen alles wieder zurückgeben. Auch wenn es ganz und gar schiefgehen sollte – was hier zirkuliert, entspricht einer einfachen Blutspende.

Ich schwieg lieber, traute mich auch nicht, Ratschläge zu erteilen.

– Was machen wir jetzt? fragte der Arzt eher rhetorisch.

– Sie könnten die Rückgabenadel mit Heparin durchspülen, quetschte ich mir mit meiner heiser gewordenen Stimme ab, an der Spitze hängt vielleicht ein Gerinnsel.

– Stimmt, meinte er erleichtert.

Der Mann war wenigstens nicht bockig, hatte außerdem keine Lust, mich neu stechen zu müsssen. Die Nadel wurde durchgespült, und ich wieder angeschlossen. Die Therapie lief einigermaßen zügig an. Anschließend bekam ich (Kommentar: ›Der Fluß wird besser ...‹) wieder Heparin gespritzt, danach rüttelte das Kraftpaket ohne einen ersichtlichen Grund ausgerechnet an der soeben durchgespülten Nadel.

– Die Spitze liegt zu nah an der Innenwand, wir könnten vielleicht schneller fahren.

Leider häuften sich die Alarme bald wieder. Zu guter Letzt saugte sich die ANDERE Nadel irgendwann tatsächlich an der Innenwand der Vene fest, der Blutinput versiegte. Dem Unglücksraben ging dabei vielleicht ein Oberlicht zum Thema Unterdruck auf. Ich bekam unsinnigerweise einen weiteren Heparinbonus, ohne protestieren zu können. Erst danach schlug die Notizen-Schwester vor, die Schlauchanschlüsse zwischen dem linken und rechten Arm zu vertauschen.

– Stimmt, stimmt, klinkte ich mich ein, das hätte man schon längst probieren können.

Alle guckten mich synchron böse an. Als dieser Tausch kurze Zeit später in einem totalen Kollaps endete, sollte ich völlig neu punktiert werden. Wie aus heiterem Himmel tauchte der liebe und gutgelaunte Chef auf. Er teilte mir durch meine Abschottungsmauer mit, daß er mir die nutzlosen alten Nadeln bis zum Ende der Therapie in den Venen würde steckenlassen müssen.

– Wissen Sie, die Einstiche würden sich wegen der Heparinisierung nicht mehr schließen.

Ich nickte brav. Er war ein absoluter Stechprofi, leider wurde ich von ihm insgesamt vier- oder fünfmal neu gestochen, ich weiß es nicht mehr genau. Seine Stechtechnik war interessant. Er tauchte erst die schräge Nadelspitze in die Vene kurz ein und hob sie samt Haut etwas an, um ihren Verlauf sehen zu können – erst dann schob er die Nadel weiter in die Tiefe. Mit der ersten Nadel streifte er leider eine nicht ganz gerade verlaufende Vene von innen an – und die Nadel verstopfte sich. Inzwischen lungerten noch weitere Schwestern um meine Liege herum, der junge Arzt mit den zarten Händen schaute auch kurz vorbei – ich kam mir wie bei einer Reanimation in einer Fernsehserie vor. Irgendwann wurde der nutzlos herumstehende Möbelpacker losgeschickt, er sollte sich um die übrigen Patienten kümmern. Schon bald hörte man von weitem dumpfes Geheule.

In mich wurde unterdessen eine neue Nadel versenkt, die vorherige mußte wieder stecken bleiben. Weil mein Arm inzwischen mit Heftpflasterstreifen übersät war, sah die neue Nadel auch gleich wie fixiert aus – und der Arzt vergaß, sie festzukleben. Der angeschlossene lange Schlauch bohrte die lose Nadel bei der ersten zufälligen Schlauchverlagerung in die Venenwand. Kurz sah ich manchmal noch hin, teilweise aber nur wie ein unbeteiligter Katastrophentourist. Es gab neue Spülversuche an der Nadel, die Schläuche wurden immer wieder angeschlossen – und wieder abgeklemmt. Die Therapie lief zwar mit kurzen Unterbrechungen, trotzdem aber nur sehr langsam – »suboptimal«, witzelte der Arzt. Nach kurzer Zeit ging man auf mich mit etwas dünneren Nadeln zu, den sogenannten »Kindernadeln«. Der immer noch ruhige Arzt probierte erst einmal, eine schmalere Vene auf dem Unterarm anzuzapfen, dann noch eine etwas tiefer unter der Haut liegende auf dem Oberarm. Vor der Penetration wurde immer wieder kräftig auf die noch nicht lädierten Stellen geklopft, da das inzwischen ausgeschüttete Adrenalin auch die sonst gut sichtbaren Venen abtauchen ließ. Die ersten Stiche wären immer die besten, meinte jemand.

– Mit der Zeit ist es immer schwieriger, die Venen zu treffen, sie werden immer enger.

Die Kindernadeln, die man mir wiederholt stolz vorführte, sahen genauso dick aus wie die anderen, waren eben nur um 0,2 Millimeter dünner. Es standen immer noch viel zu viele Schwestern um mein Bett und die Maschine herum, daher gab es zwischen ihnen leichte Koordinierungsprobleme. Jemand ließ einen abgeklemmten Schlauch zu spät los, und die losgelassene Druckwelle ließ einen nächsten Einstich platzen. Die neue Beule war beachtlich – und die Nadel wieder unbrauchbar. Zu diesem Zeitpunkt war ich schon völlig apathisch und wollte überhaupt nichts mehr sehen. Ich ließ den Arzt und eine ganz neue, wie aus dem Nichts aufgetauchte Schwester an mir in Ruhe herumfummeln. Diese intelligente Frau hatte zwar noch keine Schulung absolviert, verstand dank einiger mitverfolgter Therapien die Maschine auch ohne irgendwelche Notizen. Die Behandlung ging irgendwann tatsächlich weiter. Neue Tragödien passierten zum Glück keine mehr. Nur noch eine kleine: Da die Therapie inzwischen über zwei Stunden dauerte, mußte ich irgendwann furchtbar auf die Toilette. Ich schwieg stolz und kämpfte mit mir. Um den Blutfluß zu verbessern, soll man vor der Therapie genügend trinken. Der

Blasendruck wurde unerträglich, ich begann zu schwitzen und wurde blaß.
– Ist Ihnen schlecht? Etwas ist los, rief eine der Schwestern. Er kippt uns weg!
– Ich muß unbedingt pinkeln.
– Halten Sie eine halbe Stunde noch aus?
– Nein. Nicht eine Minute.
Im Krankenhaus bin ich zwar schon einmal samt Nadeln pinkeln gewesen, beim Knicken der Arme kann man sich aber leicht die Venen von innen anbohren. Ich bekam eine Ente und die Erleichterung war himmlisch. Am Ende war das Gefäß so voll, daß meine vorhautlose Eichel in der warmen Brühe halbwegs eingetunkt war. Nachträglich beruhigte man mich.
– Die Harnblase platzt nie, meinte der Chef, der die Bedienung der Maschine mittlerweile gut beherrschte.
Zwischendurch sah ich mir die beiden Operationsgebiete auf meinen Armen immer wieder an. Sie waren voll von Nadeln mit blutgefüllten Plasteschwänzchen und sahen furchterregend aus – wie nach einer barbarischen Akupunktur oder einem okkulten Ritual. Sie hätten sich auch in einem Horrorfilm mit dem Titel »Angriff der blutsaugenden Killernadeln« gut gemacht. Dank meiner ausgestreckten Arme kam ich mir außerdem wie gekreuzigt vor. Irgendwann war die Therapie zu Ende. Die roten Reste aus der Maschine kamen langsam zurück in meine Hohlräume, und aus mir wurde nach und nach das gesamte Metall herausgezogen. Die Einstiche wurden mit elastischen blauen Staubändern festgezurrt. Ich kam mir wie eine Milka-Kuh vor – oder ein noch zu kreierendes Aral-Zebra. Auf der Toilette war ich endlich kurz allein. Im Spiegel sah ich mein gealtertes Gesicht.
Einige der Einstichlöcher waren leider auch nach zwanzig Minuten noch nicht dicht. Ich mußte immer wieder verbunden werden. Es dauerte und dauerte. Als man mich

auf die Waage stellte, zeigte sich, daß ich für mein Fliegengewicht viel zuviel Heparin bekommen hatte.
– Müßte sich aber bald wieder abbauen.
Mir war alles egal, ich kehrte langsam in die Realität zurück. Meinem rechten Ohr ging es deutlich besser. Trotzdem hörte ich beim ganz normalen Lauftempo immer noch, wie mir die Luft sturmgewaltig an den Ohrmuscheln vorbeirauschte. Schließlich verband man mir meine Arme mit vielen Schichten von Verbänden und rief mir ein Taxi. Ich war vollkommen geschwächt und ausgehungert. Während der Taxifahrt testete ich die Anziehungskraft der Erde, indem ich unauffällig meine Arme anhob und wieder fallen ließ. Ich hatte tatsächlich Probleme, sie gegen die Erdschwere zu stemmen. Ich konzentrierte mich beim Bezahlen und Aussteigen darauf, wie ein kompaktes menschliches Wesen zu wirken.

Das blutende Schwein

In der Wohnung bewegte ich mich im Schongang, die totale Erschöpfung wollte mich aber nicht verlassen. Ich saß herum, legte meine beiden nicht zerstochenen Beine auf einen Hocker, zum Essen fehlte mir noch die Kraft. Auf meinem linken Handrücken notierte ich mir nebenbei einige Aufgaben, die ich auf keinen Fall vergessen wollte. Auf dem Balkon überlegte ich mir, daß ich eigentlich nichts anderes tun sollte, als geduldig und energiesparend auf Anne zu warten und mein seelisches Gerippe über die Zeit zu retten. Anne müßte morgen oder übermorgen, spätestens in drei Tagen wiederkommen. Ich rief für alle Fälle ihre Mailbox an, verriet aber nur, daß es mir psychisch nicht so gut ging, und versuchte dabei, meine Stimme so harmlos wie möglich klingen zu lassen. Es war spätnachmittags. Ich wurde unwahrscheinlich müde, legte mich hin und sackte im Schlaf kurz, aber tief ab. Danach brauchte ich viel Tee, um zu mir zu kommen. Beim Teetrinken verschlang ich endlich zwei trockene Brötchen. Abends fühlte ich mich etwas ruhiger und nach dem Abendessen auch kräftiger. Um diese leichte Aufpäppelung zu nutzen, entschloß ich mich, etwas gegen das Chaos in der Wohnung zu unternehmen. Den Zustand meines Büros klammerte ich vorsichtshalber aus, angehen wollte ich lediglich die potenzierte Verwahrlosung in den übrigen Räumen – auch um mir den sicheren Ärger mit Anne zu ersparen. Dabei packte mich aber auch mein eigener Ehrgeiz. Zur Aufmunterung gab ich mir laute Anweisungen, die ich mir dann wie ein Kopilot noch einmal bestätigte.

Überall in der Wohnung lagen verstreute Kleidungsstücke, Bücher, nichterledigte Post, Einladungen, Broschüren und Prospekte, alte Zeitungen. Dazwischen ausgetrocknete Tassen und Gläser. Nach einigem sinnlosen Hin- und Hergetrage entschloß ich mich, etwas systematischer und zeitsparender vorzugehen. Wenn ich zum Beispiel meine da und dort über Stuhllehnen hängenden Hosen und Pullover zu meinem Kleiderschrank trug, schnappte ich mir unterwegs auch irgendwelche Tassen, die ich anschließend – nachdem ich sie irgendwo im Flur abgelegt hatte – auf kürzestem Weg in die Küche bringen wollte. Ähnlich und auch meist etappenweise transportierte ich herumliegende Bücher und Unterlagen zu den anvisierten Zielorten. Um dabei nicht jeden kleinen Gegenstand während der Paralleltransportaufgaben in der Hand halten zu müssen, hing ich mir einen Stoffbeutel um den Hals. Leider vergaß ich immer wieder, was in meinem Brustbeutel steckte, und trug einiges etwas länger und sinnlos hin und her. Trotz allem kam ich gut voran, die scheinbar wiederhergestellte Systemstabilität um mich herum tat mir ausgesprochen gut. Allerdings merkte ich viel zu spät, wie sehr mich die Arbeit anstrengte, und klappte am späteren Abend wieder zusammen. Meine Hände waren etwas blau angelaufen, ich schnürte sie mir beim Knicken der vielschichtig umwickelten Arme dauernd ein. Ich blieb noch eine Weile sitzen und sah dabei, wie das Display des Anrufbeantworters im Flur aufleuchtete. Es war aber weder der Klingelton noch irgendeine Stimme zu hören. Neben mir brannte plötzlich die Glühbirne einer Stehlampe durch.

Noch im Sitzen machte ich dann eine riesengroße Dummheit: Ohne an die großzügige Heparinisierung zu denken, zog ich mir ungeduldig die nur an einigen wenigen Stellen blutbefleckten Verbände von meinen Armen herunter. Daß aus mir an etlichen Stellen Blut strömte, sah ich erst, als ich von der Verschnürung fast vollständig befreit war. Ich wunderte mich über meine löchrige Oberfläche und dachte kurz über die Wirkungsweise von Heparin nach, das eigentlich kein Blutverdünner ist, sondern eine Art Blocker. Das Heparin unterbricht einfach an einem einzigen Punkt die wunderbar komplizierte Gerinnungskaskade, man wird auf einen Schlag zum Bluter. Ich zog mir einen Teil des Verbandes am rechten Arm wieder hoch, der blutigere Unterarm blieb aber frei und die Armbeuge undicht; der eigentliche Aderlaß geschah sowieso links. Ich sah mir kurz die auf dem Fußboden liegenden Verbände an. Manche Mull- und Zellstofftupfer waren vollkommen durchnäßt, manche wirkten ziemlich trocken. Die Einstiche, aus denen das Blut besonders lebhaft herauskam, sahen dank der sich dort bildenden Bluthäubchen riesig aus. Wahrscheinlich hatte ich mir einige der schon verschorften Einstiche nicht nur vollständig aufgerissen, sondern sie noch größer gemacht, als sie gewesen waren. Der Blutstrom war überall erstaunlich ergiebig. Eine Öffnung am linken Arm fiel mir besonders auf, die Farbe des Blutes wirkte dort gruftihaft schwarz. Ich ging langsam ins Bad, verlor unterwegs in schneller Folge und beidseitig große dunkle Tropfen. Im Bad war wieder mal kein Zellstoff und keine Watte zu sehen, ich fand nicht einmal Zellstofftaschentücher. Auf die Wunden etwas wenig Steriles wie Waschlappen oder benutzte Handtücher zu legen, traute ich mich nicht. Aus Ratlosigkeit nahm ich dann ein Stück Toilettenpapier. Der längere Streifen riß aber nicht nur sofort, das saugfreudige Material war augenblicklich durchnäßt und zutschte an mir gierig weiter. Das Blut wollte offensichtlich um jeden Preis an die frische Luft. Die nächsten Versuche mit verschwenderisch vielem Klopapier mißglückten. So etwas wie einen Stauschlauch mit Schnellverschluß, wie ihn die blutzapfenden Schwestern täglich nutzen, hatte ich nicht.

Inzwischen war nicht nur der bunte Badezimmerläufer mit Blut vollgekleckert, sondern auch meine Hose und Socken. Mein T-Shirt sowieso. Ich stand da und war wieder beim Überlegen. Für das Verschließen der vielen Stiche hätte ich immer wieder trockene Tupfer anlegen und sie längere Zeit mit den Gummibändern abwürgen müssen. Und man hätte dabei systematisch von unten nach oben vorgehen müssen, um nur die schon abgeschnürten Stellen dem anschwellenden Blutstau auszusetzen.

Auf meiner weiteren Wanderschaft durch die Wohnung geriet ich zu meinem Erstaunen nicht in Panik. Ich zog mir meine Hose aus, schmiß sie im Flur in Richtung Telefontisch und lobte mich und Anne nebenbei, daß wir alle Arten von Teppichen nicht mochten. Ich ging mit den zusammengeklappten Armen, von denen blutige Toilettenpapierklumpen hingen, ins Wohnzimmer. Dort fand ich endlich Zellstofftaschentücher, und als ich einen der Wäscheschränke aufriß, entdeckte ich auch noch Verbandszeug. Als erstes legte ich mir eine halbe Packung Taschentücher auf die größte Wunde – dabei auch auf einige der kleineren – und klappte den einen Arm wieder zusammen. Die restlichen Taschentücher schob ich mir unter Verrenkungen in die andere Armbeuge. Ich kam aber sofort wieder ins Grübeln, wie ich mir überhaupt mit einer Hand – und zwar unter gleichzeitiger Spannung – einen Verband um den gegenüberliegenden Arm würde wickeln können. Eine lockere und durchnäßte Auflage würde an mir wieder nur saugen wollen.

Im Haus jemanden um Hilfe zu bitten kam nicht in Frage, und die liebe Frau Schwan schied aus hygienischen Gründen aus. Auf die Straße zu gehen wäre auch Unsinn, weil fremdes Blut seit Aids das letzte ist, was die Menschen gerne anfassen. Ich saß auf dem Fußboden und wartete. Irgendwann kam mir die rettende Idee, an deren Ankunft ich nicht gezweifelt hatte. Ich drückte mir mit dem Kinn die Taschentücher gegen die rechte Armbeuge, kramte einige Mullbinden und zwei alte, sicher schon mehrmals benutzte elastische Verbände aus dem Schrank und ging ins Büro, wo ich immer noch meinen zum Glück nicht abmontierten Schraubstock hatte. Ich schob mir den linken Ellbogen mit den Taschentüchern zwischen die Schraubstockbacken, leierte mir den Arm vorsichtig fest – und schob den Anfang einer Mullbinde dazwischen. Dann konnte ich mir die erste Rolle fest und mit etwas Zug um den Arm wickeln. Ich war begeistert. Natürlich begann in dieser Zeit der rechte Arm wieder furchtbar zu bluten, der Anfang war aber getan. Ich konnte den linken Arm nach und nach aus der Umklammerung hinausbewegen und ihn weiter sichern. Am Ende dieser ersten Runde hatten sich an dem Verband nur wenige größere Flecke gezeigt. Es sah vorläufig gut aus. Ich holte mir eine neue Packung Taschentücher und dichtete mich nach und nach auch rechts ab. Die besonders in die Breite suppenden Stellen wickelte ich wieder auf und legte sie noch einmal trocken.

Weil ich die Ellbogen schwer biegen konnte, war die anschließende Beseitigung der Blutspuren in der Wohnung ziemlich anstrengend. Ich, das sich selbst schlachtende Schwein, mußte mich nach der Aktion eine Weile ausruhen. Bis zur Ankunft von Anne würde ich aber schon durchhalten, hoffte ich jedenfalls. Daß ich den Rettungsdienst hätte anrufen können, war mir gar nicht eingefallen. Anne warf es mir hinterher wütend vor, verstand mich gar nicht.

– Wieso Kleinigkeit! Es war doch keine Kleinigkeit!

– Ich konnte sowieso nicht telefonieren, ich floß aus! Und kein Arsch weiß, was Apherese ist.

– Na und? Du hast dich wieder nur geschämt, gibt's zu.

– Nein! Hier sah es aber tatsächlich furchtbar aus; die hätten gar nicht kapiert, was mit mir los war.

Schlafen gehen wollte ich vorerst nicht. Ich sah längere Zeit fern, obwohl ich mir dabei wie ein Kretin oder eine andere Art von Mensch vorkam. Trotz der pausenlos präsentierten Peinlichkeiten schien sich niemand aus dem Fernsehinferno vor den vielen möglichen Zeugen, unter denen auch Freunde oder Bekannte hätten sein können, sonderlich zu schämen. Ich saß in meinem Korbstuhl und begutachtete mich still. An mir war nach wie vor alles dran, nur meine Haut kam mir als Schutzschicht viel zu dünn vor. Ich glotzte lange ins Leere, als ob sich die vielen abstrakten Unklarheiten um mich herum optisch einfangen ließen. Was meine zerstochenen Arme betraf, wußte ich, daß ich sie morgen würde wieder befreien und problemlos bewegen können. Wie ich mich aber sonst in Ordnung bringen sollte, war mir schleierhaft. Ich saß da wie ein Behinderter ohne Rollstuhl oder wie ein Rollstuhldesperado, von dessen apokalyptischem Ritt seine Umgebung noch nichts ahnte.

Obwohl es schon ziemlich spät war, fast elf, wollte ich wegen meiner inneren Unruhe noch nicht ins Bett gehen. Ich wunderte mich, daß Anne nicht versuchte anzurufen; eigentlich war es mir aber ganz recht. Ich stöberte kurz in meinem Büro, überlegte, womit ich den morgigen Tag am besten beginnen sollte – ich sah aber nur beängstigende Trümmer, Systematik-Torsos und diffuse Ordnungsinseln. Wo meine unvollendete Aufgabenliste lag, wußte ich nicht mehr. Der Impulsgeber hörte leider nicht auf, in mir zu ticken, und der Brief des doppelten Doktor Horn spukte auch weiter in mir. Auf der Toilette lobte ich mich nebenbei, wie bescheiden ich geworden war – beim Pinkeln war ich stolz, wie unproblematisch ich mich entleeren konnte. Die Aufgabenliste fand ich schließlich neben dem Korbstuhl, überflog sie kurz, ohne die einzelnen Posten wirklich zu verstehen, und ging noch einmal ins Büro. Ich entschloß mich, wenigstens eine einzige

Sache kurz anzugehen – und zwar die erste, die mir ins Auge fallen würde. Dann würde ich ins Bett gehen. Ich schnappte mir mehr oder weniger zufällig einen kleinen Stapel von Briefentwürfen aus der entsprechenden Ablage. Beim Lesen genoß ich wenigstens die Bewunderung für mich als denjenigen, der sich noch vor gar nicht so langer Zeit so kompliziert, präzise und souverän hatte ausdrücken können – zu mehr, als mich zu bewundern, war ich leider nicht in der Lage. Nach der Lektüre blickte ich irritiert wie ein Antragsteller auf, der Fragebögen einer gnadenlosen Behörde in der Hand hält, und akzeptierte endlich, daß ich für mein Büro im Moment eine absolute Fehlbesetzung war. Danach entschloß ich mich, spazierenzugehen. Draußen merkte ich aber erst recht, in welchem Zustand ich mich befand. Ich fühlte mich der nächtlichen Leere schutzlos ausgeliefert. Alle kosmischen Geheimnisse strömten in mich mit voller Wucht hinein. An der Kreuzung bei der Kirche sah ich für diese Zeit ungewöhnlich viele Menschen herumlaufen und war gierig zu wissen, was jeden einzelnen vorantrieb. Ich erfuhr aber nichts. Die Szenerie mit den vielen anonymen Läufern wirkte gleichzeitig unglaublich friedlich. Ich bog schnell in eine Seitenstraße und nahm einen kleinen Umweg zum Park. Daß ich dabei die nächsten zielstrebigen Marschierer traf, störte mich maßlos. Trotz x Promille Alkohol waren sie im Moment garantiert heller im Kopf als ich, trugen sicher irgendwelche Terminplaner oder Notizblöcke bei sich und hatten ihre komplizierten Lebens- und Tagesabläufe gut im Griff.

Als mir meine blutige Hose im Flur auffiel und ich sie ins kalte Wasser legen wollte, entdeckte ich zum zweiten Mal – und jetzt etwas hirnrindenintensiver – den blinkenden Anrufbeantworter. Um nicht gestört zu werden, mußte ich ihn irgendwann nach der Rückkehr aus dem Krankenhaus stummgeschaltet haben. Auch der Klingelton des Telefons war abgeschaltet. Anne hatte bereits zweimal angerufen. Sie würde morgen gegen zwei Uhr nachmittags in Berlin landen – und wollte natürlich abgeholt werden. Ich lag dann im Bett und hoffte auf die kommende Müdigkeit. Ich nahm eine halbe Radedorm aus einer abgegriffenen Packung, fühlte nach einer Viertelstunde die Schwere und Wirrnis kommen, aber auch meinen Widerstand, der mich am Wegtreten hinderte. Etwas kämpfte in mir ganz vehement und wirbelte mich nach kurzem Absacken wieder auf. Als die Wirkung der Tablette nach etwa einer Stunde nachließ, gab ich es auf. Auf dem Videorecorder sah ich die genaue Zeit vor mir. Es war halb drei, ich saß auf dem Bettrand und wartete im Grunde nur noch auf Anne. Sie würde mir schon sagen, was zu tun war. Zu diesem Zeitpunkt tat sie mir noch nicht leid. Ich hatte die naive Vorstellung, mich bald wieder zu erholen. Ich rief sie auf ihrem Handy an, da es ziemlich sicher war, daß das Gerät ausgeschaltet sein würde. Ich sprach wieder kurz auf die Box, daß ich mich auf sie freute, leider etwas überarbeitet wäre – und zum Flughafen nicht würde kommen können.

Weil ich mich am nächsten Tag nicht als ein völliges Wrack präsentieren wollte, suchte ich nach einer ausreichenden Menge Schlaftabletten. In einer Pillentruhe fand ich eine halbleere Schachtel von ominösen, auch etwas älteren Exemplaren ohne Beipackzettel, vor denen mich Anne einmal gewarnt hatte. Sie meinte, sie wären zu stark für mich. Ich nahm vorsichtshalber zwei Stück, schlief dann tatsächlich sehr tief ein und wachte erst am späten Vormittag auf.

Der Schuß

Der nächste Vormittag war typisch für viele kommende Vormittage. Am liebsten hätte ich mich in ein Sanatorium oder ein Krankenhaus begeben. In Krankenhäusern fühlte ich mich immer unglaublich wohl, manchmal sogar überschwenglich glücklich, und hatte dort immer Glück mit dem Personal. Ich wurde lieb umsorgt, war frei von Pflichten; außerdem taten mir die regelmäßigen Abläufe sehr gut. Jetzt machte mich der Gedanke halb verzweifelt, Brot kaufen gehen zu müssen; die vertrockneten Reste konnte ich Anne nicht vorsetzen. Der Anblick anderer Menschen auf der Straße lenkte mich anschließend etwas ab, und ich brach nicht zusammen. Die anderen kollabieren beim Gang zum Bäcker auch nicht andauernd, dachte ich. Das hätte ich in unserer Gegend, die mit Bäckerläden übersät ist, längst mitbekommen müssen. Alle, die ich sah, bewegten sich mit unglaublicher Leichtigkeit, schienen mit ihren Besorgungsaufgaben ausgefüllt zu sein, wirkten beeindruckend erdverbunden. Einige beschäftigten sich geduldig mit ihren Hunden.

Nach dem erfolgreichen Brotkauf schlich ich langsam nach Hause. Auf den etwa dreihundert Metern Straße, die ich noch zu bewältigen hatte, tummelten sich aktuell zwei Kategorien von Menschen. Den Telefonkabelziehern beziehungsweise Maurern auf einem Gerüst sah man an, was sie vorhatten, mit den anderen, verdeckt handelnden Gestalten hatte ich, wie gestern nacht, größere Schwierigkeiten. Dabei gibt es auf der Welt noch viel gefährlichere Individuen – und zwar solche, die einem direkt übelwollen. Den radfahrenden Halbstarken, der in meine Richtung fuhr, sah ich schon von weitem. Er hätte eigentlich in der Schule sein müssen und paßte nicht ganz in das Vormittagsbild der Straße. Mir fiel noch auf, daß er sich überhaupt nicht beeilte. Er schaute sich ruhig um – eben wie einer, der seine Freizeit genießt. Nur seine Kopfhaltung wirkte ungewöhnlich steif. Ich hörte kurz auf, ihn zu beachten, bis ich das Gefühl bekam, er führe gezielt auf mich zu. Plötzlich trat er verstärkt in die Pedale und schaute mich ganz intensiv an – als ob ich so etwas wie ein geeignetes Opfer wäre. Ich verstand ihn nicht, prüfte den seltsamen Ausdruck in seinen Augen, dann seine sich zusammenziehende Mundpartie – und da flog schon ein riesiger dicker Klops seiner angesammelten Spucke auf mich zu. Ich erschrak, machte zum Glück aber unwillkürlich noch ein, zwei Schritte nach vorn. Mich instinktiv zu bücken, schaffte ich nicht. Aber der Bursche, der seine Spuckkunst wahrscheinlich an mir ausprobieren wollte, war kein Profi und traf mich nicht. Offensichtlich hatte er die kurzfristige Fahrbeschleunigung in seine ballistische Kalkulation nicht einbezogen beziehungsweise damit gerechnet, daß ich im Augenblick des Schusses erstarren würde. Mich trafen also nur vereinzelte Tröpfchen, und der Hauptklecks klatschte weit hinter mir auf den Bürgersteig. Die Tröpfchen, die mich getroffen hatten, wischte ich mir schnell mit dem Ärmel vom Gesicht, dann noch einmal mit dem anderen Ärmel und anschließend mit einem Taschentuch. An meiner linken Schulter entdeckte ich auch einen kleinen Irrläufer. Ich sah den Verbrecher davonrasen und begutachtete noch kurz den riesigen Fleck auf dem Bürgersteig.

– Haben Sie das gesehen? entwischte es mir, als ein älterer Mann vorbeikam.

Ich wollte zwar keinen Kontakt zu Fremdpersonen, suchte auch keine Unterstützer für einen Nahkampf. Vielleicht hoffte ich auf einen hellsichtigen Erklärungsversuch. Der Mann reagierte aber nicht und ging weiter. Dann erst stieg die richtige Wut in mir hoch. Den Fahrradfahrer hätte ich ausgesprochen gern gefaßt und ihm spontan seinen schleimigen Mund breitgetreten. Noch Monate später phantasierte ich die möglichen Abläufe nach der Spuckattacke immer wieder neu. Als er an mir vorbeirauschte, fuhr er zwar schon schneller als zuvor, fuhr aber nicht wirklich schnell. Und wenn ich sofort durchgestartet und kräftig beschleunigt hätte, hätte ich ihn sicher eingeholt. Ich hätte ihn mir geschnappt und ihn zum Sturz gebracht. Dann wäre ich mit meinen Füßen auf ihn losgegangen, ich hätte getrampelt und dabei keinen großen Unterschied zwischen Knochen, Fleisch oder Fahrradteilen gemacht.

In dieser Zeit begann ich mit meinen imaginären Schießübungen. Ich schoß entweder mit einem wuchtigen Gewehr auf weit entfernte anonyme Gestalten vor meinem »inneren Auge« oder mit einer großkalibrigen Pistole auf genauso imaginäre und unschuldige Personen aus nächster Nähe. ›Peng‹ in den Brustkorb, ›peng‹ in den Schädel. Schüsse mit einer abgesägten Schrotflinte waren ebenfalls auf der Tagesordnung. Ich mußte dabei keine konkreten Menschen aus dem Fenster beobachten. Das wäre eher störend gewesen. Beim Abfeuern mußte ich auch keine konkreten Gesichter irgendwelcher Gegner vor mir sehen. Nur dieses ›peng‹ war mir wichtig, der Moment des Schusses, der Knall an sich, das Abdrücken – nicht die Folgen. Ich sah keine zerfetzten Schädel, keine quellenden Eingeweide oder ähnliches. Kein Blut, keinen Bauchraumbrei, keine Gehirnspritzer. Ich war trotzdem knallhart. Ich schoß ohne Vorwarnung und ohne auf Entschuldigungen, Erklärungen oder auf Betteleien zu warten. Auf Diskussionen hätte ich mich sowieso nicht eingelassen. Nur ich war befugt zu sprechen – also das Urteil zu verkünden; und ich sagte einfach nur ›peng‹. Ein zweiter Schuß war in der Regel nicht nötig.

Zu Hause wusch ich mir gründlich das Gesicht, kontrollierte meine Kleidung und das Brot, entdeckte an mir aber keine weiteren Schleimspuren. Obwohl an wirkliches Arbeiten nicht zu denken war, wollte ich mich nach dem Frühstück irgendwie beschäftigen – und fand in der Wohnung trotz der gestrigen Aktion immer noch etwas, was geräumt werden konnte. Meine Panik ließ leicht nach, der Druck in meinem Kopf verstärkte sich aber bald wieder. Ich war wie getrieben und faßte beim Räumen leider auch Dinge an, die schon seit Jahren in irgendwelchen Ecken ihren festen, mir und Anne bekannten Platz hatten. Die neuen Plazierungen würde ich bald wieder vergessen und die potentiellen Desiderata in der Zukunft bestimmt an den alten Standorten suchen. Mein Tun war ein einziger Fehler.

An jenem Tag war ansonsten nur eine Sache abzusagen – ein Treffen mit einem Mitarbeiter des gesundheitspolitischen Sprechers der Grünen im Abgeordnetenhaus. Ich saß da und glühte vor Aufregung. Nach einer halben Stunde Vorbereitungszeit war ich soweit. Am Telefon war ein mir unbekannter, sehr angenehmer Mitarbeiter des Herrn Abgeordneten, und das Gespräch verlief reibungslos. Er würde gleich ausrichten, daß ich krank sei und nicht kommen könne. Terminlich sehe es dort im Büro momentan auch nicht so rosig aus. Wir vereinbarten daher auch kein neues Treffen. Nach dem Gespräch war ich vollkommen erledigt. Ich trank eine ganze Menge Wasser aus der Leitung und saß still herum. Irgendwann sah ich auf dem Display des Videorecorders, daß es schon halb eins war. Meinem Zeitgefühl entsprach das zwar überhaupt nicht, ich war aber froh, daß die Ankunft von Anne nahte.

Sie raschelte kurz mit den Schlüsseln, kam rein und schaute mich streng an. Sie war eindeutig sauer. Sie lächelte dann aber trotzdem freundlich, ich versuchte ihr Lächeln zu erwidern.
– Was war los? Mit dem Telefonieren war das die reine Katastrophe, du gingst nie ran!
– Mir geht es nicht gut.
– Wie denn, was heißt das? fragte sie bemüht unschuldig.
– Schlecht eben. Erzähl aber du erst einmal.
Sie fing an zu erzählen, hörte dann aber bald wieder auf.
– Warum guckst du so tragisch?
– Ich hab mich überarbeitet, sagte ich und dachte schon im voraus an ihre üblichen Sprüche, die sicher kommen würden: ›Du hättest ... du mußt ...‹
Sie überraschte mich aber:
– Dann machst du eben eine Pause und ruhst dich aus.
– Ich hab einen richtigen Zusammenbruch, Anne. Einen kleinen, aber doch einen.
– Und was heißt das?
– Ich bin völlig fertig, mir ist alles zuviel.
– Mensch! Ich bin kurz nicht da – und gleich passiert was! Wenn es dir nicht gutgeht, mußt du dich eben bremsen! Und du darfst vor allem nicht nachts arbeiten. Das kennst du doch schon!
– Ich muß, glaube ich, wieder ins Bett.
Das war die Rettung. Ich konnte mich jetzt endlich fallen lassen. Anne schaute mich ernst an, verzichtete aber drauf, mich weiter auszufragen.
– Okay. Laß alles liegen, ich bin jetzt da. Ich muß erst einmal auspacken und telefonieren.
Kurz danach erzählte ich ihr von meinem Hörsturz. Sie wirkte leicht entgeistert, machte dabei, glaube ich, ein noch schlimmeres Gesicht als ich. Zwischendurch ging

sie in die Küche und entdeckte zufällig die blutigen Verbände im Mülleimer. Danach wirkte sie ausgesprochen ratlos. Wir schwiegen eine Weile. Als ich ihr die Spuckszene schilderte, fing sie wieder an, sich wortlos mit ihren Habseligkeiten zu beschäftigen, und sie ging nicht ans Telefon, obwohl es schon zum zweiten Mal geklingelt hatte.

– Warum sagst du nichts?

– Was würdest du dazu sagen, verrate es mir mal!

Nach einer kleinen Pause traute ich mich, ihr weitere Einzelheiten über die gestrige Blutorgie zu schildern. Ich zeigte ihr auch meine verbundenen Arme, an denen man an mehreren Stellen – der Verband verrutschte da und dort – die ersten Blutergüsse sah. Es war ihr zuviel.

– Wir brauchen neue Schlaftabletten, sagte ich.

– Wie fühlst du dich genau, was für ein Gefühl ist das?

– Das ist wirklich die Frage.

Es war wunderbar, daß sie da war. Ich erzählte ihr noch einiges aus den letzten Tagen, im Grunde beschrieb ich aber nur rein äußerlich meine vielen, teilweise überflüssigen Aktivitäten. Ich plapperte und plapperte weiter. Wir waren es nun mal gewöhnt, nach solchen Trennungen alles durchzuhecheln. Anne unterbrach mich aber.

– Was fühlst du so, sag doch mal!

– Es ist ganz komisch, so etwas kannte ich bislang nicht. Vielleicht werde ich verrückt.

– Mach keine Witze!

– Ich kann das alles nicht beschreiben. Ganz normale Überarbeitung ist das nicht, es ist etwas Hochwertigeres. Ehrlich gesagt, ist eine furchtbare Art Angst dahinter, denke ich jedenfalls. Ich wollte dir darüber eigentlich nicht viel erzählen. Erst später vielleicht. Ich habe auch gehofft, es würde sich irgendwann über Nacht wieder auflösen.

– Verrückt heißt aber doch nicht blöd, oder?

– Wie meinst du das?

– Ich meine, daß du in der Lage sein müßtest, mir deinen Zustand zu schildern.
– Auf jeden Fall ist diese Angst eine besondere. Wenn einen zum Beispiel ein Besoffener verprügeln will, fühlt man sich anders. Oder wenn auf dich ein großer Hund zurennt – das magst du doch besonders.
– Wir sprechen über dich.
– Mir ist jede Kleinigkeit zuviel, mir wächst alles sofort über den Kopf.
– Aber das ist doch nicht so neu, oder? Und an sich gar nicht so schlimm.
– Hört sich etwas harmlos an, du hast recht.
– Andere würden dich überhaupt nicht ernst nehmen – so wie du darüber sprichst.
– Es ist eine Art Panik, und ziemlich extrem. Ich kann mir keine auch noch so kleine Aufgabe vornehmen. Und ich hab eine wahnsinnige Schwere auf der Brust. Ich wollte mir unbedingt die Haare waschen, weil du meine Fettfrisuren so häßlich findest; es ging aber nicht.
– Deine Haare sind mir jetzt ziemlich egal.
– Wenn man mich hier im Bett so sieht, mache ich keinen so schlechten Eindruck, oder?
Ich lag da, hörte Anne herumlaufen, hörte, wie sie ihre Sachen ordnete, telefonierte und dabei sogar kurz auflachte. Es war mehr als beruhigend. Dann kam sie wieder.
– Es wird dir wieder besser gehen. Auch mit dem Hören. Ich werde mich erkundigen, was man da noch tun kann.
– Leider kann ich mir gar nicht vorstellen zu arbeiten.
– Meinst du jetzt deinen Kassenkampf oder richtig arbeiten?
– Egal. Beides. In diesem Zustand kann ich überhaupt nichts tun, gar nichts.
Sie legte sich zu mir und sah mich so an, als ob ich der Mensch wäre, der ich davor gewesen war.

– Ich kann dir kurz etwas beschreiben, was in mir ist, sagte ich, mir kam gerade eine ziemlich helle Idee.
– Sag mal.
– So richtig klar wird das alles aber trotzdem nicht, erwarte nicht zuviel.
– Ich will es trotzdem hören.
– Also diese Art Verrücktheit ...
– Du bist nicht verrückt!
– Es war aber furchtbar, es war grauenhaft.
– Trotzdem bist du nicht verrückt. Mach mir bitte nicht noch mehr Angst als nötig.
– Also: Diese Art Gefühl kann man wie eine dünne Schicht zusammengepreßter Hitze beschreiben, die unter der Kopfhaut glüht. Es ist wie ein Hitzeschutzschild, der sich um den Kopf spannt, und zwar ganz knapp unter der Haut. Das ist es.
– Verarschst du mich?
– Nein, es ist tatsächlich wie eine Hülle, die einen von allen Außendingen abschirmt. Man möchte sich zwar ganz gern etwas abschotten, also bewußt, meine ich; die Hülle macht es aber schon von sich aus. Die Haut ist wie unter Strom, beeinflussen kann man das nicht.
Anne guckte mich konzentriert an, machte dabei aber einen wenig intelligenten Eindruck.
– So ist es, Anne, ziemlich genau so und nicht anders, glaub mir – und so schön und mit so klaren Worten könnte es dir nicht jedermann beschreiben.
Sie fing dann leider an, in mein Kissen zu heulen.
– Ich kann das alles nicht hören. Wir müssen uns mit jemandem beraten.
– Du mußt mich einfach den ganzen Tag küssen.
– Hör jetzt auf mit deinen Scheißwitzen!
– Okay, sagte ich und wischte ihr mit der Hand die schlimmsten Tränen weg.
– So schlimm wird das alles vielleicht nicht sein, oder?

– Möglicherweise.

Sie ließ mich dann wieder allein, und ich dachte weiter an meinen Hitzeschild und daran, wie ich mich gestern auf der Straße gefühlt hatte. Und ich bastelte mir nach und nach eine kleine Theorie zusammen. Dank dieser Schutzschicht, dachte ich, schafft sich die Seele einen inneren Raum, in dem eine relative Ruhe herrscht. Das wird der tiefere Sinn der Sache sein.

– Anne! Ich bin draufgekommen, komm bitte.

Sie kam, sah mein siegreiches Lächeln, wedelte aber sofort ablehnend mit ihren Ärmchen.

– Hör auf zu lächeln, bitte.
– Mir geht es viel besser.
– Ich will trotzdem nichts weiter hören.

Ich versprach ihr, ganz brav zu sein, konnte aber nur vor mich hinglotzen. Etwas in mir wartete darauf, daß alles auf einen Schlag vorbeigehen würde – so, wie es gekommen war. Leider kam ich mir mit der Zeit wie ein auf Atmung reduzierter Blasebalg vor. Zwischendurch dachte ich noch an einige Szenen aus dem gestrigen Blutspektakel und daran, daß ich in dieser Praxis noch einige Male würde erscheinen müssen.

– Anne! Daß die ganzen Apheresestudien nicht stichfest sind, ist eine Katastrophe, ist dir das klar? Ich müßte unbedingt Strongarm und Boriati in den Staaten anmailen.

– Laß das bitte alles sein.
– Anne?
– Ja?
– Was soll aus dem Witzbold und großen Textbastler noch werden?
– Wenn du dich meinst, gehst du mir auf den Wecker. Du sollst mich nicht ärgern.

Ich lag da, die Zeit verging immer langsamer. Schon als Zeitvertreib hätte ich meine neuen psychodeskriptiven Theorien gern jemandem offenbart – es hätte nicht unbedingt Anne sein müssen. Aber eigentlich hatte ich zum Erzählen nicht übermäßig viel Material. Ich hätte jemandem, der auf der Suche nach Inspiration oder sonstwie abseitigen Erlebnissen wäre, nicht viel bieten können. Wenn das, was in mir im Gange war, der beginnende Wahnsinn sein sollte, dann wurde das, was im allgemeinen so genannt wurde, dümmlich glorifiziert. Die Leute wissen wahrscheinlich nicht, wovon sie reden. Dieses langweilige Brüten war furchtbar leise und ereignislos und zum Aufgeilen vollkommen ungeeignet. Der wenig aufregende Satz ›Mir geht es nicht gut‹ ist gar nicht mal so übel, dachte ich. Eigentlich enthält er schon alles.

Die Engelsstimme

Am nächsten Vormittag rief Anne eine Freundin an, die früher mal in der Psychiatrie gearbeitet hatte, und bat sie, vorbeizukommen. Als sie eintraf, hörte ich die beiden lange miteinander reden. Es war angenehm und beruhigend. Ich habe im Gegensatz zu vielen anderen in der Welt nicht übermäßig viel dagegen, meinen Nächsten zur Last zu fallen. Frauen, die sich um mich Sorgen machen und mir alles Gute und Beste wünschen – das bin ich von klein auf gewöhnt, ich kann es jedem nur empfehlen. In meiner Kindheit waren es sogar drei bis sechs Frauen, die sich um mich bemühten und für mich alles taten, was ich mir nur wünschte. Ich wurde erst 1960 geboren – war also relativ spät dran; und ich war in der ausgedünnten Verwandtschaft weit und breit der einzige männliche Nachkomme. Irgendwann war die Beratung der zwei starken Weiber abgeschlossen, und Anne erschien in der Tür. Ihre Freundin telefonierte noch kurz und verließ die Wohnung. Wie ich von Anne erfuhr, ging sie zu einem Bekannten, dem es oft ähnlich mies ging – und wollte sich mit ihm beraten, eventuell ein paar Tabletten zum Ausprobieren holen.

– Das Anstrengende an diesem Zustand ist, daß man dauernd versuchen muß, den nackten Kern in sich zusammenzuhalten, wenigstens den ...
– Du erschreckst andere ganz gern, gib's zu.
– Nicht unbedingt.
– Deine allerliebste Großmutter hast du noch als Erwachsener auch dauernd geärgert.
Irgendwann kam Annes Freundin wieder – mit den Pil-

len und guten Nachrichten. Draußen spüre man, meinte sie, daß der Winter am Rückzug sei. Und die Tabletten müßten genau das richtige sein. Einen Beipackzettel brachte sie leider nicht mit. Das Präparat kam aus den Staaten, die Schachtel sah vom Design her beeindruckend aus, das Layout war vollkommen und das Firmen-Logo typographisch wunderbar gelöst. Bei den Amis leistet sich so etwas jede kleinste Firma. Bestellen konnte man die Wunderdroge im Internet über Holland. Sie sollte viel besser sein als das allseits bekannte Prozac. Ich schluckte die erste Ladung.

Den anonymen Tablettenspender kannte ich nicht, vielleicht war er ein seelischer Elefant oder ein orthodoxer Chemieanbeter. Für mich war die Tablette jedenfalls ein Hammer. Ich wurde zwar bald ausgesprochen ruhig, auf diese Art Ruhe hätte ich aber gern verzichtet. Zu Kotzversuchen war es zu spät, und die katastrophale Wirkung zu verschlafen ging leider auch nicht. Ich wurde nicht wirklich müde, war aber auch nicht ganz wach, fühlte mich von der Außenwelt rigoros abgeschirmt – wie durch eine steife Schleierwand. Was mir nebenbei dank meines schwerfälligen Nachdenkens – »nach dem Denken« – im Kopf noch hängenblieb, war als Denkprodukt nicht brauchbar. Meine Restkräfte mobilisierte ich wenigstens dazu, mich streng zu überwachen.

– Das Zeug wirkt nicht gleich so, wie man es erwartet, hat der Mensch gesagt. Man muß es eine ganze Weile durchhalten, die positive Wirkung setzt sich erst später durch.

– Und wie lange dauert das?

– Drei, vier Wochen.

– Um Gottes willen! Das halte ich niemals aus.

– Dann nimmst du eben nur zwei am Tag, nicht drei.

– Wie sehe ich aus?

– Ganz normal.

Ich legte mich lieber richtig ins Bett, schlief am frühen

Abend sogar ein. Mitten in der Nacht wachte ich auf, hielt die Unbeweglichkeit um mich herum nicht aus und ging um zwei Uhr morgens spazieren. Anne schlief hinten und bekam nichts mit. Beim Frühstück guckte sie mich vorsichtig an, ihr Anblick tat mir gut, und ich lebte etwas auf. Mir ging es also BESSER.
– Geht es dir besser?
– Ja, besser, sagte ich und meinte es auch so.
Es lag sicher auch daran, daß ich hoffnungsvoll auf den rettenden Zugriff eines Spezialisten wartete – dieser Mensch mußte an diesem Tag unbedingt gefunden werden. Anne ließ mich allein, hängte sich ans Telefon und teilte mir nach etwa einer Stunde mit, daß sie durch mehrere qualifizierte Empfehlungen jemanden gefunden habe: Dr. Brakwart, einen Psychiater. Und weil ich offensichtlich eine akute Krise hätte und eine sofortige ›Intervention‹ – den Ausdruck hatten sie von ihm – bräuchte, bekam ich gleich heute nach seiner Sprechzeit noch einen Termin. Ich müsse aber zurückrufen.
– Ich kann nicht telefonieren.
– Du mußt. Den einen Anruf wirst du schon schaffen. Die warten dort darauf.
– Wer?
– Seine Sprechstundenhilfe.
– ACH, WUNDERBAR, GUT, DASS SIE SICH MELDEN! juchzte mich eine grenzenlos nette Person an. Sie wußte sofort, wer ich war. Ihre Begeisterung, ausgerechnet mich zu hören, war überwältigend, ihre Stimme voller wohltuender Vertrautheit. Aus Dankbarkeit ließ ich mich von dieser plötzlichen Intimität zum Glück nicht irritieren; diese Art des Empfangs hätte für manche Patienten aber – fiel mir nur ein – vollkommen unangebracht sein können.
– Also um sieben, um sieben hat Herr Doktor für Sie noch Zeit, fünfzig Minuten, Chipkarte mitnehmen. Ich

bin dann nicht mehr da, Herr Doktor macht heute länger. Schreiben Sie sich die Adresse auf.

Ich bedankte mich und legte auf. Und ich war schon nach diesem kurzen Telefonat voller Freude – diese Frau war ein Engel. Als ich mir anschließend den Weg zu meiner ersten Therapiestunde auf dem Stadtplan ansehen wollte, kam ich leider durcheinander. Die Straße, die mir mein Engelchen genannt hatte, gab es im Straßenverzeichnis mehrmals, im Süden immerhin zweimal. Und ich hatte mir die umständliche Wegbeschreibung nicht komplett notiert – bei ihrem Geplapper genoß ich eher die Musik ihrer Stimme. Mit Begeisterung drückte ich die Wiederholtaste.

– Hallo, sagte eine Frauenstimme tief und ausdruckslos, Privatanschluß Dr. Brakwart.

– Ich bin es noch einmal, wir haben gerade eben telefoniert, antwortete ich so lebendig, wie ich nur konnte.

– Ja, ich weiß, sagte genauso dunkel meine Retterin.

Sie machte keine Anstalten, zu ihrer alten Freundlichkeit zurückzukehren und mir meinen Bettelruf zu erleichtern. Ich verstand die Welt nicht. Dank der inhaltlich korrekten Reaktion war es die gleiche Person, trotzdem war es die Stimme eines Menschen, den es eigentlich gar nicht geben durfte. Die atmosphärische Düsterkeit, die diese Frau ausstrahlte, kam aus einer seelischen Kloake.

– Ich bin es noch mal, wiederholte ich ratlos, ich habe gerade eben angerufen.

– Ja, ja, sagte sie kalt und leicht ungeduldig, wir haben jetzt Mittagspause, keine Sprechzeit.

Ich reagierte nicht, bis ich den Sinn ihrer stimmlichen Umstellung und des totalen Beziehungsbruchs begriff. Sie wollte offensichtlich so klingen, wie sie nun klang. Die nette Schwester gab es in der Mittagszeit einfach nicht. Und sie wartete vielleicht wirklich auf private Anrufe. Vor Schreck vergaß ich kurz, was ich eigentlich wollte.

– Wissen Sie ... ich wollte noch ... vergessen, nicht notiert hab ich ...

– Sagen Sie doch, was Sie wollen, wenn Sie schon anrufen.

– Welche Busstation meinten Sie genau, muß ich noch wissen. Im Stadtplan ...

Sie spulte mit einer unverändert gefühllosen Stimme mechanisch noch einmal ihre nicht ganz schlüssige Wegbeschreibung ab, deren Details ich erst viel später, erst nach der dritten Stunde beim Herrn Doktor endgültig entschlüsselte. Dann legte der Todesengel schnell auf. Meine Panik war wieder vollständig zurückgekehrt. Ich haßte diese Vorzimmerkröte von nun an wie die Pest; und es machte mich unglücklich, daß der mir so heiß empfohlene Herr Doktor sie in seiner Nähe dulden konnte.

Als ich kurz nach halb sieben ankam und klingelte, tat sich nichts. Nichts summte, keine Stimme begrüßte mich. Ich machte eine Runde um zwei Häuserblocks und klingelte wieder. Eine unwillige Stimme sagte dann nach einer längeren Wartezeit plötzlich: ›Ja?‹

– Ich habe um sieben noch einen Termin.

– Aha. Sind Sie sicher?

– Ja, ziemlich sicher.

– Was heißt das?

– ... heißt sicher, sagte ich; ganz sicher war ich mir aber nicht mehr.

Trotzdem kam der Summer. In der Tür im ersten Stock stand eine untersetzte grimmige Frau. Die Gattin des Herrn Doktors, vermutete ich.

– Die Sprechstundenhilfe ist nicht mehr da, die Sprechzeit ist vorbei, wissen Sie.

– Kann ich bis sieben drinnen warten?

– Ja, ja. Sie haben aber die falsche Klingel benutzt, die von der Wohnung. Die Praxisklingel ist weiß, ein großer runder Knopf – unterhalb der anderen. Fürs nächste Mal.

Für die Frau war ich eines der vielen Nervenbündel, die den weißen und getrennt angebrachten Klingelknopf in ihrer Verwirrung regelmäßig übersahen. Sie führte mich in ein riesiges Wartezimmer und verschwand. In dem Raum standen, war mein erster Eindruck, unsinnig viele Stühle. Was sich dort außerdem befand, gab mir noch mehr zu denken: ein riesiger Schreibtisch, auf dem sich Patientenakten stapelten. Dahinter standen altmodische Aktenschränke; teilweise waren sie offen, ein Türflügel hing schief und ließ sich offensichtlich nicht schließen. Ich hätte glatt aufstehen und blättern gehen können, damit hatte ich schon meine Erfahrungen. Ich überlegte kurz, was der Schreibtisch, dieser sozusagen »patientennahe Arbeitsplatz« hier zu suchen hatte, und war mir bald sicher, daß ich richtig lag: Die offenherzige laute Plaudertasche von Schwester thronte hier und führte alle höchst vertraulichen Gespräche mit den Patienten – und nicht nur die telefonischen – vor der versammelten Wartemannschaft. Und das hieß, daß auch das erste Gespräch mit mir vor einem kleinen Publikum abgelaufen war. Unglaublich. Im Grunde zog sie hier vor all den verzweifelten und kaputten Leuten eine Lifeshow ab. Ich versuchte zu hoffen, daß ich mich irrte, es mußte aber so sein. Jede stimmungsvolle Unterhaltung am Telefon, wie auch ich sie heute vor der Mittagspause genießen durfte – sicher eine ihrer Stärken –, war hundertprozentig auch für diesen Kontext konzipiert, zum Ablauschen also von vornherein bestimmt. Es war abgründig – und die Frau war schamlos. Im Grunde lief hier nebenbei ein ziemlich abartiger Amüsierbetrieb. Ich stellte mir die Situation vor, auch den Umstand, daß diese Frau während der Gespräche natürlich Augenkontakt mit den hier Anwesenden hatte. Das heißt, daß diese

Leute zu ihren Komplizen gemacht wurden; und diese wußten auch, daß der Mensch am Telefon – wenn er ein Neuling war wie ich – von diesem Lauschangriff, dieser Art der »kollegialen Patientensupervision« nichts ahnte. Ich zog mir die Schuhe aus, glitt vorsichtig in Richtung Schreibtisch – dort lag auch meine frisch angelegte rote Akte. Auf einem Notizzettel stand »19 Uhr« und ein großes Ausrufezeichen.

Dank des kurzen Gangs durch den Flur, bei dem mich die Gattin des Herrn Doktors begleitet hatte, war ich mir über die Einteilung der Räumlichkeiten in diesem vorderen Bereich ziemlich im klaren. In diesem Flur weiter hinten hing ein schwerer Vorhang und trennte den privaten Teil der Wohnung ab. Die einzige für Patienten zugängliche Tür war die zum Wartezimmer, in dem ich gerade auf Socken wieder zu meinem Platz zurückkrutschte. Die Zwischentür, die ich jetzt vor mir sah, mußte zum Behandlungsraum führen. Diese beiden vorderen Räume der Wohnung waren also die Praxis. Als Patient mußte man in genau dieser Erlebniszentrale erstbearbeitet werden, nirgendwo sonst. In der Ecke stand als lächerliches Requisit eine spanische Wand.

Bei meinen nächsten Terminen bewahrheitete sich der Alptraum. Die Schwester sprudelte und kommentierte alles mögliche und wandte sich zwischendurch auch an ihr Publikum. Ich konnte mich also ebenfalls unterhalten lassen – und genoß sogar die sprühende Lebendigkeit dieser Frau, egal wie abstoßend ich sie fand. Weil ich in der Regel viel zu früh kam, erfuhr ich eine Menge über andere seltsame Existenzen; über mich selbst mußte ich dabei nicht allzuviel grübeln. Manchmal kam ich sogar eine ganze Stunde früher und konnte nicht nur meine natürliche Neugier befriedigen, man bot mir viel mehr: Es war ausgesprochen gut zu wissen, wieviel schlechter es anderen, wirklich gescheiterten und auf Psychopillen dauerhaft »eingestellten« Menschen ging. Mit mir saßen im Warteraum immer mindestens zwei oder drei andere Wartende, die in besonders brisanten Momenten – wie ich auch – ihre Teilnahmslosigkeit vortäuschten.

Ans Lesen war bei dem Getue der Sprechstundennudel und der Bombenstimmung, die sie dauerhaft erzeugte, gar nicht zu denken. Auch wenn sie nicht telefonierte, konnte sie nicht stillsitzen oder unauffällig wirtschaften. Sie begann lieber irgendein unnötiges, womöglich bloßstellendes Gespräch mit einem der Dasitzenden. Nebenbei erledigte sie flott und geschickt ihren Bürokram. Teilweise sah ihre Arbeitsweise wirklich beeindruckend aus – wobei ihre effektvollen, in ausladenden Bahnen ausgeführten Bewegungen dann eher »fürs Auge« bestimmt waren. Sie bearbeitete oft mehrere Vorgänge parallel, erledigte nebenbei diverse kleine Tätigkeiten – tippte, notierte, radierte und so weiter. Patientenakten verlagerte sie von einem Stapel auf den anderen grundsätzlich schwungvoll und möglichst nicht leise. Sie fuhr natürlich auch mit ihrem Stuhl hin und her, oft blindlings rückwärts zu den Schränken. Dort sortierte sie dann die Akten zielsicher ein oder zog präzise und schnell Akten heraus – ein Hochgenuß für uns. Oft begleitete sie den erfolgreichen Zugriff mit dem Spruch ›Hier bist du‹. Obwohl sie wirklich viel zu tun hatte und sich dabei oft beeilen mußte, wirkte sie nicht im geringsten gestreßt – sie machte mich regelrecht neidisch.

Zusätzliche Erlebnisse lieferte die Laufkundschaft. Oft kamen neue, nicht angemeldete Katastrophengestalten, die ihre Geschichten halblaut vor uns allen erzählen mußten. Es war pervers, wie in einem bösen Traum. So etwas dürfte es hierzulande eigentlich gar nicht geben. Manche der besonders sensiblen und nicht ausreichend schicksalsergebenen Bedürftigen drehten sich immer wieder verschämt um, verstummten kurz, wurden von der alles gewöhnten und erfahrenen Frau aber ermutigt, weiterzumachen und alles – die Wahrheit und die ganze Wahrheit – preiszugeben. Manche dieser frisch ankommenden Leute wollten nur neue Medikamente haben, mußten aber trotzdem ihre genauen Symptome aufzählen oder über irgendwelche Nebenwirkungen berichten. Manche wurden auch – das war dann besonders spannend – einem kurzen Kreuzverhör unterzogen. Natürlich konnten auch tablettenabhängige Schlaumeier und Rezepterschleicher dabeisein, die sich bei unterschiedlichen Ärzten mit wohltuenden Entspannungs-, Schlaf- und anderen Präparaten einzudecken versuchten. Mir blieben solche Gespräche zum Glück erspart. Ich war kein psychiatrischer Fall, ich ging zur Psychotherapie. Die dicke Kröte hielt sich von diesen Dingen zum Glück fern.

Alle diese aufregenden Dinge, die mir der Warteraum bald bieten sollte, lagen noch vor mir. Jetzt wartete ich erst einmal ergeben auf meine erste Therapiestunde. Irgendwann war es endlich zehn vor sieben. Von nebenan hörte man das Knarren des Parketts, die Zwischentür öffnete sich, und ein düsterer Patientenmensch durchquerte mit gesenktem Kopf und ohne mich zu grüßen das Wartezimmer. Wahrscheinlich lag es aber nicht an seinem Schamgefühl – das hatte man ihm hier sicher schon ausgetrieben. Für ihn war ich eher ein unliebsamer Mitstreiter um die Gunst des Herrn Doktor, den er lieber für sich alleine gehabt hätte. Die innere Tür zum Sprechzimmer hatte er zugemacht, die äußere zum Wartezimmer blieb nur angelehnt. Von nebenan hörte ich ein weiteres Knarren, dann noch das Schieben eines Stuhls und ein Türgeräusch, dann nur Stille. Herr Doktor entschwand eindeutig durch eine andere Verbindungstür ins private Hinterland, ging vielleicht auf die Toilette, plauderte mit seiner Frau, las Zeitung ... Oder sah schon den Anfang der »heute«-Nachrichten – es war jetzt kurz nach sieben. Irgendwann erschien er, holte sich meine Akte vom Schreibtisch und bat mich herein.

Dr. Brakwart

Dr. Brakwart war für mich nach meinen Eindrücken aus dem »Subunternehmen Wartezimmer« eine positive Überraschung. Er wirkte nicht nur ausgesprochen natürlich, er hatte die Ausstrahlung eines angenehm neugierigen Menschen. Nach seinem langen Arbeitstag sah er erstaunlich frisch aus – als ob seine Arbeit ein reines Vergnügen wäre. Wir kamen problemlos ins Gespräch, und die spontan entstandene Gesprächsatmosphäre tat mir sehr gut. Ich bekam schon bei diesem Vorgespräch voller Sprünge den Eindruck, daß ich gar nicht so schlimm dran sein konnte. Wir plauderten miteinander, als ob nichts Ernsthafteres zu besprechen wäre. Anschließend konnte ich Dr. Brakwart ohne jegliches Herumstottern deutlich und plastisch einige meiner Zustände schildern und überraschte mich dabei selbst – ich benutzte ausgesprochen originelle Formulierungen, fand aus dem Stegreif klar sprechende Bilder. Noch im Wartezimmer hatte ich mir viel einfachere Sätze zurechtgelegt. Dr. Brakwart ermunterte mich, alles zu erzählen, was mir einfiel: ›Wir müssen uns erst einmal kennenlernen, junger Mann …‹.

Als ich noch im Warteraum gesessen hatte, hatte ich mir vorgestellt, daß ich von dem Herrn Doktor als erstes gute Tabletten bekommen würde – am liebsten gleich am Anfang der Stunde aus seinem Vorratsschrank; und natürlich die besten, die es gab, also das sahnigste Geschenk des mildtätigsten aller Pharmakonzerne. Und ich stellte mir vor, daß ich dann nur sporadisch in der Praxis würde aufkreuzen müssen, um über meine nachlassenden Leiden zu berichten. Als ich Dr. Brakwart gegen Ende der ersten Stunde endlich darum bat, mir unbedingt passende Tabletten auf den Weg zu geben oder zu verschreiben, reagierte er scharf.

– Nein! rief er laut.

Ich zuckte zusammen.

– Das kommt absolut nicht in Frage! Ich muß über Sie mehr, viel mehr wissen. Aber ich glaube, wir werden miteinander gut arbeiten können.

– Wie meinen Sie das? fragte ich.

Sein letzter Satz wirkte wie der einstudierte Spruch eines Vertreters aus der Dienstleistungsbranche.

– Ich meine, therapeutisch arbeiten. Ich praktiziere Körpertherapie oder Gestalttherapie, wir können bei Ihnen aber auch katathymes Bilderleben probieren. Mal sehen. Es gibt so viele Ansätze!

– Was soll das eigentlich sein, zum Beispiel das letzte?

Ich hatte zwar von den ersten beiden Therapiearten auch keine Ahnung, wußte aber, daß mein Körper auf keinen Fall angefaßt werden wollte – ich wollte auch keine Bilder malen, keine Figuren gestalten oder mit Papierbogen basteln. Genausowenig wollte ich mich vor ihm schauspielerisch produzieren oder übermäßig laut schreien. Von solchen Dingen hatte ich schon öfter gehört.

– Ach, katathymes Bilderleben, lassen Sie sich überraschen.

Jetzt sprach er das Wort langsamer wie ›Bild-Erleben‹ aus, so daß es nicht ganz nach einem noch seltsameren ›Bilder-Leben‹ klang. Obwohl ich mich eigentlich überraschen lassen sollte, bekam ich gleich einen Vortrag über das Entwickeln von Tagträumen im entspannten Zustand, die dann eben wie echtes Traummaterial analysiert werden konnten. Und ›katathym‹ sei so etwas wie affektbedingt. In den Bildern und phantasierten Geschichten würden ganz wichtige emotionale Inhalte zum Vorschein kommen. Dr. Brakwart kam ins Schwärmen, und sein Vortrag wurde immer länger, die Tagesschau nahte.

– Wissen Sie, das ist die einzige auf Analyse basierende Therapieform, die in Deutschland entstand und nicht sonstwo in der Welt. Und sie ist im Grunde auch weltweit anerkannt.

Bei seinen längeren Ausführungen, die auch während der nächsten Stunden auf dem Programm standen, kam ich ins Grübeln, ob Dr. Brakwart nicht viel zu viel redete und dadurch zu wenig über mich erfuhr. Und ob er das eigentliche Ziel – also meine Genesung – noch im Auge behielt. Ich tröstete mich damit, daß mir seine Monologe nicht direkt schaden konnten. Es hätte sein können, daß er an mir eine Art Wohlfühl- & Vortrags-Therapie ausprobierte, deren Konzept er mir noch nicht verraten hatte. In der ersten Zeit schob ich diese Bedenken aber lieber beiseite. Ich war einfach froh, diesen und keinen anderen Dr. Brakwart zu haben. Ich kam mir bald wie ein altgedienter Patient von ihm vor, das mühelose Wachsen unserer Vertrautheit war herrlich. Wenn ich nachmittags als letzter dran war, redeten wir oft länger als eine Stunde. Er fragte mich ausgesprochen gern über meinen Beruf aus – und meine kompakten Infos über die Werbebranche machten ihn glücklich. Die gewünschten Tabletten bekam ich von ihm trotzdem lange nicht.

Das Vergnügen an seiner Arbeit klärte sich für mich endgültig, als er mir immer öfter pikante Neuigkeiten aus diversen anderen Berufsbranchen schilderte, über die er dank seiner Patienten Bescheid wußte. Eines Tages gab er sogar offenherzig zu, viel über die Hintergründe des heutigen Gesellschaftslebens – auch viel Insiderwissen aus der Wirtschaft – nur dank seiner Therapiegespräche mitzubekommen. Noch etwas später gab er mir goldsichere Tips für Aktienkäufe, für die ich mich – dank meiner schlechten Erfahrungen – nur höflich bedankte.

Irgendwelche speziellen Therapieansätze wurden zum Glück auch in den nächsten Wochen nicht angepeilt. Ich wurde nicht angefaßt und mußte auch nicht basteln. Irgendwann erfuhr ich, daß das »Gestalten« bei der Gestalttherapie sowieso nur bildlich gemeint war. Katathymes Bilderleben probierte Dr. Brakwart an mir auch nicht aus. Wir unterhielten uns einfach; oder besser gesagt – Dr. Brakwart redete über lange Strecken ganz allein. Er war einfach ein – vielleicht guter – Nervenarzt, der mit seinen Patienten eben gerne zusammensaß. Dabei verriet er sogar ausgesprochen persönliche Dinge über sich. Sorgen machten ihm zum Beispiel seine leicht erhöhten Cholesterinwerte – und auf diesem Gebiet war ich, wie er richtig annahm, ein Experte. Nach diesem Vorstoß in Richtung »gegenseitige Betreuung« gab er nach und nach auch seine weiteren körperlichen Gebrechen preis.

Diese Exzesse fand ich anfangs etwas eklig, versuchte sie aber zu tolerieren; sie gehörten für mich zu seiner charmanten und eben etwas exzentrischen Art zu behandeln. Mir tat es nur um die Zeit leid. Ich wußte zum Beispiel immer genau, was Dr. Brakwart gerade las. Er hatte eine Schlafstörung, schlief immer nur stundenweise und las daher sehr viel. Er las hauptsächlich Bücher über die Zeitgeschichte. Aber auch ausgewählte historische und schöngeistige Literatur; aus irgendeinem Grund am liebsten Romane aus dem elisabethanischen England und alle möglichen Werke über diese große Zeit. Aus Sorge um die begrenzte Therapiezeit fragte ich aber lieber nicht, warum es speziell diese Periode sein mußte – und warum er nicht quer durch die Bank alles mögliche las, wenn seine Nächte so lang waren. Das nächtliche Lesen war auf jeden Fall seine Welt, und er schien mit seiner Schlafstörung durchaus zufrieden zu sein. Er meinte, er würde mehr Schlaf gar nicht brauchen. Dank Dr. Brakwart erfuhr ich also einiges über die Elisabethanische

Epoche und das Neueste aus der Shakespeare-Forschung. Wir sprachen außerdem über Politik. Er hatte ein ausgezeichnetes Gedächtnis, nannte oft beeindruckend viele Zahlen und Fakten. Und ich war bei Nennung präziser, allgemein nicht bekannter Angaben auch bereit, manche meiner politischen Ansichten zu überdenken. Zu guter Letzt war Dr. Brakwart ein erklärter und alles andere als unangenehmer Judenfreund. Weil er sich als Hobbyhistoriker – was die neuere Geschichte anbelangt – den Schwerpunkt »Deutschland und das zwanzigste Jahrhundert« vorgenommen hatte, paßten wir wirklich gut zusammen.

Freunde der Juden waren zwar fast alle Deutschen, mit denen ich bislang zu tun hatte, ihre klagende Selbstzerfleischung war mir aber durchgehend unangenehm. Ich konnte das Jammern nicht mehr hören, wie furchtbar die Deutschen immer noch seien oder wie besser alles wäre, wenn die ganzen wunderbaren und begabten Juden nicht in den KZs verschwunden oder ins Exil gegangen wären. Am Ende hätte ich auch diese Enkel von harmlosen Nazi-Mitläufern noch trösten müssen. Ich tat bei solchen Diskussionen lieber, als ob ich nichts Besonderes zu sagen hätte, und war normalerweise darauf trainiert, Fragen nach meinen Eltern und danach, wie und wo sie es »geschafft haben«, möglichst nicht aufkommen zu lassen. Mit meinem lieben Herrn Doktor ließ ich mich auf dieses Thema aber doch ein. Ich nahm an, in seinem antinazistischen Kabinett würde es gleichwertig auch um Shakespeare und die Geschichte Englands gehen.

Ursprünglich hatte ich nicht vor, besonders ausführlich zu sein und zu verraten, auf welche Reisen man meine Eltern während des Krieges geschickt hatte. Als ich aber einmal meine übertrieben gewissenhaften bis meschuggehaften jüdischen Vorfahren und Verwandten erwähnte, wurde Dr. Brakwart hellhörig und vergaß die gerade begonnene Berichterstattung über seine Lektüre. Es war während der siebten oder achten Stunde. Er begann mich auszuhorchen und kam mit immer neuen Fragen, bis ich mit einigen handfesten Informationen herausrücken mußte. Er war wie elektrisiert. Nachdem er die wichtigsten Fakten zusammengetragen hatte, erstrahlte er wie ein Seelenreflektor; ein Außenstehender hätte denken können, meine bösen Geister wären gerade besiegt worden.

– Das ist es doch, rief er, zweite Generation, transgenerationelle Traumatisierung, natürlich!

– Nein, nicht doch! Mit diesen Begriffen machen die Leute furchtbar viel Theater, ich glaube nicht daran. Das alles liegt zu lange zurück. Ich hatte eine sonnige Kindheit.

– Ja, das sagen Sie!

– Ich kenne diese »zweite Generation« ziemlich gut. Für die meisten ist dieses Etikett nur eine Ausrede, weil sie im Leben nicht klarkommen. Vieles haben sie sich einfach ganz allein eingebrockt.

– Sie sind furchtbar blind!

– Ich kam bis jetzt mit allem ganz gut klar. Und wieso?

– Glück gehabt. Offensichtlich auch eine nette Frau erwischt.

– Ich brauche diese ganzen Begriffe nicht.

– Interessant, interessant, meinte Herr Doktor und sah mich amüsiert an.

– Im Moment bin ich zwar nicht so gut drauf, das ist richtig, davor ging es mir aber nie wirklich schlecht. Ich habe immer viel gelacht, auch über mich. In der Kindheit, Jugend, dauernd – das müssen Sie mir glauben.

– Sie waren sicher ein richtiger Witzbold und Spaßvogel, nicht wahr.

– Ja, seit ich in die Schule kam, soviel ich weiß; war darauf regelrecht trainiert.

– Wenn man sich ernsthaft und wissenschaftlich mit

diesen Dingen befaßt hat, sieht man einiges viel klarer, glauben Sie mir, mein Lieber. Ich habe mich ausgerechnet mit dieser Problematik intensivst beschäftigt. Nicht als Historiker, sondern von der Psychodynamik her. Alle diese schlimmen Erlebnisse werden unterschwellig an die Kinder weitergereicht – das ist unvermeidbar. Ich sage mit Absicht ›unterschwellig‹, weil Ihnen das Wort ›unbewußt‹ sicher nicht gefallen würde.

– Ich bin in diesen Dingen nicht völlig unbeleckt, Dr. Brakwart; ich habe auch einiges gelesen.

– Und was heißt das? Es ist vollkommen irrelevant, wie man diese Dinge intellektuell verarbeitet. Diese alten Katastrophen der Eltern wirken sowieso um so stärker, je weniger man sie emotional an sich heranläßt; mit Lektüre oder Theorien schafft man sie doch nicht aus der Welt. Nehmen Sie Ihre Bedrohungsgefühle! Wo denken Sie, daß sie herkommen? Ihre jetzigen Reaktionen sind doch ein bißchen irre oder zumindest stark übertrieben, meinen Sie nicht? Sie stehen zwar real unter Druck, bekommen aber Ihre Blutwäsche und sind nicht in Lebensgefahr. Die anderen Patienten ...

– Die Stoffwechselstörung habe ich trotzdem – für immer.

– Persönlich bedroht Sie aber niemand. Spielen alle Ihre Mitpatienten so verrückt?

– Für mich ist die ganze Situation auch existentiell bedrohlich. Ich kann nicht arbeiten und hänge total in der Luft.

– Sind diese Ängste aber trotzdem nicht etwas ... ich meine, etwas realitätsfremd? Sie könnten doch jederzeit wieder Arbeit finden.

– Nein, ich bin absolut arbeitsunfähig.

– Erklären Sie mir, wieso gerade Sie so verbissen gegen diese Bürokratie kämpfen müssen. Sie laufen doch nur gegen Gummiwände, statt sich einen Anwalt zu nehmen und abzuwarten, wie der Streit ausgeht. Als Einzelkämpfer haben Sie doch keine Chance.

– Es hat sich so ergeben. Ich wollte einfach immer mehr wissen, möglichst alles.

– Streng gesehen leiden Sie – das kann ich Ihnen jederzeit bescheinigen – an keiner psychischen Krankheit. Sie haben sich in diesen Kampf nur furchtbar reingesteigert.

– Ich bin eben gründlich.

– Bei solchen Dingen gibt es keine Zufälle. Sie sind vollkommen außer sich geraten – als ob Sie jemand hätte umbringen wollen, Sie persönlich. Dabei ist dieses professionell organisierte Unrecht relativ gut zu durchschauen, um Sie persönlich geht es doch gar nicht.

– Meint meine Frau auch.

– Denken Sie darüber nach. Ich hatte und habe etliche solche Patienten – und in der Symptomatik sind sie alle ganz ähnlich. Für die Krankenkassen habe ich es bei einigen so gedreht, daß sie alle lange Therapien bekommen haben. Auch wenn es ihnen eigentlich schon gutging. Die Kassen sollen für sie ruhig zahlen; überhaupt sollen die Deutschen ordentlich zahlen, wo es nur geht. Sie sollen zahlen, zahlen und nochmals zahlen; andere Wiedergutmachungsmöglichkeiten gibt es jetzt nicht mehr. Das Land ist reich genug. Und in Ihrem Fall sowieso, bei dieser sinnlosen Verschwendung im Gesundheitswesen. Wegen der paar Patienten mit Ihrem Stoffwechsel bricht das System nicht zusammen. Ich bin eigentlich Balte, habe mich hier in Preußen nie heimisch gefühlt.

Anschließend bekam ich eine kurze Geschichte über die Flucht seiner Familie zu hören, auch über die Verbrechen der Wehrmacht.

– Auch wenn manche Fotos in der Ausstellung nicht hinhauen, fragen Sie mich bloß nicht, was die Wehrmacht alles verbrochen hat. Fragen Sie mich bloß nicht. Ich will darüber etwas schreiben und habe in der alten

Heimat schon einige alte Leute befragt. Man kann aber auch hierzulande alte Männer fragen, kurz reinstochern. Hier bei Berlin in dem Dorf, wo wir ein Bauernhaus haben, habe ich auch einiges erfahren. Das Haus haben wir von den Verwandten meiner Frau geerbt. Aber das brauchen Sie nicht zu wissen.

Medikamente wurden mir nach wie vor verweigert. Dr. Brakwart wollte darüber einfach nicht reden und meinte, er müsse es sich nach und nach gut überlegen. Der Stoffwechsel sei viel komplizierter als die Geschichte des zwanzigsten Jahrhunderts oder des Dritten Reichs.

– Wir müssen etwas finden, was zu Ihnen paßt.
– Ich will einfach zur Ruhe kommen.
– Ja, ja, natürlich. Wir müssen Ihren Stoffwechsel sozusagen in Ordnung bringen. Ihnen einen guten Schub geben. Alles andere müssen die Gespräche bringen. Aber unter uns gesagt – dieses Zwanghafte bei Ihnen, das alles steckt schon in der jüdischen Religion drin, in den ganzen abstrusen Vorschriften. Eine ganze Menge: 913!

Dr. Brakwart wurde für mich immer mehr ein interessanter Allrounddiskutant und immer weniger ein Arzt oder Naturwissenschaftler. Ich war mir ziemlich sicher, daß sein Können zum Knacken meines psycho-chemischen Haushalts niemals ausreichen würde. Für die nächste Stunde baute ich mir vorsichtshalber eine klare Verteidigungsfront auf, um den besessenen Doktor von seiner Idee meiner KZ-bedingten Schädigung abzubringen. Ich mußte mit seinen weiteren psychodynamischen Erklärungsattacken rechnen.

– Ich bekam zu Hause viele Harmlosigkeiten über die Lager zu hören, sagte ich lächelnd als Eröffnung, mir wurden regelmäßig lauter nette und witzige Geschichten erzählt.

Herr Doktor schaute verdutzt, in ihm wirbelte es gründlich. Ich konnte also weitersprechen.

– Man erzählte mir diese KZ-Erlebnisse eine Zeitlang als Gute-Nacht-Geschichten. Wie herrlich dort die drei – also meine Großmutter, Mutter und Tante – manchmal lachen mußten, im Lager. So tragisch kamen diese Dinge bei mir gar nicht an. Das einzig wirklich Schlimme, hatte ich den Eindruck, waren die gräßlichen Wanzen. Und das Haareschneiden.

Da änderte sich der Gesichtsausdruck meines lieben Doktors deutlich, und ich merkte, daß sich aus der anfänglichen konzeptionellen Verwirrung Triumphales zusammenbraute.

– Aber das ist es gerade! Das ist unglaublich! Sie sind mir ein Exemplar! Begreifen Sie das nicht? Alles andere wurde verdrängt! Ihre wichtigsten Bezugspersonen haben unglaublich viel verdrängt – sie gaben Ihnen aber trotzdem alles weiter.

– Wieso denn das?

– Wissen Sie, alle Menschen reden dauernd vom Unterbewußtsein, begreifen dabei aber rein gar nichts. Nebenbei gesagt gibt es das Unterbewußtsein gar nicht – bei Freud nicht und auch sonst nicht –, es gibt nur das Unbewußte. Aber auch die Leute, die korrekt vom Unbewußten sprechen, wissen meistens nicht, wie übersinnlich diese Inhalte weitergegeben werden. Jeder Mensch ist im Grunde ein mittelprächtiger Schamane.

– Meine Mutter war zwar manchmal depressiv, meistens war sie aber ziemlich gut drauf.

– Trotzdem hat man Ihnen das ganze Grauen abgegeben, egal wie humorig verpackt. Hat Ihre Mutter Angst vor Ämtern?

– Ja, große Angst; also wenn die von ihr etwas wollen. Nebenbei macht sie sich schlimmste Sorgen um große Bürohäuser, weil ihr nicht klar ist, wie man die unzähligen Räume auf Dauer sauber halten kann.

– Sehen Sie, und ich muß gar nicht weiterfragen, wo-

vor Ihre Mutter noch alles Angst hat, das kann ich mir alles ausmalen.
– Sie hat Angst vor Formularen zum Beispiel, also vor möglichen Fehlern darin oder Ungenauigkeiten. Oder Fettflecken.
– Genau das hätte ich mir denken können. Kann Ihre Mutter Kafka lesen?
– Nein.
– Sehen Sie, ich kenne solche Leute zur Genüge.
– Und meine Mutter verträgt keine Krimis, in denen der Täter schon bekannt ist und nach und nach nur eingekreist wird; sie flüchtet immer aus dem Fernsehzimmer.
– Hm ...
– Aber Herr Doktor, ich bin da ganz anders. Gerade diese Dinge treffen bei mir gar nicht zu – also mit den Ämtern, dem Saubermachen ... Eins ist bei meiner Mutter auch noch kurios; ich mußte mir abgewöhnen, sie mit ausgedachten Geschichten aufzuziehen, weil sie mir auch den größten Quatsch glaubte, alles furchtbar ernst nahm und vor Angst gleich außer sich geriet.
– Durften Sie zu ihr aggressiv sein?
– Als kleines Kind wütete ich oft, später vertrug sie es aber absolut nicht. Einmal hat sie ein Arbeitskollege, fällt mir ein, aus Spaß mit veränderter Stimme angerufen und ihr irgendwelche Versäumnisse vorgeworfen. Sie war nah dran, sich umzubringen.
– Und Ihr Vater?
– Der ist ziemlich stabil. Er war zwar auch in Lagern, spricht aber nicht darüber.
– Sie werden mir nach und nach alles genau erzählen müssen, vor allem diese »netten« Geschichten. Also worüber Ihre Mutter und Großmutter so lachen mußten.
– Und Tante.
– Ja, Tante.

– Na ja, so viele Geschichten sind es nicht. Sie haben sich zum Beispiel auf dem Dachboden in Theresienstadt gegenseitig Morgenstern-Gedichte vorgetragen und dabei eben Lachkrämpfe bekommen. Abends im Bett, in den ersten Nächten in der Hamburger Kaserne. Sie wurden von überall angeschrien, still zu sein, mußten dann aber noch mehr lachen.

– Und wissen Sie, was von Morgenstern das war?

– Das Gebet mit den Rehlein: »Die Rehlein beten zur Nacht – hab acht, halb neun, halb zehn ... sie falten die kleinen Zehlein ...«, Sie kennen das sicher. Es war dunkel und Nacht. Die Galgenlieder-Highlights kannten sie eben auswendig.

Dr. Brakwart verschwand kurz im Nebenzimmer und tauchte erstaunlich schnell mit den Galgenliedern auf. Und las vor:

>Die Rehlein beten zur Nacht,
>hab acht!

>Halb neun!

>Halb zehn!

>Halb elf!

>Halb zwölf!

>Zwölf!

>Die Rehlein beten zur Nacht,
>hab acht!
>Sie falten ihre kleinen Zehlein,
>die Rehlein.

Ich fand ihn mit dem Büchlein in der Hand ganz ansprechend, leider griff er sich danach ein Stück Papier und begann, sich irgendwelche Notizen zu machen. Mir war nicht klar, was das sollte, und ich bekam das Gefühl, er würde mit meinem geistigen Eigentum etwas Unanständiges treiben.

– In Auschwitz gab es dann zwar nicht mehr viel zu lachen, unterbrach ich seine Schreiberei, meine Großmutter sagte in ihrer Gutmütigkeit aber so kuriose Dinge, daß man über sie wenigstens nachträglich lachen konnte.

– Aha?

– Also bei der Ankunft in Birkenau sah sie zum Beispiel aus der Luke des Viehwaggons die SS-Männer mit Stöcken herumlungern und sagte als erstes ›Ach, diese armen Kriegsversehrten‹ und meinte … Sie mußte natürlich schon mehr gesehen haben – auf jeden Fall die Türme und die Stacheldrahtzäune; und schon in Theresienstadt hatte man vor den »Lagern in Polen« Angst. Meine Großmutter stand also an der Luke und man nahm ihr die »Kriegsversehrten« nicht ab, sie sollte endlich sagen, was sie sah. Und dann kam einer ihrer typischen Sprüche: ›HIER WIRD ES GUT SEIN, die Bewacher sind Invaliden, sie haben alle Stöcke.‹

Wir mußten beide kurz lachen.

– ›Hier wird es gut sein‹, wiederholte Dr. Brakwart leise, unglaublich. Invaliden hätten eher noch grausamer sein können.

Es entstand eine Pause. Der Hobbyhistoriker dachte nach.

– Mit den Stöcken hat man den Leuten das Gepäck aus den Händen geschlagen, nicht wahr.

In den nächsten Stunden wollte Dr. Brakwart weitere Geschichten hören, ich lieferte nur noch zwei nach und täuschte dann vor, daß ich mich an keine mehr erinnern konnte. Irgendwann bekam ich die ersehnten Tabletten. Allerdings mit einem unerfreulich langen Kommentar, daß die eigentliche aufmunternde Wirkung sich erst nach und nach entfalten würde. Daß ich also Geduld haben und abwarten müsse.

– Ich dachte an so etwas wie Prozac.

– Ach Prozac, Prozac, das heißt hier Fluctin, und Fluctin ist auch keine Wunderpille. Es gibt neue und weiterentwickelte Präparate. Viel bessere, leichtere – ohne Nebeneffekte. Glauben Sie mir. Sie müssen aber wirklich Geduld haben, die wirken alle nicht sofort.

– Was mit dem Gepäck in Auschwitz noch los war, habe ich neulich gar nicht erzählt, Herr Doktor. Der ultimative Auschwitz-Witz kam nämlich noch. Ich habe gestern mit meiner Mutter telefoniert, und sie erinnerte mich daran.

– Sehen Sie, sehen Sie, wie der Mensch sein Gedächtnis im Griff hat.

– Also meine Großmutter behielt dort erst mal ein Teil ihres Gepäcks, was eine totale Ausnahme war. Sie war jedenfalls weit und breit die einzige.

– Erzählen Sie mal.

– Also, sie wollte sich als eine Dame aus einer noblen Familie nicht ihre Hände kaputtschlagen lassen und ließ erst einmal alles fallen, als man es befahl. Dann bückte sie sich aber, statt weiterzugehen, hob eine kleinere Tasche wieder auf, in der sie intelligenterweise alles Wichtige untergebracht hatte, stellte sich würdig hin und sagte ruhig: ›ENTSCHULDIGEN SIE, BITTE, DAS IST MEIN TOILETTZEUG!‹ Und der verdutzte SS-Mann ließ sie tatsächlich gehen.

Wenn sie Pech gehabt hätten, wären sie gepflegter ins Gas gegangen als alle anderen, dachte ich, sprach es aber nicht aus.

– Es hatte aber trotz allem, so oder so, seinen Sinn gehabt, sagte mutig Dr. Brakwart, meinen Sie nicht?

Doktor Mengele

Weil Dr. Brakwart oft angenehm lebendig und spontan war, konnte ich mit ihm nicht völlig unzufrieden sein. Manche seiner Reaktionen waren ausgesprochen erfrischend. Ich schilderte ihm einmal, wie Anne nach einem Streit im Auto – ich hatte sie gerade mit irgendwelchen Machtspielchen gequält – an einer Kreuzung einfach ausgestiegen war und mir vor den vorbeigehenden Fußgängern die Zunge ausgestreckt und eine lange Nase gezeigt hatte. Anschließend hatte sie noch auf die Motorhaube gehauen, was besonders die hinter und neben uns wartenden Autofahrer beeindruckt haben mußte.

– Wunderbar! Toll! meinte Dr. Brakwart.

– Wir sind dann beide getrennt nach Hause zurück. Eigentlich wollten wir ins Kino gehen.

– So eine lebendige Beziehung! Das gefällt mir.

Dank seiner Spontaneität erfuhr ich leider immer mehr über sein Eheleben, und mir wurde klar, daß er sich in seiner Ehe langweilte. Seine Frau war tatsächlich extrem unscheinbar. Einmal suchte ich die Patiententoilette, die sich bereits im privaten Bereich hinter dem dicken Vorhang befand, schlich durch die Glühbirnendämmerung und ertappte dort Frau Brakwart beim Staubwischen. Sie sah in der schwachen Beleuchtung noch grauer aus als sonst, wirkte seltsam apathisch und grüßte nur lautlos zurück. Dies sollte wahrscheinlich bedeuten: ›Sie können ungestört pinkeln gehen, ich bin eigentlich gar nicht da.‹

Auf der Toilette gab es eine kleine Überraschung, die die Sprechzimmerkraft als eine angehende Reimdichterin entlarvte. Das Hinweisschild »Wir haben hier eine Bürste für ihre Würste« stammte hundertprozentig von ihr; das war ihr Stil und Niveau.

Die nächsten Wochen hatten etwas Somnambules an sich. Ich schleppte mich zweimal die Woche auf ein Schwätzchen zu Dr. Brakwart, mir ging es aber überhaupt nicht gut. Offiziell zählte ich inzwischen tatsächlich zu den Schwachen und Kranken. Dr. Brakwart hatte mich krank geschrieben, ich bekam auch Krankengeld. Wenn es zwischendurch keine besonderen Aufregungen gab, ich absolute Ruhe hatte und von Pflichten – auch »leichteren Tätigkeiten im Haushalt« – freigehalten wurde, erholte ich mich etwas. Zur Ruhe kam ich oft vor dem Schlafengehen. Also dann, wenn der in die Dunkelheit geratene Teil der Menschheit ebenfalls dabei war, sich fallen zu lassen.

– Das kriegen wir alles schon hin, meinte Dr. Brakwart, wenn Ihnen die ganze Problematik nach und nach bewußter wird, wird sich manches von alleine in Luft auflösen.

In einem Punkt mußte ich Dr. Brakwart teilweise recht geben – allerdings, ohne es ihm feierlich mitzuteilen. Rational sah ich es ein, daß die vielen Lagerinsassen um mich herum, also meine Familie, mir einiges übergestülpt haben mußten. Meine Leute empfand ich aber trotzdem nicht auffälliger als andere Mitbürger. Diese kamen mir oft genug wesentlich pathologischer vor. Anne verstand Dr. Brakwart allerdings sofort.

– Wieso sollten sie eigentlich nicht geschädigt sein und dir das alles NICHT weitergegeben haben?

Anne kam meine Verwandtschaft immer schon etwas seltsam vor – in mancher Hinsicht sogar mehr als das. Ihre hundertfünfprozentige Organisiertheit war für sie zum Beispiel ein Horror.

– Beim Telefonieren ist dein Vater jedesmal nur mit dem Ablesen des Gebührenzählers beschäftigt – und er erzählt am Telefon immer nur schnell seins, hört einem gar nicht zu. Gut, daß wir dort neulich länger geblieben sind als geplant. In dieser Woche habe ich einiges gesehen und begriffen. Deine Cousine wechselt nach jedem Pups den Schlüpfer, falls dich das interessiert.

– Was du nicht alles weißt.

– Weiß ich eben. Dreimal bis fünfmal am Tag, wenn es sein muß. Deswegen hat sie auch einen Teil ihrer riesigen Schlüpfersammlung in einer Schublade im Küchenschrank; sie kann sich dann auch beim Kochen umziehen. Und dauernd stürzt sie sich auf jeden Krümel, der auf dem Fußboden liegt – wie eine Furie.

– Na und?

– Bei euch liegt wahnsinnig viel Panik in der Luft, merkst du das nicht? Für deine liebste Cousine würde sich die Weltordnung auflösen, wenn sie ihre Schlüpfersammlung nicht hätte. Alle hocken in dem einen Haus zusammen und kommen voneinander nicht weg. Wie im Lager. Du bist der einzige ...

Die Wundertabletten von Dr. Brakwart brachten mir auch nach mehreren Wochen keine Glücksgefühle. Ich war etwas langsamer geworden, diese reduzierte Art entsprach mir aber absolut nicht. Ich bekam das Elend meiner Tage vollständig mit; ähnlich wie einer, der die Augen zusammenkneift und genausoviel sieht wie zuvor. Irgendwann mußte ich mir allerdings eingestehen, daß ich kein einfacher Patient war. Der chemische Nebel konnte sich in mir einfach nicht frei entfalten, da ich andauernd versuchte, meiner Verlangsamung mit Gewalt entgegenzuwirken. Und das war anstrengend. Dabei war ich ausgesprochen bescheiden geworden – am Treiben der Spaßgesellschaft wollte ich mich ohnehin nicht beteiligen. Mich beschäftigten andere Dinge: Ich wollte meinen inneren Druck loswerden und mich nicht mehr mit unsinnigen Grübeleien beschäftigen. Eine Zeitlang quälte mich zum Beispiel die Vorstellung, daß ich beim Schlukken unzählige Mundbakterien in den sicheren Säuretod schickte. Außerdem wäre ich gerne meine Überempfindlichkeit für jedes kalte Lüftchen wieder losgeworden, die sich in mir einnistete und immer penetranter wurde. Ich kam mir bald wie eine zweibeinige Thermosonde vor. Meine Schutzlosigkeit gegenüber der Kälte veränderte mich auch äußerlich. Wenn ich mich mit zwei Pullovern und einer Wattejacke im Spiegel sah – wohlgemerkt zu Hause in der beheizten Wohnung –, empfand ich mich als Parodie meiner selbst.

Die Gespräche mit Dr. Brakwart, bei denen ich mich immer mehr zurückhielt, schleppten sich unterdessen weiter, und die langen Fahrten zu ihm forderten oft den ganzen in mir noch verbliebenen Mann. Auf die Straße ging ich während des Vorfrühlings nur, wenn es unbedingt sein mußte; das heißt in Notfällen oder wegen unvermeidbarer Pflichtverrichtungen. Meine Scheu vor der luftigen Realität auf den Straßen hatte natürlich auch damit zu tun, daß ich nicht mehr wußte, wie und was ich mir anziehen sollte. In der Regel war ich viel zu dick angezogen, vertrug keine direkte Sonneneinstrahlung und schwitzte unter meinen diversen Textilschichten oft wie in der Sauna, ohne mich dabei wirklich warm zu fühlen. Von Dr. Brakwart wurde mein Kälteproblem natürlich auf die Interpretationsschlachtbank gelegt und als Symptom für meine Fremdheits- oder Schutzlosigkeitsgefühle gedeutet. Aber auch an diesem Punkt half mir dieses Zerreden nicht weiter. Irgendwann wollte ich von ihm keine weiteren Erklärungen mehr hören. Zu meinem Hauptthema wurde sowieso nur der Wunsch, seine furchtbaren Nebeltabletten absetzen zu dürfen.

Bei manchen Erklärungen meiner Vorvergangenheit, also der Vergangenheit meiner Familie, lag Dr. Brakwart vielleicht richtig. Die Lachkrämpfe in Theresienstadt interpretierte er zum Beispiel als ›Abwehr des Wunsches, beten zu können‹.

– Sie hätten sicher gern gebetet. Da sie ihren Gott aber nicht hatten, wurde die Tragik des Verlustes durch die Lachkrämpfe abgewehrt. Verstehen Sie?

– Ja, das leuchtet mir einigermaßen ein.

– Der Gott würde auch nicht um halb elf, auch nicht um zwölf kommen, das wußten sie ... Trotzdem – diese unausweichlichen Schicksalsschläge wie bei Beethoven. Ich persönlich kann den Großmogul von Ludwig allerdings nicht mehr hören. Wie Sie aber sehen – es hat eine Logik, daß es gerade dieses Gedicht von Morgenstern war und kein anderes.

– Doktor Brakwart, ich möchte die Tabletten endlich absetzen.

– Nein, nein! schrie er laut. Die aufhellende Wirkung kommt noch, das wissen Sie doch!

Als Fortschritt meiner Therapiearbeit konnte ich irgendwann die Erkenntnis verbuchen, Dr. Brakwart einigermaßen durchschaut zu haben. Ich fühlte mich ihm mehr und mehr überlegen, er ließ sich seine Ratlosigkeit und fehlende Souveränität inzwischen ungeschützt ansehen. Wenn ich ihm zum Beispiel irgendwelche extremen Zustände von mir drastisch schilderte oder etwas plötzlich das Thema wechselte, bekam er einen dümmlichen Gesichtsausdruck. Und wenn die überraschenden Dinge, mit denen ich ihn konfrontierte, nicht in seine Schemata paßten, hatte er oft Schwierigkeiten, zu reagieren. Leicht durchschaubar war zum Beispiel auch seine Gier nach Abenteuern, an denen es in seinem Leben gemangelt haben mußte. Als ich ihm einmal mein waghalsiges Leben in den Bergen schilderte oder eine frühere Liebesgeschichte mit einer viel älteren Frau erwähnte – ›Auf schicke und edel gealterte Frauen stehe ich, wissen Sie‹ –, wurden seine Augen ganz groß, und er wollte unbedingt mehr hören; zu dem zweiten Komplex sicher auch mehr Details. Seine Tabletten setzte ich eines Tages einfach ab. Als ich über das unerfüllte Leben von Dr. Brakwart mit Anne sprechen wollte, wurde sie wütend.

– Typisch! Bist du noch zu retten? Der arme Brakwart und sein unerfülltes Leben, Mannomann. DIR geht es nicht gut, DU liegst hier platt auf dem Boden, nicht er! Und du quillst mir hier vor Mitleid über.

Die Beziehung zwischen mir und Herrn Doktor war aber auch unter Annes Supervision nicht mehr zu retten. Ich wurde auf seine standardisierte Art zu reagieren regelrecht allergisch. Wenn ich ihn probeweise testete, reagierte er genauso, wie es vorauszusehen war.

Ich sagte zum Beispiel:

– Mich haben immer schon alle Geschichten stark erregt, in denen es um die Blutrache ging.

Darauf er:

– Sehen Sie, sehen Sie, ich sag dazu nichts weiter. Am besten, Sie denken sich selbst etwas dazu. Über Ihre unbewußten Rachephantasien haben wir schon ausgiebig gesprochen.

Manchmal hätte ich ihm gern mit der Handfläche frontal auf seine breite Glatze eine geklatscht – um zu sehen, was er dazu zu sagen hätte. Aber ich mußte ihn unbedingt schonen. Er durfte nicht einmal ansatzweise zum Thema unserer Gespräche werden; er hätte mitbekommen können, daß er mir leid tat. Als Ablenkungsmanöver bot ich Dr. Brakwart manchmal Geschichten an, die ich selbst gar nicht glaubte. Auch um ihn mit einigermaßen gut interpretierbarer Ware zu füttern. Als er mir einen völlig überflüssigen Vortrag darüber hielt, daß ich mich persönlich nicht bedroht fühlen mußte, erzählte ich ihm von zwei Männern, die unweit unseres Hauses lange Stunden in einem Auto auf der Lauer saßen.

– Sie hatten sogar ein Fernglas dabei.

– Das mit der Observation können Sie gleich vergessen, das haben die doch gar nicht nötig! Die machen in ihren Büros nur ihre Arbeit.

Als er mich einmal fragte, wovor ich in der letzten Zeit konkret Angst gehabt hatte, entschloß ich mich, ihm etwas Echtes vorzulegen.

– Wenn ich einen älteren, nicht beantworteten Brief liegen sehe, bekomme ich oft Angst wie ein Schlachtvieh vor der Hinrichtung.

– Sie übertreiben aber gewaltig, geben Sie es zu!

– Nein, nein, so ist es. Auch wenn ich irgendwohin zu spät komme, habe ich das Gefühl, man würde mich umgehend irgendeiner Höchststrafe zuführen.

Unsere »Arbeit« ging auf diese unsaubere und unproduktive Art weiter, und ich sah darin immer weniger Sinn. Dr. Brakwart leistete sich manchmal tatsächlich sehr unprofessionelle Dinge. Er empfing mich eines Tages mit einem so düsteren Gesicht, daß ICH ihn als erster fragen mußte, was los sei. Es war aber nur ein katastrophaler Einbruch seiner Aktien. Als ich dann abends in der Zeitung nachschaute, wurde mir die Sache klar – ich entdeckte unter den Verlierern seine top-sicheren Tips, von denen ich seinerzeit auch profitieren sollte.

Etwas Entscheidendes erzählte ich Dr. Brakwart bis zum Schluß nicht. Das lange Zurückhalten dieser Schlüsselgeschichte machte mir mit der Zeit immer mehr Spaß. Dr. Brakwart hat von dem absolut humorfreien Fenstersprung meiner Mutter also nie erfahren. Mit den Späßen und dem Lachen war es in Theresienstadt irgendwann zu Ende, meine Mutter wohnte sowieso nicht mehr in der Hamburger, sondern in der Dresdner Kaserne bei ihrer Freundin Cipora. Sie sprang aus dem zweiten Stock im Südtrakt des Hofs. An den Tagen davor litt sie an einem Nietzsche- und Zahlenwahn, war nach einer überstandenen Typhusinfektion nicht ganz bei sich und hatte hohes Fieber. Außerdem fuhren gerade in dieser Zeit mehrere ihr nahe Menschen mit den Transporten nach Polen ab.

Der Nietzsche- und Zahlenirrsinn war für meine Mutter sicher eine gute Möglichkeit, mit der Situation fertig zu werden; leider machte sie mit ihrem Gerede alle ratlos. Für Mathematik hatte sie ansonsten nicht viel übrig, und über Philosophie wußte sie damals auch recht wenig. Sie sprach trotzdem dauernd wie Zarathustra und berechnete konsequent alles, was sie betraf, mit Hilfe von komplizierten Formeln. Die von ihr errechneten oder phantasierten Zahlen gaben ihr dann Vorgaben zum Handeln; sie brauchte niemanden und wollte keine Hilfe. Die Zahlen befahlen ihr schließlich, aus welchem Fenster sie springen sollte. Und sie sprang – exakt nach den Vorgaben – aus dem linken Drittel der Fensteröffnung im zweiten Stock. Das Fenster zeigte mir meine Mutter, als man uns bei unserem Ausflug nach Theresienstadt in den Hof der Dresdner Kaserne kurz hineinließ. Sie erzählte über ihren Sprung mit ihrem besten breiten Lächeln.

– Dort oben, zweiter Stock. Damals war dort eigentlich kein verglastes Fenster – dahinter ist ein Gang, ein längerer Flur. Diese Gänge hatten am Ende eben offene Fensteröffnungen; es hat zum Springen regelrecht eingeladen.

Dr. Brakwart hätte sich über diese Geschichte im professionellen Sinne sicher gefreut – wir hätten daran schön »arbeiten« können. Und er hätte sich bestimmt auch darüber gefreut, daß dieser Selbstmordversuch alle drei Frauen vor der Gaskammer gerettet hatte. Die Folgegeschichten hätte ich nämlich gleich nachliefern müssen. Meine Mutter sprang damals nicht auf etwas Weiches, sondern auf den gepflasterten Hof; sie zertrümmerte sich beide Füße und das Becken. Aus dem Grund lag sie dann monatelang im Krankenhaus. Dort kam sie zwar vor Schmerzen fast um, ihre Mutter und Schwester blieben in dieser Zeit aber von den entscheidenden Ausrottungstransporten verschont. Und da meine Mutter noch sehr jung war und relativ weiche Knochen hatte, konnte sie nach der Genesung wieder einigermaßen gut laufen. Ein geschickter Chirurg flickte und formte sie nach ihrem Sprung wieder zusammen, gab ihren Füßen und ihrem Becken ungefähr die Form, die sie haben sollten – packte sie also in massive Gipsverbände. Sie sah so aus, wie man es aus Karikaturen von Unfallopfern kennt. Als sie wieder aufstand und laufen konnte, gab es Applaus vor der versammelten Krankenstation. Ursprünglich hatte man sie auf eine Existenz als Krüppel vorbereitet. Bei der späteren Selektion in Auschwitz sah man ihr überhaupt nichts mehr an.

Großes Glück hatten sie alle – sie, ihre Schwester und ihre Mutter – noch mehrmals. Nicht nur, daß sie alle drei überlebten, sie blieben auch die ganze Zeit in den verschiedenen Lagern zusammen. Und zwar ohne sich in diversen Schlangen oder Schleusen vorzudrängen oder sich um Protektion zu kümmern. Im Gegenteil. Man nannte sie schon bald »die dummen Schornsteins«. Zu dritt flohen sie schließlich auch vom Todesmarsch. Im Wald veranstaltete meine Mutter trotz ihrer schmerzenden Beine gleich einen wilden Zickzacklauf. In der Marschkolonne wäre sie fürs kleinste Ausscheren erschossen worden.

Zu der Selbstmordgeschichte meiner Mutter gehört noch folgendes: Sie wurde mir zu Hause lange verschwiegen; und am Anfang der Gespräche mit Dr. Brakwart fiel sie mir auch nicht gleich ein. Ich hatte es ursprünglich also nicht vor, sie ihm vorzuenthalten. Jetzt lag für mich wieder alles klar und griffbereit da, ich sah sogar plastisch vor mir, wo und wie mir verschiedene Geschichten erzählt worden waren. Wenn Dr. Brakwart nicht Dr. Brakwart gewesen wäre, hätte ich ihm einiges doch gern geschildert. WIE ich zum Beispiel die Szene mit den aufgereihten nackten Frauen und ihrem Doktor Mengele überliefert bekam, war schon kurios.

Die von Mengele persönlich durchgeführte Selektion verriet mir einmal unerlaubterweise meine Großmutter. Während sie sprach, sah ich meine entsetzte Mutter im verglasten Bücherschrank, wo sich ihr Oberkörper spiegelte; und ich sah, wie meine Mutter still, aber hektisch mit ihren Händen wedelte. Sie konnte den Gang der Dinge aber nicht mehr stoppen. Erinnern kann ich mich noch genau an Großmutters stolzen Ausdruck, mit dem sie mir die Szene beschrieb. Alle Frauen waren trotz der Kälte nackt, trugen ihre Kleider über dem rechten Arm, so daß die Nummer auf dem linken sichtbar blieb. Meine hinkende und für den positiven Ausgang der Selektion viel zu junge Mutter war als erste dran. Und sie schaffte es; sie schaffte es, einige Meter lang nicht zu hinken. Meine Tante, die gerade schlimme Durchfälle hinter sich hatte und völlig abgemagert war, schaffte es auch. Meine Großmutter war zwar nominell nicht zu alt, mit neunundvierzig aber eigentlich chancenlos. Dann passierte ein Wunder. Mengele, der grundsätzlich schweigend arbeitete, sprach sie einigermaßen höflich an, fragte sie nach ihrem Beruf.

– Wäscherin, antwortete sie wahrheitsgemäß, auch wenn es etwas frech klingen mußte. Sie war eine Fabrikantentochter und nach der Heirat Anwaltsgattin.

– Lügen Sie mich nicht an!

– Doch, doch, in Theresienstadt war ich Wäscherin, davor Hausfrau. Und da vorne – das sind meine Töchter.

– Na, gehen Sie schon.

Mengeles einmalige Tat bestand darin, daß er ihr pro forma die Wahl gelassen hatte. Er sparte sich sein Handzeichen. Und meine Großmutter ging zu ihren Töchtern. Für die beiden hatte sie schon zu den Toten gehört.

Meine Großmutter erzählte mir diese Szene – das war deutlich – wirklich mit Stolz. Sie war stolz darauf, Mengele mit ihrem sportlichen und viel jünger wirkenden Körper beeindruckt und seine Macht umgangen zu haben. Für schwere Arbeit war sie nämlich wirklich zu schwach, sie vertrug den Hunger viel schlechter als jüngere Frauen. Ihre Auschwitz-Nummer, die sie Mengele zeigen mußte, kenne ich leider nicht. Die meiner Mutter kann ich mir jederzeit ansehen: A 4313. Nackt habe ich meine Mutter nie sehen dürfen.

Das Fenster in der Dresdner Kaserne, aus dem sie sprang, wollte ich mir aus Scheu eigentlich nie zeigen lassen, Mutter bot es mir bei unserer gemeinsamen Fahrt – mein Vater wollte den eigentlich nicht zugänglichen Hof nicht betreten – direkt an. Allerdings erfuhr ich von ihrem Selbstmordversuch als Kind nicht zuerst von ihr. Als erster erzählte mir ein Dorfjunge während der Ferien davon, nachdem er diese Geschichte bei unseren Bekannten aufgeschnappt hatte. Als er mir gegenüber diese ›schlimme Sache‹ erwähnte, die meine Mutter im Krieg durchgemacht hatte, tat ich, als ob ich wüßte, wovon er sprach. Dieser Junge hatte mir aber noch viel mehr voraus, er brachte mir das Onanieren bei.

Eines Tages entschloß ich mich, den armen Dr. Brakwart zu verlassen, teilte es ihm allerdings nicht direkt, sondern vorsichtshalber schriftlich mit. Die Engelsstimme rief dann noch zweimal an und besüßte kurz unseren Anrufbeantworter. An manche Gespräche mit Dr. Brakwart denke ich trotz allem nicht ungern. So traute er sich beispielsweise, meinen Namen wegen Auschwitz mehrmals als etwas zu sprechend zu kritisieren. Er grübelte lange darüber, warum mein Vater bei der Trauung unbedingt den Namen seiner Frau annehmen wollte. Mir wurde es von den Eltern nie schlüssig begründet.

Die Lagebesprechung

Da ich immer seltener die Wohnung verließ, bekam ich viel weniger mit, was in unserem Haus geschah. Zu Begegnungen mit Frau Schwan kam es kaum noch. Einmal, als ich gerade zu meiner »Sonderbehandlung« in der neuen Praxis aufbrechen wollte, wünschte sie mir einen erfolgreichen Tag. Übrigens hatte Anne den Eindruck, daß es unten im Parterre etwas ruhiger geworden war und Frau Schwans Stinketür seltener offenstand. Zu dramatischen Treppenhausszenen kam es allerdings, als einige Damen Frau Schwan vorschlugen, ihr beim Frühjahrsputz zu helfen. Wie sensibel die Beauftragten vorgegangen waren, weiß ich nicht, im Treppenhaus wurde es eines Abends aber unglaublich laut. Ich hörte Frau Schwans erregte Stimme und erlebte zum ersten Mal, wie wunderbar sie schimpfen konnte. Sie kreischte, daß man heutzutage kein Verständnis für die Situation alter Menschen habe; außerdem auch keine Ahnung von der Giftigkeit der Autoabgase. Und überhaupt – man berücksichtige nicht, wie muffig es im ganzen Keller rieche. Hinter dem Hilfsangebot vermutete sie mit gutem Grund Herrn Kabrow.

– Und was fällt Ihnen überhaupt ein! Bei mir ist alles tipptopp sauber. Ich habe die kleinste Wohnung im ganzen Haus, nicht nur die kälteste. Hier, wo Sie jetzt stehen, wo der Korridor ist, wissen Sie, dort haben Sie Ihr großes Wohnzimmer! Und ich habe nur Ofenheizung! Im Büro drüben heizen sie sich dumm und dämlich mit ihrem Gas, ziehen sich trotzdem dicke Socken an, fragen Sie die Sekretärin. Früher war das so ein nettes Haus, alle waren nett zueinander!

Ihre Wohnung, fügte sie noch hinzu, sei wegen der fehlenden Quadratmeter etwas voll, ansonsten sei aber alles, was sie aufbewahre, in einwandfreiem Zustand. Für viele Dinge hätte sie längst Interessenten beziehungsweise regelmäßige Abnehmer. Aber auch Antiquitätensammler gingen bei ihr ein und aus.

Statt des Frühjahrsputzes bei Frau Schwan hatten sich die Aktivisten des Hauses dann die Rettung unseres vernachlässigten Vorgartens vorgenommen. Zu diesem Thema gab es zwar schon eine umfangreiche Korrespondenz mit der Hausverwaltung, diese unternahm aber nichts. Jetzt einigte man sich im Haus darauf, die Wildnis voller Flaschen, Büchsen und Zigarettenschachteln eigenverantwortlich zu veredeln. Anne war bei der entscheidenden Mieterversammlung dabei. Der Hausverwaltung wurde nur mitgeteilt, daß man ein wiederholtes Nicht-Reagieren als Zustimmung deuten und sich dann – ohne damit finanzielle Forderungen zu verbinden – an die Arbeit machen würde. Manche Äste unserer Büsche reichten inzwischen bis zur Mitte des Bürgersteigs, so daß es vor unserem Haus schon einige Fahrradkollisionen gegeben hatte. Vor allem die Schnellfahrer hatten vor der Verengung keine ausreichende Übersicht – und auf den Bürgersteigen gilt, wie man weiß, nicht unbedingt strenger Rechtsverkehr. Ich selbst sah einmal einen Mountainbiker, der in den Ästen hängengeblieben war und vom Sattel gezogen wurde – wie in einem Western. Bei dem Wochenendeinsatz machten fast alle mit. Frau Schwan, mit deren Anwesenheit gar nicht gerechnet wurde, ließ sich nicht blicken. Herr Kabrow war fleißig, nur ungewöhnlich still; immer wieder guckte er verbissen oder etwas unfokussiert ins Ungewisse. Wahrscheinlich behagte es ihm nicht, daß er nicht der Leiter der Aktion war. Er war der einzige, der die Stimmung des »Hauskollektivs« störte. Diese hätte fast in die Aufbauphase der DDR gepaßt.

Ansonsten vereinsamten Anne und ich zunehmend. Die Kontakte zu unseren Freunden reduzierten sich stark, wir bekamen kaum Besuch, und unsere Behausung sah ziemlich wüst aus. Freunden konnte man nicht ehrlich schildern, wie es »um mich stand«. Egal, wie man es anpackte, es klang so schwer nachfühlbar, daß wir gleich hätten sagen können, ich wäre nicht ganz richtig im Kopf. Zu Annes Eltern in Kiel hatten wir immer schon wenig Kontakt, und was meine Eltern betrifft, wurden sie über die Probleme mit der Krankenkasse nur ganz vorsichtig informiert. Ich hatte sowieso gleich gespürt, daß ihnen der Konflikt zu große Angst machte und sie nicht unbedingt alles wissen wollten. Sie bekamen später kurze Berichte über mein Engagement in dieser Sache zu hören und wußten, daß ich wieder regelmäßig behandelt wurde. Speziell für sie erfand ich einen »zeitlich begrenzten Kompromiß mit der Kasse und der Kommission« und stellte sie damit ruhig. Meinen Nervenzusammenbruch bekamen sie gar nicht mit. Diese Geheimhaltung war allerdings erstaunlich einfach durchzuhalten – sie hörten, wenn sie hätten etwas erraten können, nicht genau hin.

Mein dauerhafter Erregungszustand übertrug sich langsam auch auf Anne. Sie schlief schlechter, war oft ungeduldig und schimpfte über Dinge, über die sie seit Jahren kein Wort mehr fallen ließ – daß ich zum Beispiel nie freiwillig die Wäsche wusch. Oder sie meckerte darüber, daß sie in meinem Arbeitszimmer, wenn sie eines meiner Bücher oder Lexika brauchte, immer über Papiere, Briefumschläge, Einladungen und zerschnittene Zeitungen laufen müsse.

– Neulich bin ich beinah ausgerutscht, das geht so nicht!

– Auf diesem Belag darf man nicht bremsen.

– Hab ich nicht! Ich habe mich umgedreht und wollte noch mal kurz zurück ...

– Darf man eben nicht.
– Arschloch! Du sollst einfach zuhören – es ist saugefährlich bei dir.
– Was du jetzt machst, ist wirklich dumm, Anne. Ich habe dich immer so bewundert, wie erhaben du über meine Papierkloake gelaufen bist. Jetzt machst du alles kaputt.
– Halt die Klappe!
– Bedenke eins: Sich einen guten Ruf aufzubauen dauert Jahre, verlieren kann man ihn ganz schnell!
– Laß das, du nimmst mich nicht ernst! Noch dazu ist es dreckig und staubig bei dir.
– Kann nicht sein, hab hier vor drei Wochen gesaugt. Und bei dem Herumgeschiebe kriege ich den Staub auch zwischen dem Papierkram weg. Gerade neulich habe ich die schlimmsten Staubmäuse aufgesammelt.
– Ich hasse diesen Dreck! Guck mal hin, da sind sie wieder, deine aufgesammelten Mäuse.
– Du hast auch welche.
– Nicht immer! Und deine sind viel fetter, richtige Staubratten.
– Meine sind einfach elektrostatisch besser drauf.

Ich mußte wehrhaft bleiben, es stand viel auf dem Spiel. Daß ich meinen Papierkram auf dem Fußboden zwischenlagern durfte, war seit langem ein wichtiges Gewohnheitsrecht von mir. Anne war inzwischen aber in voller Fahrt und nahm sich meine nächste Sünde vor.

– Bei dir sieht es sowieso grauenhaft aus. Der Stuhl mit deinen zerknautschten Klamotten ...
– Die kann man alle noch tragen.
– Ja, ja, der Stuhl mit dem Kann-man-alles-noch-mal-tragen-Zeug, den liebe ich. Hier der obere Haufen hat schon eine Schlagseite, bald fliegt dir alles runter. Und zwar auf deine frische Staubmäusezucht. Diese Rattenmotten fressen sich in alle deine Pullover rein.

Wenn ich das Gefühl hatte, sie würde das Augenmaß verlieren, entschloß ich mich manchmal, sie brutal zu stoppen. Die Stimmung war diesmal noch relativ zivilisiert, ich sah ihr aber an, daß sie auf Fortsetzung aus war – und brüllte los, nah an der Grenze zum Heiserwerden.
– SCHLUSS JETZT!!!
Weil es stimmlich aber nicht ganz überzeugend klang, schlug ich zusätzlich mit voller Wucht mit der Handkante auf meine Tischplatte. Anne verkrümelte sich wortlos und war nicht nur verschreckt, sondern fühlte sich – wie sie mir später vorhielt – wegen der unverhältnismäßigen Gewaltanwendung schwer beleidigt. Der Handkantenschlag war leider ein Fehlschlag. Meine Karatezeit lag schon zehn Jahre zurück, und ich hatte kurz das Gefühl, mir den Mittelhandknochen gebrochen zu haben. Ich traf mit der Hand auf zwei Stifte, die unter ausgebreiteten Papieren lagen.

Anne nahm auf meine Dünnhäutigkeit insgesamt aber viel Rücksicht und schonte mich, wie sie nur konnte. Eine Sache bekam ich aber immer wieder zu hören – es ging um meine berufliche und sonstige Zukunft. Sie startete vorsichtig kurze oder längere Vorträge zum Thema »Es geht doch so nicht weiter«; oder »Du solltest dir langsam überlegen, was du DANACH machen möchtest«. Im Prinzip ging es darum, daß ich in die Normalität zurückkehren sollte. Damit schlug Anne in eine tiefe Kerbe ein. Ein Bekannter unserer Familie belehrte in meiner Kindheit wiederholt alle Kinder, die er sich bei Feierlichkeiten und Zusammenkünften greifen konnte, daß der Jude nie aufgeben dürfe und immer versuchen müsse, besser zu sein als alle anderen – sonst ginge er unter.
– Eigentlich läuft doch alles ganz gut. Du hast deine Blutwäsche, und das Geld ist auch da. Ist das nicht

genug? Und alles andere ist auch ziemlich in Ordnung. Zwischen uns zum Beispiel.

– In meinem Kopf ...

– Ich will das nicht mehr hören, ›zerrüttete Nerven ...‹. Als ob unsere Beziehung nicht da wäre.

– Im Grobschlächtigen und Ganzen hast du sicher recht, meine Liebste. Ich bin nur psychisch gesehen ein Wrack, sonst ist an mir alles noch dran.

Über solche Sprüche konnte Anne gar nicht lachen. Sie brachte unsere Gespräche lieber auf irgendwelche realen Geschehnisse.

– Kümmere dich lieber um deine Scheißkälte. Zu dem Homöopathen bist du immer noch nicht gegangen. Bei dem Treffen neulich mit Marie warst du mir richtig unsympathisch.

– Unsympathisch gibt es in der Ehe nicht, nimm das zurück!

– Mach ich nicht.

– Nimm es sofort zurück!

– Ich habe mich einfach geschämt, echt.

Anne meinte einen sonnigen Ausnahmenachmittag, an dem wir uns mit ihrer Freundin Marie zu einer Lagebesprechung im Café getroffen hatten. Es war der erste fast sommerlich warme Frühlingstag des Jahres. Die subtropische Luft überflutete alles, öffnete alle Poren und Geschlechtsdrüsen, ich dagegen erschien im Rollkragenpullover und einer gefütterten Lederjacke – und schwitzte eine ganze Weile tatsächlich nicht. Ich saß da, genoß die warme Luft und die Windstille unter meinen vielen Schutzschichten; um uns herum saßen einige Verrückte in offenen Hemden. Ich spürte trotz allem, wie in mir meine Kälte weiter festsaß – verkrochen bis in das Knochenmark. Anne und Marie wechselten dann plötzlich – ohne es mit mir abzusprechen – zu einem Tisch in der Sonne. Ich folgte ihnen, obwohl ich vor der direkten Bestrahlung

Angst hatte. So passierte, was passieren mußte. Bald begann ich furchtbar zu schwitzen, weigerte mich aber, meine Jacke abzulegen; der nachfolgende Kälteschock hätte mich umbringen können. Bald spürte ich, wie sich in meinen Achselhöhlen kleine Rinnsale in Richtung Erdmitte auf den Weg machten.

Ich flüchtete auf die Toilette, zog mir in der Kabine meine Jacke und meinen Pullover aus und trocknete mich mit Papiertaschentüchern ab. Mein langärmliges T-Shirt zog ich mir anders herum an, so daß ich den nassen Fleck vom Rücken vorn auf der Brust hatte. Ich wedelte dann mit der nächsten Schicht – meinem Hemd – eine Weile, um aus dem Stoff die schlimmste Feuchtigkeit zu vertreiben. In der Kabine war es viel kälter als draußen. Ich fror, meine heiße Rumpfoberfläche schwitzte dabei trotzdem weiter, und ich kam mir wie ein in eine Kühlhalle geratenes Insekt vor. Ich trocknete mich immer wieder ab. Als jemand die Eingangstür der Männertoilette aufriß, spürte ich die tiefkalte Druckwelle so intensiv auf meiner Haut, daß ich zu zittern begann. Ich zog mich wieder vollständig an, stopfte mir zusammenknülltes Toilettenpapier in die Achselhöhlen und ging raus. Draußen setzte ich mich an einen einsamen Tisch im Schatten, bestellte einen Hagebuttentee, und bald ging es mir etwas besser. Als dann dank des Tees die Gefahr drohte, daß mir wieder zu warm wurde, öffnete ich den Reißverschluß meiner Lederjacke; erst einmal vorsichtig zur Hälfte, dann ganz. Dabei fiel leider eine feuchte Klopapierkugel aus mir heraus. Anne litt – trotz der Entfernung von etwa fünf Metern. Ich verdarb den beiden Frauen die Stimmung. Zu meinem Outfit fehlte nur noch meine rotschwarze Pudelmütze. Diesen essentiellen Kopfschutz hatte mir Anne beim Verlassen der Wohnung im letzten Moment heruntergerissen. Sie mochte diese Mütze auch im Winter nicht.

– Nein! schrie sie, bloß die nicht! So gehe ich mit dir nicht raus.

– Du nutzt meine Schwäche brutal aus! Was wird dazu der Allmächtige sagen? Ich darf gar nicht ohne …

Das Mützenverbot stand aber fest. Meine Judenwitze konnte Anne sowieso nie richtig leiden. Daher versuchte ich oft, sie auch mit anderen kreativen Sprüchen aufzumuntern. ›Die Birne brennt, die Birne brennt, verbraucht dabei nichts als Geld‹, sang ich zum Beispiel, wenn sie anfing, über Geldsorgen zu phantasieren.

In der Regel versuchte aber Anne ganz tapfer, den Alltag ohne meine Hilfe zu zelebrieren und unser Familienleben trotz des einschneidenden Personalabbaus zu bewältigen. An ihren etwas zackigen Bewegungen und kleinen Ungeschicklichkeiten konnte ich trotzdem ablesen, wie verzweifelt sie war. Manchmal – und das war das allerschlimmste Zeichen – drückte sie mit ihrer Zunge von innen gegen ihre Wange und schob dann eine kleine Backenbeule hin und her. Sie zu fragen, was sie davon hatte, wäre in den Zeiten ihrer akuten Not aber zu intim gewesen.

Die Irre

Einmal brach Annes angestaute Wut mit voller Wucht heraus, ausgerechnet draußen auf der Straße. Wir gingen zum Auto, sie redete auf mich ein, obwohl ich sie schon mehrmals gebeten hatte aufzuhören. Ich ließ sie reden, reagierte nicht mehr und beobachtete demonstrativ einige Mädchen auf dem gegenüberliegenden Bürgersteig. Das machte sie noch wütender. Wir bogen um die Ecke, wo die Autos quer zum Bürgersteig standen, und ich sah von weitem, wie dort eine Frau vorsichtig versuchte, rückwärts auszuparken. Dabei drehte sie den Kopf in schneller, nervöser Abfolge ganz wild nach links und rechts und wieder nach links und rechts – ihre halblangen Haare hoben sich dank der Zentrifugalkräfte wie die Zottelborsten in Autowaschanlagen und klatschten sie abwechselnd ab. Sie machte trotzdem alles richtig – schob ihr Fahrzeug aus der engen Lücke nach und nach heraus. Leider hatte das hektische Umgucken nur zur Hälfte einen Sinn, weil rechts neben ihr ein kleiner Laster parkte. Anne redete unterdessen weiter, sah mich dabei konzentriert an, und von dem Geschehen auf der Straße bekam sie nichts mit. Ich sah aber, wie sich uns allen in vollem Tempo ein großer Lancia näherte; und ich hörte Anne nicht wirklich zu. Nebenbei machte ich noch einen zum Gesprächsthema nicht passenden und nicht wirklich glücklichen Witz.

– Sei bitte gnädig zu mir. Ich bin doch nur ein armer thermodynamischer Krüppel – und befinde mich mitten in einem Überlebenskampf. Bei Kriegstraumatisierten muß man auch viel Geduld aufbringen.

Um Anne das Feld nicht gleich wieder zu überlassen, setzte ich nach.

– Beschäftige dich doch lieber mit meiner ausgefallenen Psychosomatik; als Studienobjekt bin ich doch nicht uninteressant.

Das war in dem Moment zu viel. Und als Witz nicht erstklassig. Anne platzte der Kragen, und sie fing an, auf mich mit beiden Händen einzuschlagen.

– Wie ich deine Psychosomatik satt habe, du Witzboldidiot! Laß mich bitte mit deiner Scheißpsyche in Ruhe.

Ich bückte mich etwas und ließ die Schlägerei schuldbewußt über mich ergehen. Anne drosch ganz süß auf mich ein, tat sich dabei sicher weh.

– Ich kann nicht mehr mit dir, wirklich. Ich kann nicht mehr. Ich laß mich bald scheiden.

– Und dann ab mit mir in den nächsten Transport, nicht wahr. Und sowieso: Darf man einen Vertreter des auserwählten Volkes so behandeln, obendrein in einem so geschwächten Zustand?

Den nächsten Witz, der mir noch einfiel: ›Hau bloß, hau auf den armen Juden drauf!‹, unterdrückte ich lieber. Auch die nächste Variante: ›Wieder werden Juden in Deutschland auf der Straße erniedrigt.‹ Ich schwieg und hielt meinen gesenkten Kopf etwas seitlich, um wenigstens die Verkehrssituation im Auge zu behalten – und sah mit Entsetzen, daß der in dem Lancia sitzende Mann ganz gebannt und fasziniert unsere kleine Schlägerei beobachtete, statt nach vorne zu sehen. Ich war nah dran, in meiner gebeugten Haltung eine Hand auszustrecken und auf das sich hinausschiebende Autoheck der Frau zu zeigen. Diese Geste hätte der Mann aber sicher nur als eine lächerliche SOS-Geste eines Schwächlings gedeutet. Jetzt war ihm nicht mehr zu helfen. Er – der zu Hause vielleicht auch gezüchtigt wurde – beobachtete uns weiter und wog sich in Sicherheit. Es gab ein kurzes Quietschen, und es krachte fürchterlich. Anne schaute fassungslos auf und ließ von mir ab. Diesen Schreck hatte sie allerdings verdient.

– Schnell, sagte ich, komm.

Anne verstand erst einmal nichts, beeilte sich aber brav und ging mit.

– Mir nach, dir vor! sagte ich noch.

Ich machte unser Auto rechtzeitig auf, und im Schutz unserer heilen Karosserie konnte ich endlich laut lachen. Anne verfolgte das Geschehen draußen, ich klärte sie währenddessen auf. Die beiden Unfallgegner standen bald schon aufrecht und nicht blutend auf der Straße und stritten sich. Wir mußten flüchten. Dieses fremde Unglück bei guter Sicht und in intimer Atmosphäre des Autos auszukosten war herrlich.

– Anne, du hast meinen Vorhang wieder zur Seite geschoben, die linke Hälfte – trotz der Warnung. Die Sonne knallt dann voll auf den Computer.

– Welche Warnung meinst du?

– Auf dem Vorhang hängt doch ein Zettel – »Unbefugten Personen ist es nicht gestattet ...«

– Diese Art von Zetteln werde ich ab jetzt grundsätzlich ignorieren.

Trotz der relativen Eintönigkeit und Erlebnislosigkeit der meisten Tage – in meinem Streit mit der Kasse passierte lange nichts Besonderes – machten wir doch immer wieder neue Erfahrungen. Einmal sorgte ausgerechnet Anne für einen extravaganten Event. Abends war sie noch in Ordnung, testete irgendwelche neuen Programme an ihrem Mac und war danach höchstens etwas überarbeitet. Sie sah kurz fern, meinte dann aber, sie würde trotz ihrer Müdigkeit bestimmt nicht schlafen können, und suchte sich eine besonders nachhaltig betäubende Schlaftablette aus. Sie wusch sich kurz und verschwand im Schlafzimmer. Da ich an dem Tag einen viel zu ausgiebigen Mittagsschlaf gemacht hatte, war ich noch ausgesprochen munter und wollte mich beschäftigen. Ich begann im Büro zu stöbern, machte sogar den Computer an und entwarf einen Brief. Dummerweise mußte ich wegen dieses Entwurfs einen Ordner holen gehen, den ich auf einer Ablage im Flur liegengelassen hatte. Dabei beging ich einen fatalen Fehler – ich rannte im Halbdunkeln eine Papprolle mit Plakaten um. Gemeinsam mit der Rolle kamen einige an die Wand gelehnte Latten ins Rutschen und plätscherten auf die Dielen. Als ich sie aufhalten wollte, fiel noch eine Schraubzwinge um; dank meiner Anschubhilfe sogar mit voller Wucht. Der Schlußakkord war knallhart. Anne erschien daraufhin sofort in der Tür – noch während des Knalls, wie eine Zauberin. Bevor ich anfangen konnte, mich zu entschuldigen, lachte sie laut los. Sie hatte dabei irre, weit aufgerissene Augen. Ich war auf böse und inquisitorische Fragen vorbereitet, sie begann aber plötzlich, seltsam wirre Dinge zu erzählen. Die Holzlatten und die Schraubzwinge spielten dabei keine Rolle.

– Hast du gerade was geträumt? fragte ich.

Sie hörte nicht zu, sie war eindeutig ganz woanders – und in voller Fahrt.

– Wo ist der Kinderwagen? Haha! Komm, wir gucken uns die anderen Schubkarren an. Laß mich – faß mich nicht an! Nicht streicheln!

Sie wurde wegen meiner Zudringlichkeit – ich wollte sie nur beruhigen – wütend und sah mich flammend an. Wie eine echte Wahnsinnige.

– Wir dürfen da auf keinen Fall zusammen hin. Auf keinen Fall. Keine Widerrede. Sei bloß still. Ich kenne mich. Ich weiß, was dort los ist!

– Aber Anne, was ist los? Ich bin es.

Sie lachte wild.

– Du? Ich kenne dich doch; ich weiß, wer du bist! Bist du völlig verblödet?

Sie rannte los, ich hinter ihr her; war dabei voll konzentriert, überraschend klar und auf einen Schlag im Vollbesitz meiner Kräfte. Es war zu befürchten, daß Anne gerade etwas Idiotisches vorhatte.

– Das Wasser wird noch hektoliterweise durch die Decke kommen, meinte sie plötzlich etwas nachdenklich, es fließt schon seit Stunden.

Zwischen uns klafften Welten. So schlimm dran wie sie jetzt war ich nicht einmal in meinen bösesten Momenten. Sie ist jetzt irre geworden, dachte ich – glatt ausgeklinkt durch den Schock mitten im Tablettenrausch. Es war ernst, und ich war der Schuldige.

– Anne, was für eine Tablette hast du eigentlich …

– Alles ist klitschnaß geworden, donnerte ihre Stimme, eine Sauerei! Ich wringe die Sachen aus – aber alleine! Misch dich da bloß nicht ein. Ich mach das schon. Ignoranten sind das! Eklig! Diese Idioten …!

Sie lachte hämisch, ihre Stimme war voller wilder Energie, der ich mich absolut nicht gewachsen fühlte. Und eigentlich sollte und wollte ich umsorgt werden. Ich murmelte nebenbei leise: ›Wieso das noch? Alles ist doch schon schwer genug …‹

– Was ist? zoomte mich Anne streng an.

– Nnnn … wir könnten wieder ins Bett gehen.

– Ha! Jetzt doch nicht!

– Okay, okay … wir haben Zeit.

Ich beobachtete aufmerksam meine kleine Amazone, meine frischgeborene Wildsau, und plante dabei schon die rettenden Maßnahmen für den nächsten Tag. Anne lief chaotisch durch die Räume und plante offensichtlich einen Spezialeinsatz. Ich war hinter ihr her wie hinter einem hyperaktiven Kind und war darauf vorbereitet, sie unter Umständen mit Gewalt zu stoppen. Vorsichtshalber gab ich es aber von vornherein auf, sie vom Gegenteil des Unsinns, den sie erzählte, überzeugen zu wollen. Ich war auf DEESKALATION aus. Im Flur nahm Anne unterdessen mehrere Gegenstände in die Hand, äußerte sich kurz zu deren Sinn und Zweck, über deren falsche Plazierung, oder sie erwähnte ihre ursprünglichen Eigentümer. Sie wirkte dabei vollkommen wach und ungetrübt scharfsinnig.

– Diese Reisetasche haben wir den Eltern nie zurückgegeben, was macht die überhaupt hier hinter der Leiter? Warum steht sie im Flur herum? Es ist mindestens fünf Jahre her. Vor zwei Jahren haben sie noch nachgefragt. Ist doch so.

– Du hast recht, genau ... reagierte ich voller Empathie.

– Und was machen hier eigentlich deine Bergschuhe?

– Bitte?

– Warum liegen hier eigentlich immer deine gesamten Schuhvorräte, alles kreuz und quer, Sommer wie Winter? Pfui, da stecken noch Wollsocken drin! Die dampfen hier mindestens schon ein halbes Jahr lang.

– Kann ich morgen mit der Hand waschen, klar, kein Problem.

Anne lief in ihr Arbeitszimmer, um auch dort einen Kontrollgang zu starten. Sie begann in ihren Papierstapeln herumzukramen und fragte mich dabei lauter Dinge, von denen ich keine Ahnung hatte. Die Gefahr, daß sie losschimpfen würde, wuchs enorm. Auch deswegen, weil ich sie unauffällig daran hinderte, übermäßig viel Chaos anzurichten. Gleich am Anfang brachte sie schon zwei getrennte Stapel mit unterschiedlichen Materialien völlig durcheinander. Aber sie fand dabei wenigstens einen Plakatentwurf, von dem sie vor kurzem tatsächlich mehrmals gesprochen hatte. Und den sie auch jetzt murmelnd suchte.

– Ukraine, Ukraine, diese ukrainischen ...
– Du meinst diese Festwochen.
– Hier ist es – die Ukrainischen Festwochen! Und die Sechsunddreißig-Punkt-Zeile war ursprünglich rechts unten, der Idiot hat mir das nicht geglaubt. Und warum muß ich jetzt deswegen im Schlafanzug auf dem Boden herumkriechen? Ich hatte recht!

Sie strahlte kurz und schien zufriedener zu sein. Ich schöpfte etwas Hoffnung.
– Es ist spät, es ist Nacht, Anne. Wir sollten schlafen gehen.
– Ich muß weitermachen. Geh du doch auch arbeiten. He? Guckst du aber blöd! Sag mal. Ich bringe dir den Spiegel vom Flur, warte mal ab, ich zeige dir, was für ein dummes Gesicht du machst. Was hast du denn schon für Sorgen, glotz doch nicht so!

Ich versuchte daraufhin zu lächeln, was ein Fehler war. Sie brach in irres Gelächter aus. Eine Besserung war also nicht in Sicht. Ich schaute kurz aus dem Fenster. Der langhaarige Graphiker und notorische Nachtarbeiter aus dem Haus auf der anderen Straßenseite sah gerade zu uns hinüber. Zwischen uns bestand eigentlich nur eine reine Fernbeziehung, unsere sichtbaren Gewohnheiten kannten wir inzwischen aber recht gut. Ich winkte dem Mann ganz wie nebenbei zu – als ob bei uns alles in Ordnung wäre. Er winkte zurück. Annes Zimmer war wie immer grell beleuchtet, manchmal liefen wir hier auch nackt herum, das kannte er auch schon. Er und seine Frau waren in diesem Punkt noch hemmungsloser. Als bei uns einmal Freunde aus Israel übernachteten und die Frau des Graphikers vollkommen nackt herumtanzen sahen, waren sie schockiert und meinten, dieser Anblick hätte ihr Bild von Deutschland vollkommen umgekrempelt.

Ob sich unser nachtaktives Gegenüber durch mein Winken hatte beschwichtigen lassen, war unklar. Eine wild gestikulierende Anne mit abstehenden und verwirbelten Haaren sah er nicht jeden Tag. Anne war unterdessen mit diversen Papieren und Gegenständen auf ihrem Schreibtisch beschäftigt. Sie verlagerte dort einiges hin und her. Was sie sich dabei gedacht hatte, konnte ich nicht beurteilen. Irgendwann ließ sie sich, als sie unbeweglich auf ihrem Bürostuhl kurz sitzenblieb, vorsichtig umarmen und davon überzeugen, daß sie genug gefunden und geschafft hätte und daß sie wieder ins Bett gehen könne. Sie sah auch wirklich sehr müde aus und wehrte sich nicht mehr. Mir fiel nichts Besseres ein, als auf sie wie in einem schlechten Film einzureden: ›Alles wird wieder gut.‹

– Ich bin müde, sagte sie und sah dabei ganz vernünftig aus.

– Mußt du nicht pinkeln?

– Ja, ich gehe noch ins Bad.

Ich brachte sie ins Schlafzimmer und deckte sie zu. Vorsichtshalber küßte ich sie aber nicht, um nicht der Blutsaugerei oder des Luftraubs bezichtigt zu werden. An Schlafen war danach nicht zu denken. Ich machte den Computer an, suchte in der Datenbank nach Adressen und Telefonnummern – und druckte mir eine Liste von Menschen aus, die für mich und uns morgen hilfreich sein könnten. Annes Arbeit mußte auch weitergehen, ihre laufenden Aufträge würden sicher ihre Freundinnen übernehmen. Für den Fall, daß Anne früh wieder lostoben sollte, packte ich noch etwas Wäsche und Anziehsachen in ihre kleine Reisetasche. Eine Beruhigungs- oder Schlaftablette nahm ich aus Sicherheitsgründen nicht und schlief erst in den Morgenstunden ein.

Anne, unser beider Ernährerin, wachte um acht auf, kam zu mir und lächelte mich etwas abwesend an. Ich lächelte vorsichtig zurück, es passierte aber nichts Besonderes. Anne wirkte klar und blickte mich ohne Groll an.

Ich war auf alles vorbereitet – die Hölle durfte ruhig wieder ausbrechen.
 – Wie hast du geschlafen? fragte sie mich.
 – Nicht viel. Und du?
 – Gut, sehr gut, wahrscheinlich habe ich gestern eine Schlaftablette genommen, ich weiß es nicht mehr.
Sie wirkte etwas verlangsamt, im Bad und dann beim Essen erzählte ich ihr vorsichtshalber noch nicht, was los gewesen war. Sie machte nach dem Frühstück in der Küche kurz sauber, klagte über Müdigkeit und ging noch einmal ins Bett. Ihr zerwühltes Arbeitszimmer betrat sie zum Glück nicht. Ich erledigte anschließend einiges im Büro, sortierte einen Teil der angehäuften Korrespondenz – und fühlte mich dabei etwa zwei Stunden fast ungetrübt glücklich und stark. Bis ich das Gefühl bekam, daß es mir wieder schlechter gehen dürfte.
 – Hast du in meinem Schrank herumgewühlt? fragte mich Anne gegen Mittag plötzlich, nachdem sie wieder aufgestanden war.
Indem ich ihr daraufhin die nächtlichen Ereignisse schilderte und dabei auch meine eigene Verwandlung zum kräftigen Leittier beschrieb, lieferte ich ihr scharfe Munition gegen mich.
 – Ich habe das schon immer gesagt: Ich bleibe stabil, weil ich muß, du kannst dir das Schlappmachen nach Belieben erlauben. Wunderbar!

Rechtsanwalt Drahwermühl-Schuster

Einer der Patienten aus meiner inzwischen vollkommen atomisierten Gruppe klagte gegen seine Krankenkasse schon vor etwa einem Jahr – also lange vor dem Beginn des Konflikts mit der Berliner Kommission. Die Klage war in Stuttgart anhängig, und aus Stuttgart kam auch sein Anruf – er hätte in der ersten Instanz verloren, die Klage wäre abgewiesen worden. Für mich war das ein Schock, weil ich mir von diesem ersten Fall und den lieben Richtern einiges erhofft hatte. Jetzt kam ich plötzlich unter Zeitdruck. Aus rein formalen Gründen konnte ich persönlich zwar noch keine Klage einreichen – ich mußte die endgültige Entscheidung der Kasse abwarten –, ich hätte mich aber längst nach guten Anwälten für Medizinrecht umsehen sollen. Andererseits konnte ich nach dem Umschwenken der KV-Hornissen – also der mündlichen Zusage von Dr. Dr. Horn – damit rechnen, daß es zu einem Rechtsstreit gar nicht kommen würde. Bei einem anderen Patienten aus der Gruppe klappte es auf eine kuriose Art und Weise nämlich auch. Als er nach der ersten Ablehnung seine Sachbearbeiterin anrief und fragte, ob man ihn sterben lassen wolle, antwortete sie mit Nein – und bewilligte seine Therapie, ohne die Rechts- und Aktenlage noch einmal zu prüfen.

Es war sicher kein Zufall, daß kurz nach dem ergangenen Gerichtsurteil ein Brief von meiner Krankenkasse kam. Mir jagte inzwischen bereits das harmlose Logo auf den Umschlägen meiner (»Bleib fit!«)-Gesundheitskasse Angst ein – aus gutem Grund, wie Anne gleich feststellte. Mein letzter Widerspruch wurde abgewiesen und die

Finanzierung der Therapie endgültig abgelehnt. Man berief sich unter anderem auf ein mir unbekanntes Gutachten des Medizinischen Dienstes. Die Argumente, die die wissenschaftliche Beweislage betrafen, waren im Grunde die alten. Das dreiseitige Schreiben war voller für mich unerträglicher Sätze: »Leistungen, die nicht notwendig oder unwirtschaftlich sind, können die Versicherten nicht beanspruchen und dürfen von den Krankenkassen auch nicht bewilligt werden … Auf einen (behaupteten) Erfolg im Einzelfall kann nach neuem Recht nicht abgestellt werden … Die Sach- und Rechtslage wurde eingehend geprüft, dem Widerspruch kann nicht abgeholfen werden.«

Jetzt mußte alles schnell gehen, und ich konnte bei der Suche nach einem Anwalt nicht wählerisch sein. Ich hatte nur einen Monat Zeit; im Gegensatz zu meiner Kasse, die sich für eine Reaktion sechs Monate – über fünf waren es jetzt geworden – Zeit lassen durfte. Der eigentliche Anwalt-Guru für Medizin- und Sozialrecht, der mir von mehreren Seiten empfohlen worden war, lehnte den Fall umgehend ab, da er nur noch Ärzte und keine Patienten mehr vertrat. Das war bitter. Dieser Mann war gleichzeitig Mediziner, dem Gutachter nicht viel vormachen konnten. Am nächsten Tag bekam ich von ihm als Trost ein Fax mit den Namen von zwei anderen Spezialisten. Und ich hatte keinen Grund anzunehmen, daß der Mann, der auf dem Blatt ganz oben stand, nicht ein vergleichbar erfahrener Profi sein sollte. Der Ersatzmann hieß Drahwermühl-Schuster und war angeblich ein engagierter Kämpfer mit großem Herzen. Über den zweiten waren in der Stadt überhaupt keine Informationen aufzutreiben. Nebenbei erfuhr ich noch den Grund, warum es insgesamt nur wenige spezialisierte Sozialrechtler gibt. Auf diesem Gebiet verdient man – wenn man Patienten vertritt – ausgesprochen miserabel.

– Der Drahwermühl soll eine echte Wutpille sein, das gefällt mir, redete ich auf Anne ein.
– Mir gefällt der Doppelname nicht.
Wir wußten allerdings beide nicht, daß emotionsgeladene Anwälte bei den Gerichten als unprofessionelle Querulanten gelten; und auch nichts von den mit Bleistift gekritzelten Geheimzeichen, mit denen die entsprechenden Akten von Richtern oft versehen werden – als Hilfeleistung für alle beteiligten Kollegen. In einer parallel verlaufenden Angelegenheit hatte ich immerhin ein körperlich spürbares Erfolgserlebnis: Die Gynäkologin von Anne empfahl mir eine neuartige Art von leichten Psychopillen, die ich unbedingt ausprobieren sollte; auch aus dem Grund, weil sie nicht süchtig machen würden wie die üblichen Beruhigungspräparate. Diese neuen Tabletten waren tatsächlich himmlisch. Sie brachten mir eine angenehme Art Trägheit, ich blieb mit der Umwelt aber trotzdem frei verbunden. Zwar stellte sich am Ende – also auch nach längerer Einnahme – nicht die versprochene »erheiternde Wirkung« ein, ich war aber insgesamt wirklich viel ruhiger und konnte mich wieder mehr meinen Recherchen widmen.

In meinem etwas benommenen Zustand ging ich in der nächsten Woche zu dem Mann, über den kolportiert wurde, er wäre auf einer BESTENLISTE als die bundesweite Nummer zwei eingestuft worden. Ich war überglücklich und stolz – auf ihn und auf meine Wahl. Herr RA Drahwermühl-Schuster trug ein offenes Hemd ohne Krawatte, dafür band er sich ein buntes Seidentüchlein um den Hals. Als Warnung wirkte es auf mich leider nicht stark genug. Außerdem beeindruckte er mich sofort durch seine aufbrausende Art. Er sprang im Zimmer herum, blätterte im Sozialgesetzbuch (römisch fünf), zitierte Teile seines Lieblingsparagraphen 27 (›die Kassen sind VERPFLICHTET, Krankheiten zu erkennen, sie zu heilen, zu lindern, ihre Verschlimmerung zu verhüten und so weiter … VERPFLICHTET!!!‹), und er zählte außerdem ausschweifend seine beruflichen Erfolge auf. Ich wollte ihn unbedingt gut finden und war überzeugt, den allerbesten Kämpfer bekommen zu haben. Mit gewinnender Freundlichkeit war ich sowieso immer leicht zu beeindrucken. Die weiteren Anzeichen dafür, daß mit dem Mann etwas nicht stimmte, überging ich. Beispielsweise kam mir seine volkstümliche Ausdrucksweise angesichts meiner Lage nicht wirklich angebracht vor, seine Kumpelhaftigkeit wirkte auch alles andere als seriös – immerhin war es unsere erste Begegnung. Die Qualität seiner schriftlichen Ausgeburten kannte ich noch nicht.

– Das ziehen wir durch, eine Schweinerei ist das, ich zeige das den Idioten. Ich habe in der letzten Zeit einiges durchgeboxt, glatt gewonnen, glauben Sie mir – obwohl die Rechtslage so beschissen ist, wie sie ist. Bei der aktuellen Rechtsprechung tun Sie mir eigentlich nur leid. Aber Kopf hoch! Außerdem geht es hier um eine juristische Problematik ersten Ranges! Man darf sich nicht kleinkriegen lassen. Über diesen ganzen Komplex muß sowieso noch gründlich nachgedacht und gearbeitet werden. Ich werde über den Bundesausschuß, den letzten Endes niemand effektiv kontrollieren kann – und außerdem über die Problematik der Richtlinien –, noch eine Doktorarbeit schreiben, warten Sie mal ab! Die ganze Kiste ist von vorn bis hinten verfassungswidrig.

Er redete über alles mögliche, und es war verwunderlich, wieviel Zeit er sich für diese völlig unnötigen Zusatzplaudereien nahm und daß er es nötig hatte, sich vor mir so zu spreizen. Seine Sekretärinnen, die ich mehrmals zu sehen bekam, wirkten stark eingeschüchtert. Wenn sie zwischendurch stören mußten, liefen sie fast auf den Zehenspitzen und sahen grundsätzlich niemandem in die Augen.

– Wissen Sie: Bestenlisten hin oder her, sagte er ganz von sich aus, Bestenlisten sind mir ansonsten völlig Wurscht, nach einer Bestenliste bin ich hier in der Stadt aber die Nummer eins.

Ein weiteres Problem war, daß er meinte, auch in speziellen medizinischen Dingen besser Bescheid zu wissen als alle anderen. Er schimpfte zwischendurch über alle möglichen ›Gutachterignoranten‹, die keine Ahnung hätten. Über die Aphereseproblematik ließ er sich nichts weiter erzählen, unterbrach mich sogar mehrmals; dabei hatte ich das Gefühl, daß er von dieser ›Dialyse‹ bis jetzt noch nie etwas gehört hatte. Er wollte sich in die von mir mitgebrachten Materialien ›in Ruhe einarbeiten‹. Nachdem ich Herrn Drahwermühl-Schuster – es war gegen Ende der zweiten Besprechung – kurz das spezielle Blutfettproblem als eine Sackgasse der Evolution auf molekularer Ebene geschildert hatte, offenbarte er mir seine Minderwertigkeitskomplexe ganz ungeschützt. Er schaute mich nach meinem Offenbarungseid strahlend an – wie ein höheres und auf der richtigen Seite der phylogenetischen Entwicklung stehendes Wesen. Dieser Siegerblick war grauenhaft. Von nun an war ich für ihn ein aussterbendes Sackgassenmodell, das ihm nie Konkurrenz machen, nie auf einer Bestenliste landen würde.

– Eine Sackgasse, sagen Sie, das ist bei mir offenbar nicht der Fall.

Danach erzählte er mir lange über das vergangene Wochenende und seine herrlichen Höchstleistungen beim Rudern.

– Ich bin in Höchstform, für mein Alter beachtlich. Wann hatten Sie den Herzinfarkt? schwenkte er plötzlich um und lächelte mich an.

Der faustfeste Tiefschlag erreichte mich schon bald – in Form einer Klageschrift, die voller unglaublicher Fehler war. Der vollkommen chaotische Text enthielt unbewiesene und nicht belegbare Behauptungen, sprachlich und gedanklich war er eine reine Katastrophe – aus medizinischer Sicht sowieso. Der Mann hatte in meinen Unterlagen sicher nur kurz geblättert und den Schriftsatz anschließend locker aus dem Bauch diktiert. Einwände seitens seiner Schreibkräfte hatte er nicht zu befürchten. Einige juristische Sprachbesonderheiten und beeindruckende Formulierungen verstand ich zwar nicht gleich, das war aber nicht das Problem. Diese eher theorielastigen Stellen wirkten ohnehin wie aus Textbausteinen zusammengesetzt oder aus fremden Klageschriften abgeschrieben. Die eigentlichen Passagen zu meinem Fall waren dafür voller Sprünge, Wiederholungen und abgebrochener Argumentationslinien. Manche Absatzfragmente tauchten sogar mehrmals auf. Der aufgeregte Ton und die vielen umgangssprachlichen Ausdrücke wirkten völlig deplaziert. Zu guter Letzt war das ganze Elaborat höchst kurios formatiert, so daß es schon optisch ungenießbar wirkte – zwischen den Wörtern klafften riesige lesefeindlichen Lücken. Noch bevor ich mit den aufreibenden Korrekturarbeiten fertig war, rief ich vorsichtshalber in der Kanzlei an – mir fiel in einer Schrecksekunde ein, daß die Klageschrift schon abgeschickt worden sein könnte.

– Die ist längst auf dem Weg, meinte die Sekretärin.

Ich ließ mir sofort Herrn Rechtsanwalt persönlich geben. In mir herrschte Alarmstufe Panik.

– Wir sind doch so verblieben, Herr Drahwermühl, daß ich wegen der vielen medizinischen und persönlichen Daten noch einen Blick drauf werfen sollte.

– Was stellen Sie sich vor, bei diesem Betrieb! Ich kann nicht jedem alles zum Lesen geben! Unmöglich! Es ist alles in bester Ordnung, Sie können das doch gar nicht beurteilen! Der Kern des Schriftsatzes ist im Grunde eine kleine Doktorarbeit. Sie überschauen das Ganze einfach nicht.

– Haben Sie sich das Material von mir durchgelesen?
– Natürlich, natürlich, was denken Sie sich denn!
Es konnte nicht der Fall sein, er hätte sonst niemals so viel Unsinn erzählen können. Auch der Erfolg seiner vielen Übertreibungen war höchst zweifelhaft. Er wußte definitiv, daß die Sozialgerichte schon von Amts wegen verpflichtet sind, selbst zu ermitteln und alle relevanten Fakten zu überprüfen.

– Manche Fehler in der Klageschrift sind so offensichtlich, daß man der Gegenseite damit nur zusätzliche Angriffsflächen liefert, sagte ich.

– IN DEM SCHRIFTSATZ SIND KEINE FEHLER!
Meine Lage war unerträglich. Warum mußte Herr RA Drahwermühl-Schuster schreiben, daß ein entfernter Verwandter von mir auch an dieser genetischen Störung litt und bereits daran gestorben sei, wenn er in Wahrheit bei einem Autounfall umgekommen war? Die Blutfette waren bei ihm nie gemessen worden. Ich entwarf umgehend einen Brief, in dem ich vorsichtshalber nur die wichtigsten Fehler aufzählte und den lieben Mann außerdem höflich und ruhig bat, so etwas wie einen korrigierenden Klage-Nachtrag aufzusetzen. Dabei blieb ich im Ton ausgesprochen sanft und betonte unterwürfig meine Unerfahrenheit und Ahnungslosigkeit in juristischen Angelegenheiten. Wie er auf meinen Brief antwortete, brachte mich fast um.

»An der Klageschrift ist nichts, aber auch gar nichts falsch! Ihre Art, mich zu verunglimpfen, ist bodenlos ... Sie schreiben selbst, daß Sie von der juristischen Seite der Sache keine Ahnung hätten. Da muß ich Ihnen ganz und gar recht geben!« Das Schreiben war das Zeugnis einer wüsten Ego-Eruption. Die verletzte Kreatur vergaß bei ihrem Aufschrei außerdem, worum es bei meinem Konflikt eigentlich ging, und stürzte sich auf mich wie auf einen seiner schlimmsten Feinde. Der Mann hatte sich sicher auch im Gerichtssaal nie unter Kontrolle, hätte sich und mich bei der Verhandlung nur blamieren können. Ich mußte von ihm weg. Leider stand für mich jetzt eine neue Kampffront in Flammen. Als ich später herausfand, daß die gute Plazierung von Drahwermühl auf der »Bestenliste« eine Legende war, wunderte ich mich nicht. Die besagte Liste war keine Rangliste, es war eine alphabetisch nach Städtenamen geordnete Tabelle, und Berlin fängt nun mal mit B und Drahwermühl mit D an.

Es gab Tage, an denen ich pausenlos in Bewegung bleiben mußte – egal, ob ich etwas zu tun hatte oder nicht oder ob ich zum Arbeiten überhaupt in der Lage war. Vollgepumpt mit Unruhe und dem Gefühl, wahnsinnig viel erledigen zu müssen, lief ich draußen wie ein Besessener herum. Wie einer, dessen Aufgabe es eben war, sich zu bewegen. Fitter bin ich dadurch nicht geworden. Ich konnte nach wie vor als »ein Häufchen Unglück im miserablen Wellness-Zustand« bezeichnet werden. Zu einem Schwachpunkt meines Organismus entwickelte sich meine Stimme, die bei lauteren Gesprächen extrem schnell versagte. Manchmal kam ich schon nach kurzen Aufenthalten in Gaststätten völlig heiser wieder heraus. Meine Stimme wurde so zu einem Barometer für meine dauernd schwindenden Energiereserven. Außerdem zeigte sie mir Spannungen an, die ich nicht unmittelbar spüren konnte. Ich wurde auch bei leiseren Gesprächen plötzlich heiser, und es zeigte sich oft erst später, daß mein Gegenüber zu mir tatsächlich nicht ehrlich gewesen war.

Ich wurde gemeingefährlich und manchmal auch eine regelrechte Bedrohung für mich selbst; kurz gesagt wurde ich zu einer explosiven Mischung aus Idiotie, diffuser Aggressivität und Selbstsabotage. Von früher kannte ich so etwas nur vom Hörensagen. Eine Freundin von Anne schnitt sich mit ihrem elektrischen Brotschneider regelmäßig von ihrem fleischigen Händchen etwas ab; oder sie schnitt sich mit scharfen Messern so tief ins Fleisch, daß sie froh war, in den Fingern etwas Hartes wie Knochen zu haben. Immer wieder führte uns diese Frau einen oder zwei ihrer Finger in Verbänden von unterschiedlichem Verschmutzungsgrad vor. Jetzt war leider ich dran. Ich sah mich plötzlich, wie ich spitze Gegenstände falsch herum hielt und mir beim Versuch, mich an der Stirn zu kratzen, beinah ein Auge ausstach. Bald war ich so weit, daß ich – wenn ich etwas Spitzes in der Hand hielt – den Wunsch spürte, mir mit Schwung tatsächlich ein Auge auszustechen. Beim Kochen hielt ich Töpfe nicht fest genug in den Händen und hantierte mit den Kochgut-Bomben so unvorsichtig, daß ich bis heute einige sichtbare Brühnarben habe. In meiner inneren Gehetztheit stieß und verhedderte ich mich andauernd, brachte oft die Reihenfolge von ansonsten eingeübten Handgriffen durcheinander. Auch die schlimmsten Kopfstöße meines Lebens verpaßte ich mir in dieser Zeit. Ich richtete mich unter geöffneten Küchenschränken auf oder rannte gegen niedrigliegende Rohre. Einmal fiel ich sogar vor Bekannten meiner Eltern, die zum Kaffeetrinken vorbeigekommen waren, wie ein Strohsack von einem schmalen Küchenstuhl, als ich bei einer Drehbewegung meinen Schwerpunkt auf die Stuhlkante verlagerte und den nötigen Halt in der Luft nicht mehr fand.

Ich bekam auch beim morgendlichen Ankleiden Schwierigkeiten, weil ich dabei oft an etwas anderes dachte. Wie gepflegt und ordentlich ich aussah, war mir inzwischen sowieso egal. Manchmal zog ich mich einfach nicht bis zu Ende an und machte mich in meinem Halbwert-, also Zerfallszustand auf den Weg durch die Wohnung. Ich schleifte dann eine dreckige Unterhose hinter mir her, die in einem der Hosenbeine steckengeblieben war; oder ich kam plötzlich nicht weiter, weil mir meine offene Hose auf die Knie fiel. Oder ich trug einen Pullover, den ich mir erst später richtig überziehen wollte, um den Hals wie eine Halskrause und machte ihn beim Waschen naß – oder bepinkelte einen der Ärmel. Oft ging ich in äußerst ungünstiger Aufmachung sogar aus dem Haus. Was mir manchmal aus der Nase herausschoß, war auch neu. Einmal verschluckte ich mich beim Essen so furchtbar und hustete so heftig, daß ich eine Weile Knäckebrotkrümel schnaubte.

Draußen in der feindlichen Welt kam ich mir mittlerweile wie ein Greis vor – auch wegen meiner etwas schleichenden Gangart. Auf manchen Fotos aus diesen Monaten sehe ich furchtbar zerknittert aus – als ob ich gerade einen Intensivkurs fürs sozialverträgliche Ableben absolviert hätte. Die Intensität meines Greisenbewußtseins kam eventuell auch daher, daß ich im Gegensatz zu echten Greisen innerhalb ganz kurzer Zeit zu einem von ihnen geworden war. Greisenhaftigkeit oder Vorboten von Alterungsprozessen sah ich bald überall um mich herum. In der Stadt waren die unterschiedlichsten, bereits bedrohlich zerfallenen Organismen in Bewegung. Als Ausgleich dazu sah ich mir gern – damit vergnügen sich auch andere Opas – junge Menschen und Kinder an. Irgendwann fingen diese Biester aber an, über mich zu lachen. Schuld daran war einmal meine Pudelmütze. Früher wäre ich bestimmt rot geworden, jetzt war mir dieses Lachen wunderbar egal. Ich freute mich gemeinsam mit ihnen – in angenehmer Resignation. Ich war froh, daß sie etwas zum Lachen hatten. Dabei lächelte ich bestimmt etwas übertrieben stark zurück – wie ein perverser Onkel.

In dieser trüben Zeit machte ich mir zunehmend Gedanken über Guido und sein Geld. Mit meinen Erfolgsaussichten sah es düster aus; bei unserem letzten Telefonat wirkte Guido ziemlich düster. Dies hing aber eher mit börsennahen Dingen zusammen. Als er kurz darauf spontan nach Berlin kam, hatte er wieder blendende Laune – und ich war in der Lage, ihn lächelnd zu empfangen und ihm mein Büro vorzuführen. Da ich bei meinen Tiefenrecherchen so viel Material angehäuft hatte, war es kein Problem, Guido zu beeindrucken. Die Pressemappen quollen über, die unterschiedlich gegliederten Kontakt- und Adressenlisten und die nach verschiedenen Kriterien sortierten Übersichten aus der Datenbank sahen sehr professionell aus. Zum Teil war ich selbst überrascht, was ich alles besaß und geleistet hatte. Daß vieles für die Entscheidungsprozesse bei den Gerichten von vornherein irrelevant war oder sich in der jüngsten Zeit als irrelevant erwiesen hatte, mußte Guido nicht wissen. Guido freute sich außerdem, daß mit meinem Herzen alles in bester Ordnung war. Bessere Nachrichten konnte ich ihm eigentlich nicht präsentieren.

Das Beben

Als Frau Schwan wieder für längere Zeit ins Krankenhaus mußte, bekam ich öfter unangemeldeten Besuch. Detlef erschien, um zu berichten; er machte sich um Frau Schwan ernste Sorgen. Der Riese war manchmal dabei, der Hinker schleppte sich zweimal zu uns hoch, nachdem er Frau Schwan unten nicht angetroffen hatte. Detlef kam meistens leicht angetrunken an, hielt aber keine Bierbüchse in der Hand. Man sah ihm an, wieviel Mühe er sich gab, die Form zu wahren und sich gut zu benehmen. Das hatte natürlich einen bestimmten Grund. Er wollte durch Freundlichkeit und übertriebenes Zuvorkommen unser Vertrauen gewinnen und so vielleicht – ich sah es ihm an – unsere Wohnung kennenlernen. Ich hatte grundsätzlich nichts dagegen und auch keinen besonderen Grund, ihm zu mißtrauen.

– Dort haben Sie sicher das Wohnzimmer, sagte er, als er sich einmal im Flur relativ weit vorgewackelt hatte.

– Ja.

– Und Sie arbeiten zu Hause, Ihre Frau auch. Das finde ich Klasse. Daß ich nicht störe ... hoffentlich störe ich nicht.

– Ich arbeite meistens hinten.

Das nächste Mal schlug ich ihm vor, ihm nicht nur das Wohnzimmer, sondern auch meine beiden Arbeitszimmer zu zeigen. Detlef mußte für seine Ausdauer belohnt werden. Beim Gang zu dem hinteren, wild aussehenden Computerraum stand für mich allerdings fest, daß unser Schlafzimmer tabu bleiben würde. Als ich dann aber abbog und meine Schwelle überschritt, ging Detlef einfach weiter, faßte sich zwischen die Beine und verschwand in der letzten übriggebliebenen Tür – also dort, wo er niemals hineingelangen sollte. Ich war sprachlos. Er kam gleich wieder lächelnd raus, strich sich über seinen Hosenschlitz und strahlte entwaffnend.

– Mein Hosenstall war offen, ich mußte mir die Hose zumachen.

– Aha, sagte ich.

Für seine Genialität konnte ich ihn in dem Moment nur bewundern. Der alte Hase wußte, daß er nie wieder so nah an das Ziel seiner Träume kommen würde. Eines Tages kamen sie alle drei zusammen: Detlef, der Riese und der Hinker. Es war abends gegen neun; und sie fragten höflich, ob sie hereinkommen dürften. Sie hatten kein Bier dabei. Nach Flachmännern fragte ich sie nicht und suchte sie auch nicht ab. Da es im Flur für uns alle zu eng war und ich sie von Annes Tür weglocken wollte, winkte ich sie in das vordere Arbeitszimmer, und wir setzten uns dort – das war Detlefs Vorschlag – auf den Fußboden. Ich bekam die Fortsetzung ihres diffusen Krankenberichts über Frau Schwan zu hören.

– Angenehm trockene Luft hier im dritten Stock, meinte Detlef.

Nach einer Weile fragte er endlich das, was er wahrscheinlich schon länger fragen wollte: Ob er nicht für jeden ein einziges von den Bierchen holen könne, die er bei Frau Schwan deponiert hätte. Da ich, bevor die drei ankamen, bei den Versuchen zu lesen zweimal kurz eingenickt war, kam mir diese Abwechslung entgegen. Ich trank seit längerem kaum Alkohol, jetzt freute ich mich darauf. Überraschend war, daß die Männer an diesem Tag – vielleicht als Gegenleistung – bereit waren, mehr über sich zu erzählen. Ich erfuhr einiges über ihre früheren Beziehungen und über ihr bürgerliches Vorleben.

Detlef erzählte nicht viel Konkretes, nur daß er lange in einer Fabrik für Kühltechnik gearbeitet hatte. Er vermied es, zu verraten, als was er dort beschäftigt war und mit welcher Qualifikation. Er erging sich – vielleicht um sich in dem Raum voller Bücher und Akten zu beweisen – lieber in allgemeinen Überlegungen über die Schwierigkeiten des Zusammenlebens zwischen Männern und Frauen. Der Riese war etwas offener. Aus einigen seiner Andeutungen erfuhr ich, daß er von seiner Frau intensiv gehaßt wurde. Sie mußte ihn aber hassen, dachte ich, weil sie ihn in ihrer Situation als Hilfe und Stütze unbedingt gebraucht hätte. Sie litt an Muskelschwund. Kaputt war die Ehe schon lange, zur Scheidung kam es aber erst vor kurzem. Zu den Kindern hatte der Riese inzwischen gar keinen Kontakt mehr.

In dem Moment, als er über die Krankheit seiner Frau erzählte, klingelte es. Es war der neue Mieter, der gerade vor zwei Tagen mit Frau und Sohn in die Wohnung über uns eingezogen war. Er entschuldigte sich wegen der späten Störung, wollte aber unbedingt wissen, wer sein Kellernachbar war. Die gemeinsame Trennwand drohte zu kippen.

– Da drückt etwas Schweres dagegen, und irgendwann kommt das Ganze bei mir an. Ich habe dort Kisten mit Wein stehen.

Außerdem wollte er gern einen leeren Kellerverschlag im Luftschutzteil unseres Untergrundes nutzen – vorübergehend für einige überschüssige Möbelstücke. Wir unterhielten uns an der offenen Wohnungstür auch über die Feuchtigkeit im Keller, über die Salpeter- und Schimmelpilzfrage. Ich winkte ihn bald herein, so daß ich die Tür hinter ihm zumachen konnte. Er nahm das Angebot übertrieben ernst und machte im Flur gleich drei große Schritte nach vorn.

– Meine Frau knallt die Tür aus molekular-hygienischen Gründen auch immer gleich zu, Sie haben recht ... Meine Frau hat Physik studiert.

Er stand so weit im Flur, daß er durch die offene Arbeitszimmertür die wild ausgebreitete Sitzgruppe auf dem Fußboden sehen konnte. Er blickte mich kurz an – befremdet bis erschrocken. Detlef, der dort gerade laut lachte, sah man am besten, der Riese lachte ebenfalls laut und beeindruckend tief.

– Mozzarella esse ich nicht, schmeckt nach rein gar nichts, ich lecke auch keine Fensterscheiben ab.

– Hat schon jemand Soße mit zerkochten Wischlappen gegessen? In unserem Fabrikessen waren zerkochte Lappen besonders oft in dicken Suppen dabei.

Die Männer amüsierten sich köstlich. Anne stand nach einer Weile von ihrem Computer auf und kam in den Flur – und mit ihr eine Fughetta von Bach. Im Moment steckte diese eine Bach-CD ständig in einem ihrer Laufwerke, und Anne hörte sie regelmäßig. Der Neunachbar wirkte etwas verwirrt.

– Wie sieht die Wohnung jetzt aus? fragte ich ihn.

– Wir werden noch einiges machen müssen, also selbst machen, dafür ist die Miete okay ...

– Und die Decke mit den ganzen Wasserflecken?

– Das schaffe ich schon, die Flecke muß man ordentlich isolieren.

Trotz des laufenden Gesprächs über die Hausangelegenheiten sah er immer wieder in Richtung meiner Leute, die es sich auf dem Fußboden gutgehen ließen. Detlef gab zwischendurch seine Weisheiten zum besten:

– Gut, daß man erst fünfzig wird, wenn man fünfzig ist. Früher hätte ich das nicht verkraftet.

Dem netten, sportlich aussehenden und offenbar auch handwerklich begabten Mieter zu erläutern, was bei uns los war, war in Kurzform nicht möglich. Ich mußte ihn mit seinen Fragen alleine lassen. Er verabschiedete sich.

Ich ging zurück und sprach den Hünen an.
– Was passiert eigentlich beim Muskelschwund, fragte ich.
– Man wird immer weniger, erläuterte er mir, und das betrifft auch das Herz, weil der Herzmuskel auch ein Muskel ist. Sagt meine Frau jedenfalls. Irgendwann ist dann Schluß, auch wegen der Atmung. Eins der Kinder hat das auch, heilbar ist das nicht.

Die neuen Mieter waren ausgesprochen bewegungsfreudig. Wir dagegen waren es nach dem langen Leerstand nicht gewöhnt, Schritte über unseren Köpfen zu hören. Am Anfang empfanden wir diese Lebenszeichen trotzdem als erfrischend. Ganz so einfach war das Trampeln auf die Dauer aber doch nicht zu ertragen. Die Erwachsenen hatten offensichtlich schwere Knochen und stampften beim Gehen gern etwas kräftiger als nötig. Außerdem schienen sie sich ihre Bewegungsabläufe nicht im voraus zu überlegen, optimierten ihre Gänge also nicht und liefen die gleichen Strecken in schneller Abfolge oft mehrmals hintereinander ab. Auf diese Weise merkte ich zum ersten Mal, wie empfänglich für Schwingungen unsere Decke und offenbar auch unser ganzes, vielleicht etwas kostensparend gebautes Haus war. Vielleicht waren außerdem die Balken kriegs- oder wassergeschädigt. Wenn die beiden Erwachsenen manchmal im Gleichschritt durch ihre Wohnung marschierten, wackelte bei uns jedenfalls alles mögliche. Auch der Junge genoß offensichtlich die große neue Wohnung und rannte mitunter ununterbrochen lange Bahnen hin und her. Sein Zimmer lag ganz hinten, über unserem Schlafzimmer, und er nahm – hatte ich das Gefühl – bei jeder einzelnen Idee, die er seiner Mutter in der Küche mitteilen wollte, den langen Weg nach vorn ausgesprochen gern in Kauf. Zu dieser Zeit begann man in einer relativ schmalen Häuserlücke um die Ecke ein neues Haus zu bauen; und wegen der Tiefgaragen, die man wahrscheinlich besonders tief versenken wollte, rammte man mit unglaublicher Wucht lange Spundbohlen in die Erde. An diesen Tagen tanzte unser Haus regelrecht.

Unser neuer Obernachbar entpuppte sich unterdessen als ein passionierter Sportler – leider war er auch ein Stubenhocker. Beim Spazierengehen sah ich ihn zwar einmal im Park laufen, aber eben nur einmal. Er wollte wahrscheinlich bei jedem Wetter trainieren und besaß deshalb eine Stuben-Tretmaschine. Der sogenannte Stepper kündigte sich mehrmals mit erträglich kurzen Aktivphasen an, zu einem richtigen Trainingsprogramm sollte es aber erst kommen. Ich saß eines Nachmittags steif da, trank zur Aufmunterung starken Tee und hörte dabei mein Herz laut hämmern. Solche belastenden Stunden kannte ich gut, und ich ließ sie meist geduldig über mich ergehen. Anne war nicht da, der Anrufbeantworter nahm Gespräche auf, nichts tat sich. Plötzlich begann unser Haus zu beben. Zuerst relativ schnell, lebendig und sanft, dann unmerklich langsamer, dafür aber kraftvoller. Mein vom Tee angeregtes Herz hämmerte inzwischen auch etwas kräftiger, so daß ich ursprünglich gedacht hatte, es wäre nur mein Herz, das mein leichtes Schaukeln verursachte. Es war aber die Masse des Hauses – und mein Herz. Und das Gebäude wackelte ausdauernd weiter, es hörte und hörte nicht auf. Diesmal ging es oben mit dem Sport wirklich zur Sache – jemand wollte viel weiter und höher hinaus als sonst.

Plötzlich kam noch etwas hinzu. Seitdem ich bei meiner einzigen Reise nach Japan ein leichtes Erdbeben auf der Straße erlebt hatte und das Gefühl kannte, daß sich auch der letzte und einzige Halt unter den Füßen als unsicher erweisen kann, war diese Unsicherheit in mir leicht wachzurütteln. Mein Nachbar trainierte extrem ausgiebig und hatte offenbar vor, noch lange weiterzumachen. Seine Himalaja-Maschine stand an dem Tag wahrscheinlich mitten im Zimmer auf einem besonders schwachen Balken. Der Mann steigerte den Schwierigkeitsgrad. Mein Herz tobte, das Haus bebte immer wuchtiger. Ich geriet in Panik, war aber nicht in der Lage zu fliehen. Das trampelnde Ungeheuer war inzwischen vollkommen außer Rand und Band, stieß abwechselnd gegen irgendwelche Gummipuffer des Gerätes oder sogar direkt gegen den Fußboden. Bei mir kamen jetzt auch die tiefen Huff-Huff-Geräusche der hydraulischen Dämpfer an – wie heftige Atemzüge eines Drachen. Der Mann marschierte mindestens auf den K2, und ich wartete, wann er endlich zu einem Höhenorgasmus kommen würde. Ich drohte zu platzen, ohne daß ich einen Finger rühren mußte – und oben ging es kontinuierlich weiter. Die Zimmerdecke wölbte sich rhythmisch, hatte ich den Eindruck, in unseren Regalen klapperte allerlei Kleinkram. In dieser Steigerungsphase schaukelte mich mein eigenes Herz in meinem Stuhl regelrecht hin und her … eine varietéwürdige Schaukelparade. Vielleicht überlagerte sich jeder zweite Pulsschlag mit den Schwingungen des Hauses; ich war jedenfalls voll im Griff brutaler Resonanzkräfte. Im Regal machte sich eine von Annes bunten Glaskugeln selbständig, fiel zu Boden und rollte irgendwohin, wo ich sie nicht sehen konnte. Draußen wurde es plötzlich dunkler, so daß ich – bevor ich die Regenwolken am Himmel bemerkt hatte – das Gefühl bekam, mein Zeitgefühl wäre kollabiert.

Ich sah die schwarze Dunstmasse, die sich über das Dach des gegenüberstehenden Hauses schob, ich sah dieses Nachbarhaus, das nicht wackelte, ich sah den Fensterrahmen, der das eingrenzte, was von der ruhigen Außenwelt für mich übriggeblieben war. Ich war sicher der einzige Mensch, der zu diesem Zeitpunkt in diesem

Rhythmus und auf diese Art verschaukelt wurde. ›Das ist doch nicht von dieser Welt‹, hörte ich mich sagen. Und ich hätte damals wirklich niemandem plausibel erklären können, was mit mir an diesem Nachmittag los war. Ich hätte einen grundlos durchgeknallten Irren abgegeben. ›Was ist ... wie ist es passiert?‹ hätte man mich sicher gefragt. Und ich hätte nur antworten können: ›Nichts ist passiert. Der Nachbar oben trainierte mir zu lange.‹

Zwei Tage nach diesem Herzbeben platzte bei den neuen Mietern der Druckschlauch ihrer Waschmaschine. Es war spät in der Nacht, und zu uns lief unbemerkt und relativ lange hektoliterweise Wasser herunter. Bad und Flur standen unter Wasser, ein Zimmer teilweise auch. Anne, die diese Kalamität in ihrer Wahnsinnsnacht vorausgeahnt hatte, machte sich Vorwürfe.

– Ich bin eine Hexe! Unglaublich! Was habe ich eigentlich alles erzählt, sag noch mal. Aber muß ich dir das wirklich glauben?

Dank des Wasserschadens kam es zwischen uns und den neuen Mietern zu einer Annäherung. Ich konnte bei unseren Besprechungen der Versicherungsformalitäten den riesigen Superstepper begutachten und die kooperativen Leute bitten, ihn auf eine Schaumunterlage zu stellen; eventuell in einen anderen Raum und dichter an die Wand. Ich hätte aber auch gar nichts sagen müssen. Das Gerät wurde mit der Zeit immer seltener betreten.

Der Informant

Trotz der monatelangen Dauerbelastung sah ich an manchen Tagen immer noch erstaunlich gesund aus. Ich hatte keine schlimmen Ringe unter den Augen, kein eingefallenes oder aufgedunsenes Gesicht. Sogar Frau Schwan, die mich immer sehr genau musterte, sah mir oft nichts an.
– Kommen Sie doch kurz rein!
– Vielleicht gibt es wieder mal eine Gelegenheit …
– Na ja, Partys mache ich aber nicht mehr. Manchmal habe ich hier ein, zwei Leute zu Besuch, höchstens, und selten genug.
Sie meinte noch, ich würde nachdenklicher aussehen und weniger lachen. Auf ihren durchdringenden Blick – zusätzlich hielt sie ihren Kopf gern etwas schräg-kokett – war immer Verlaß. Wenn ich in der Vergangenheit kränklich ausgesehen hatte, hatte sie mich darauf umgehend angesprochen. Und wenn ich ihr zuliebe einen Teil des Problems – eine überstandene Grippe zum Beispiel – zugab, schien sie dabei über mich noch mehr zu erraten. Im Gegenzug lüftete ich in dieser Zeit ein besonderes Geheimnis von ihr. Da ich viel früher schlafen ging als sonst, wachte ich dementsprechend zeitig auf und beobachtete dann gern das Geschehen im Hof und in den gegenüberliegenden Wohnungen. Dort zogen sich unterschiedliche Frühpsychotiker halb blind an, liefen wie fremdgesteuert hin und her, nebenbei zerrten sie noch an ihren muffligen Kindern. Als ich einmal besonders früh wach wurde, sah ich Frau Schwan mit einigen leeren Plastiktüten im Hof watscheln. Kurz danach wühlte sie in der grauen Mülltonne, dann in der Biotonne. Aus der Versenkung tauch-

te ein verschimmelter Tortenboden auf, den ich dort am Vortag auch schon gesehen hatte. In ihre Tüten verstaute sie aber noch einiges mehr. Bei ihrer relativen Armut war es, dachte ich, im Grunde konsequent, den Müll der anderen zu verwerten. Bisher hatte ich das nicht wahrhaben wollen, obwohl ich schon mehrmals bemerkt hatte, daß aus den Mülltonnen Dinge verschwunden waren; einmal meine uralten Turnschuhe, die ich für Dreckarbeiten dann doch wiederhaben wollte und in der Tonne nicht mehr fand. Frau Schwan hob noch einmal den grauen und den gelben Deckel und ging gut beladen zurück. Ihre Sammlung von leeren Plastiktüten war, wie ich wußte, unerschöpflich. Als ich einmal bei ihr in der Küche saß und ihre gefalteten und geschickt gestapelten Tütenvorräte bestaunte, bot sie mir sogar welche an. Was die Größe ihrer Sammlung betraf, legte sie sich eine geschickte Legende zu:

– Alle ganz sauber; also wenn Sie welche brauchen ... Ich hatte einen Bekannten, der nahm sie mir immer ab – jetzt kommt er aber nicht mehr. Soll ich sie alle wegschmeißen?

Zur gleichen Zeit erwischte ich sogar Herrn Kabrow beim Fleddern einer Papiertonne, mitten am Tag. Ich sah ihn schon vom Treppenhaus aus, und als ich unten ankam, wühlte er in der blauen Tiefe immer noch. Das hatte mit seinen üblichen Kontrollgängen wenig zu tun. Als er sich aufrichtete, wirkte er verdutzt. Und mir kam der Gedanke – erst jetzt –, daß er dort theoretisch schon seit langem nach verwertbaren Schriftstücken hätte suchen können.

– Immer wieder ist Plastik drin. Die Leute denken, Zellophan und durchsichtige Folien wären auch Papier, sagte er und hielt mir einen kleinen Zellophanfetzen vor die Nase.

Seit dem Startschuß zu meinem Überlebenskampf war

schon mehr als ein halbes Jahr vergangen. Vielleicht hatte sich Kabrow schon einen ganzen Ordner zu meinem Fall zusammengeklaubt und -geklebt. Ich hatte manche Unterlagenkopien, Briefentwürfe und Ähnliches nicht geschreddert. Es war gut möglich, daß er sich auch eine Tabelle mit meinen Blutwerten angelegt hatte.

– Es ist unglaublich, wieviel Papier man andauernd wegschmeißen muß, sagte ich und sah ihm scharf in die Augen.

– Ja, außer Frau Schwan, meinte er. Wozu braucht DIE immer soviel Papier?

Ich zwang mich manchmal, wieder etwas mehr auf meine äußere Erscheinung zu achten. Mit Hemd und Krawatte fühlte ich mich draußen souveräner. Zu allen offiziellen Gesprächen, für die ich die wichtigsten Akten dabeihaben wollte, trug ich außerdem meinen schwarzen Pilotenkoffer. Ich machte also etwas aus meinem Typ – ab und an jedenfalls. Frau Schwan gefiel ich so am besten. Wenn wir uns auf der Straße trafen und kurz gemeinsam liefen, gaben wir ein beneidenswertes Pärchen ab. Als ich einmal nach einem Gespräch mit einem SPD-Abgeordneten in der Straßenbahn saß, war ich zwar furchtbar erschöpft, äußerlich stimmte an mir aber alles – und ich konnte mit dem Treffen durchaus zufrieden sein. Mir direkt gegenüber saß ein älterer Trinker in ziemlich abgerissenem Mantel. Vor meinen Füßen – also zwischen uns – thronte wie eine Barriere mein eckiger Lederkoffer. Der Mann hatte neugierige warme Augen und sah ausgeschlafen aus. Ich war stolz auf mich, da ich den MdB, der im Gesundheitsausschuß saß, gerade mit ziemlich präzisen Informationen versorgen konnte und auch die Zusage bekam, er würde in meinem Sinne einiges unternehmen. Er wollte sich sogar inoffiziell mit meiner Kasse in Verbindung setzen. Jetzt wollte ich nur noch schnell nach Hause. Der Trinker musterte abwechselnd mich und meinen Koffer, und wir sahen uns während der Fahrt wiederholt in die Augen. Und obwohl ihm sein aktueller körperlicher Zustand und sein Scheitern viel deutlicher anzusehen waren als mir, schien er sich über mich leicht zu amüsieren. Mir waren seine Blicke keineswegs unangenehm. Er sollte ruhig wissen, daß ich die seriöse Aufmachung nur zu meinem Schutz und als Tarnung brauchte. Ich kam während der gemeinsamen Fahrt aber zu keinem Entschluß, ob ich ihm beim Aussteigen noch zulächeln sollte. Die Gefahr, daß er mich mißverstehen würde, war relativ groß.

In Restaurants zu sitzen wurde für mich zu einem Problem, weil die Lokale, die ich und Anne mochten, auch andere mochten. Deswegen waren diese Lokale von vielen, in der Regel gutgelaunten und an Tausenden von Dingen interessierten Menschen bevölkert, die nicht einmal ahnten, was beispielsweise die KV ist. Als ich einmal in einer todesmutigen Anwallung in eine lustige Runde am Nebentisch hineinfragte, ob jemand wüßte, was die KV für eine Funktion hätte, konnten die Leute darüber nur lachen.

– KV? Haha!

Aber sie meinten es ernst. Wie ich bei weiteren kleinen Befragungen feststellte, wußte tatsächlich fast niemand, was die KV eigentlich treibt und wozu sie gut ist. Nur die Allerhellsten brachten die KV in Verbindung mit der Organisation von angedrohten Praxisschließungen, wenn es gelegentlich darum ging, irgendwelche Veränderungen zu torpedieren.

Bei meinen in alle Richtungen laufenden Recherchen kam ich leider kaum voran, ein wirklicher Durchbruch gelang mir ganz zufällig. Und wieder mal dank Annes Freundin Marie. Eine mit Marie befreundete Ärztin ging nach der Wende in die Berufspolitik, war in verschiede-

nen Gremien aktiv und kannte inzwischen einige Würdenträger des Gesundheitswesens höchst persönlich. Einer, den sie besonders gut kannte, saß direkt an der Quelle der Macht, in der eigentlichen Schaltstelle – im BUNDESAUSSCHUSS QUALITÄTSSICHERUNG UND -STANDARDS; genau dort, wo ich immer schon gern einen Spion gehabt hätte. Marie erzählte der Freundin von meinem Konflikt, bis diese sagte:
– Aber dort sitzt doch auch mein Liebster – von dem kommen immer diese großen Blumensträuße. Und er erzählt über seine Arbeit ausgesprochen gern, wenn ihn jemand fragt.

Als mir Marie diese Neuigkeit verriet, wollte ich es gar nicht glauben. Der berüchtigte Ausschuß galt für mich bis dahin als unberührbar. Mein neuer Mann war Chef eines großen Krankenkassenverbandes. In dieser Funktion hatte er in dem Ausschuß einen festen Sitz – und hatte im Grunde auch »meine« Richtlinie zu verantworten. Ich bekam zuerst die Telefonnummer der Freundin, von ihr erhielt ich dann eine geheimnisvolle Nummer in Düsseldorf; auch die Information, daß ihr Freund bereits Bescheid wüßte und auf meinen Anruf wartete.
– Er ist ganz umgänglich und nett, keine Angst.

In einem meiner Ordner ruhte zwar seit langem eine Liste der Ausschußmitglieder, ich konnte mit ihr aber nie viel anfangen. Zugesteckt hatte sie mir vor längerem mein Schimpfprofi Dr. P. Viele der Namen sagten ihm nichts, genausowenig wie mir. Dr. P. hatte mir damals ans Herz gelegt, die Liste streng vertraulich zu behandeln. Als ich sie jetzt wieder hervorkramte, stand der Name meines neuen Kontaktmannes gar nicht drauf. Am Telefon hatte er eine angenehme Stimme, nahm gleich an, daß ich und seine Berliner Freundin uns seit langem gut kennen würden – und fragte mich nach Details, die ich ihm gar nicht beantworten konnte. Ich sollte seine süße Preußin aber auf alle Fälle, wenn ich sie wieder träfe, ganz herzlich drücken. Darüber hinaus war er voller Bereitschaft, für mich alles nur Erdenkliche zu tun. Ich traute meinen Ohren nicht. Ich schilderte ihm kurz den Stand der Dinge, und weil er mir so zugetan schien, las ich ihm gleich auch meine Liste vor – auch um ihn zu beeindrucken. Ich bat ihn aber, mich nicht zu fragen, woher ich sie hätte. Danach hatte ich das Gefühl, er würde leise lachen.

– Ihr Name fehlt dort aber, wie kommt das?

Er fing dann wirklich an zu lachen.

– Wieso soll die Liste geheim sein? Im Netz ist sie zwar nicht in ›www‹, sondern in unserem Intranet, das alles ist aber trotzdem frei zugänglich. Und die Liste ist nicht komplett.

– Mir wurde sie als internes Material zugesteckt.

– Wissen Sie, man dämonisiert uns gewaltig. Dabei sind wir für alle Anregungen offen. Und wir arbeiten sowieso nur mit Daten und Studien, die alle anderen auch vorliegen haben.

– Für mich war der Ausschuß bis jetzt so eine Art Geheimloge.

– Ach, ach! Man kennt sich in solchen Gremien seit Jahren, auch persönlich, mehr ist es aber nicht. Und manchmal werden die Dinge etwas locker ausgehandelt wie in einem Club. Ansonsten sitzen dort Leute mit ganz unterschiedlichen Interessen, die auch Konflikte austragen müssen ... es ist keineswegs ein Geheimbund. Ihren Kassenchef kenne ich im übrigen gut, seit langem.

– Mit welchem Recht sind diese Richtlinien eigentlich so maßgeblich?

– Das ist einfach SGB fünf, Mantelvertrag und GKV-Neuordnungsgesetz.

– Ja, das weiß ich.

– Na, dann vergessen Sie es wieder; daran können Sie nichts weiter ändern.

– Aber Sie machen dort de facto Gesetze – wie eine Art Parlament.
– Untergesetzliche Rechtsnormen – und die haben eben Gesetzeskraft. Aber ohne das Regelwerk würde das ganze System zusammenbrechen, es geht nicht anders.
– Trotzdem ist mir nicht klar, wieso es hier eine Art Parlament geben darf, das nicht gewählt und öffentlich nicht kontrolliert wird. Ohne Opposition …
– So ist die Sache nun mal konstituiert worden, vom Gesetzgeber, nicht von uns. Trotzdem – auf der einen Seite sitzen die Kassen und auf der anderen die Kassenärzte, es sind zwei Lager.
– Wie läuft es aber, wenn sich zum Beispiel beim Sparen an neuen Therapien alle einig sind? Die Naturheilkunde ist doch deswegen ausgeschlossen geblieben, weil man das Geld mit den Heilpraktikern nicht teilen wollte.
– Wissen Sie, wir kriegen von allen Seiten immer nur Dresche, egal, was wir beschließen. Irgend jemandem paßt es eben nicht. Daran sind wir schon gewöhnt. Und Einigkeit zwischen zwei politischen Lagern kann es unter Umständen auch im Bundestag geben, oder?
– Wie geht es mit meiner Richtlinie weiter? Konkret zeitlich, meine ich.
– Warten Sie mal. Nein, ich hab schon nachgeschaut, Ihre Sache ist vorläufig gar nicht dran. Und bis etwas Neues publiziert ist … Für das nächste Jahr oder die nächsten zwei Jahre können Sie das vergessen.
– Wieso denn das?
– Es ist so. Wer will, kann zwei Jahre wüten. Es wird ihm nichts nützen.
– Sie meinen auch mich?
– Ja, auch. Warum hat man Sie eigentlich als Alleinkämpfer ins Feld geschickt?
– Es war meine Entscheidung.
– Das hier ist aber ein ganz anderes Spiel, wissen Sie.

Wir bewegen Milliarden und tragen dabei auch die entsprechende Verantwortung. Es geht um langfristige Strategien, Einzelschicksale spielen dabei keine Rolle.

– Jetzt bin ich neugierig.

– Na, dann hören Sie mal zu: Sie dürfen nicht denken, daß die Ärzte ihre Patienten danach behandeln, was diese tatsächlich brauchen oder was ihnen hilft. Die Ärzte entscheiden im Grunde danach, wofür sie Geld bekommen. Und das, wofür es wieviel Geld gibt, hängt auch von uns ab, bundesweit. Wir sehen es immer an den Zahlen, was die Brüder so treiben. Eine Therapie kommt in den Katalog – und danach geht es los; sofort bekommt die halbe Bundesrepublik dieses oder jenes Leiden. Es bricht ein Flächenbrand aus, und alle müssen eine spezielle Diagnostik bekommen. Die Summen, die durch eine kleine Verschiebung in Bewegung kommen, sind oft gigantisch. Wir müssen vorsichtig sein! Hinzu kommen noch verschiedene Grabenkämpfe zwischen den Fachrichtungen. Was bei uns als Feedback ankommt, sieht auf den ersten Blick absurd aus.

Ich war vor Aufregung inzwischen ziemlich außer mir – trotzdem hoffte ich, er würde nicht aufhören zu sprechen. Einerseits hatte ich ein dummes Gefühl, Dinge zu erfahren, die ich nicht hätte wissen dürfen, andererseits war es aber auch denkbar, daß diese Interna nicht so furchtbar geheim waren. Mein Maulwurf hatte mich jedenfalls kein einziges Mal gebeten, von unserem Gespräch niemandem zu erzählen.

– Ich will Sie nicht zu lange aufhalten, aber was heißt das alles für mich persönlich?

– Ich würde Ihnen gern helfen, wenn ich könnte. Ich kann noch mit einem unserer Gutachter sprechen. Das sind die eigentlichen Leute, die uns medizinisch zuarbeiten.

– Diese Namen sind aber wirklich geheim, oder? Daß sie niemand unter Druck setzen kann.

– Geheim ist nichts. Wenn Sie hier nur ein bißchen drinstecken, erfahren Sie alles.
– Und die Pharmalobby?
– Da können Sie beruhigt sein, diese Leute wissen mehr als wir alle zusammen.
– Ich kenne Ihre Gutachter nicht.
– Ach so, noch etwas, sagte er, ich habe einen Referatsleiter wegen der Studienlage bei der Lipid-Blutwäsche gefragt. Und die sieht nicht gut aus.
– Das weiß ich.
– Bei der einen Studie hat man zur Hälfte nur Stillstand erreicht.
– Bei Arteriosklerose ist das aber ein großer Erfolg, meinen Sie nicht? Wenn man so etwas stoppt, sterben die Leute eben nicht – oder erst viel später.
– Manche interpretieren das offensichtlich anders. Zusätzlich sind die anderen Arbeiten methodisch nicht sauber, hat man mir jedenfalls gesagt. Und von den Amis ist ausgerechnet hier leider nicht viel zu erwarten. Was die Apheresen betrifft, ist gerade Deutschland weltweit führend, aber das wissen Sie ja. Wie gesagt, ich kenne Ihren Kassenchef in Berlin gut – und kann Ihre Sache mal unauffällig ansprechen, wenn ich ihn sehe. Vielleicht erfahre ich, was dort konkret jetzt abläuft. Rufen Sie mich ruhig wieder an. Im übrigen ist es nicht wahr, daß der Kasse die Hände vollkommen gebunden sind, als Kulanzleistung dürfte sie diese Behandlung ohne weiteres zahlen. In Ihrem Fall sowieso, man hat Sie doch schon jahrelang behandelt. Es gibt so etwas wie den BEGÜNSTIGENDEN VERWALTUNGSAKT, SGB Zehn, Paragraph vierzig oder neununddreißig, sagen Sie das Ihrem Anwalt; vielleicht weiß er davon nicht. Manche Entscheidungen darf die Kasse nämlich nicht einfach zurücknehmen, auch wenn sie rechtlich falsch gewesen sein sollten. Juristisch höchst interessant! Oder Sie suchen sich eine nettere Kasse.

– Na ja ...
– Nein, das war nur ein Scherz, entschuldigen Sie.
Den Ärzten in der Klinik erzählte ich über meine Alleingänge schon lange nichts mehr. Auch jetzt nicht – nichts über mein neues Gefühl, plötzlich keine greifbaren Feinde mehr zu haben.

Den Kontakt zur Wutpille Dr. P. pflegte ich dagegen regelmäßig. Eines Tages fragte er mich am Telefon wie nebenbei:
– Wissen Sie überhaupt, wann die KV gegründet wurde?
– Ich habe darüber schon kurz mal recherchiert, das dann aber nicht weiter verfolgt. Das Datum habe ich vergessen.
– Also raten Sie mal!
– Warten Sie kurz. Der Computer ist an, ich schau mal in die Datenbank.
– Machen Sie mal, es ist ein Hammer ... ich habe mich darüber vor kurzem mit Professor Schwimmer unterhalten. Ich wußte das bis jetzt auch nicht. Professor Schwimmer ist die erste Adresse für deutsche Medizingeschichte.
– Mir kam es im Grunde ziemlich irrelevant vor, sagte ich noch und klickte mich dabei auf dem Bildschirm weiter durch.
– Ich hab's: 1931. Die Auskunft stammt von der Pressestelle der KV Berlin.
Dr. P. lachte auf.
– Mannomann, die trauen sich was ... sind aber geschickt! Das müßte ich eigentlich noch Professor Schwimmer erzählen. 1931 gab es Gründungen auf lokaler Ebene, mehr nicht. Das Abrechnungsmonopol, das die Ärzte – und schon viel früher – gerne haben wollten und immer nicht bekommen konnten, sicherten sie sich erst 1933. Sie bekamen es von den Nazis im Grunde ge-

schenkt – ideologisch paßte das alles gut zusammen. Das muß man sich vorstellen. Und das Recht auf die ausschließliche Alleinvertretung hat diese Lobby bis heute.
– War das wirklich so?
– Es ist doch vollkommen logisch! Die Kassen waren damals sozialdemokratisch, viele Ärzte standen rechts – und ganz viele waren eben in der NSDAP, die wichtigsten Ärztefunktionäre sowieso. Die KV ist also eine reine Nazigründung; unglaublich, oder? So viel an konzentrierter Macht hätte die Ärztelobby in einer Demokratie niemals bekommen. In der zivilisierten Welt ist so etwas einmalig.
– Was passierte mit den Juden, also den Ärzten, meine ich?
– Die fielen als erste raus – das ist klar. Und die Linken natürlich. Das war nebenbei auch der Zweck der Übung – man nahm diese Konkurrenz bei der Gründung nicht auf, und diese Leute konnten nicht mehr abrechnen. Aber im Grunde interessiert das heute niemanden.
– Mir ist das zuviel, sagte ich, mir geht es schon schlecht genug ...
– Ach! Das ist doch nur Geschichte, einen neuen Judenmord planen die Brüder trotzdem nicht.
– Das weiß ich. Aber was weiß ich?
Als ich mir kurz danach eine Arbeit von Prof. Schwimmer besorgt hatte, konnte ich meine Zweifel an Dr. P.s Glaubwürdigkeit wieder mildern. In der Zwischenzeit war ich ihm gegenüber zunehmend mißtrauisch geworden. Seine Tiraden gegen die KV und die Ärzte aus der Blutwäsche-Kommission kamen mir immer unangemessener vor. Ein interessantes Detail entdeckte ich nebenbei in einer Publikation für Medizinstudenten, in der es unter anderem um die Struktur des deutschen Gesundheitswesens ging – hier wurde das Gründungsdatum der KV auch schamvoll mit 1931 angegeben. In einem anderen Artikel

wurde den Studenten suggeriert, so etwas wie die KV hätte schon dem guten alten Bismarck vorgeschwebt.

Eines Tages rief mich überraschenderweise mein »geheimer« Kontaktmann vom Bundesausschuß von sich aus an und verriet mir einen anderen Ausweg aus meiner Klemme. Man könnte versuchen, das SYSTEMVERSAGEN der Richtlinie zu belegen, meinte er. Wenn man statistisch nachweisen könnte, daß sich die Methode in der Praxis mehrheitlich durchgesetzt hätte, könnte es beim Gericht unter Umständen den Ausschlag geben.

– Den Begriff an sich kenne ich schon, was bedeutet das für mich aber praktisch?

– Man müßte eine bundesweite Erhebung starten, also gemeinsam mit den Ärzten. Bei allen Apherese-Zentren per Telefon nachfragen, eidesstattlich absichern ... ganz einfach. Fragebogen wären natürlich zuverlässiger, so etwas dauert aber.

– Und was machen wir mit der KV?

– Ach, lassen Sie die KV in Ruhe. Den bürokratischen Wahnsinn, den die Leute dort zu bewältigen haben, wird ihnen niemand mehr abnehmen. Niemand will es. Und die gräßlichen Geld- und Punktschlachten zwischen den Fachrichtungen ... Gehen Sie lieber spazieren.

Die jüdische Moorleiche

Eines Tages starb einer meiner Leute aus der Patientengruppe in einer Telefonzelle. Sein Fall war – im Hinblick auf die Richtlinie – leider noch komplizierter und noch schwieriger durchzusetzen gewesen als meiner. Zusätzlich war er dick und rauchte. Über seinen »Nikotinabusus« wußte ich nicht nur aus seiner Akte, ich ertappte ihn einmal auch in der Cafeteria auf dem Krankenhausgelände – er rauchte Zigarillos. Laut Akte hatte er offene Beine; und wenn ich ihn im Warteraum sah, wie er sich dort kratzte, wußte ich Bescheid. Die Kasse verweigerte ihm die Therapie auch mit dem Verweis auf sein Übergewicht. Ich versuchte umgehend, die Presse zu alarmieren, einige der zuständigen Redakteure kannten mich inzwischen. Mein Thema war für sie aber leider »durch« und sowieso viel zu kompliziert. Außerdem war die Krise im Gesundheitswesen überall so deutlich, daß man sie problemlos mit anderen Schreckensmeldungen illustrieren konnte.

Im Anschluß an den Todesfall ging der nächste Prozeß verloren; diesmal in Berlin. Das unspektakuläre Ereignis heißt bei den Sozialgerichten zwar nicht »Prozeß«, sondern »mündliche Verhandlung«, zu der unterschwelligen und vor Korrektheit strotzenden Härte, mit der das Ganze ablief, hätte das Wort Prozeß aber viel besser gepaßt. Der Anwalt des Patienten nickte bei der Verhandlung brav und sah fast alles ein, was der Richter sagte. Wie nebenbei widersprach er dem Richter zwar indirekt und erwähnte andere analoge Krankheitsbilder und andere Urteile – zur künstlichen Befruchtung zum Beispiel –, an dem längst beschlossenen Verdikt konnte das aber nichts mehr ändern. Nebenbei durfte ich mir die Gelassenheit des Kassenjustitiars ansehen. Der Patient wirkte wie ein Schaf vor der Schlachtbank und konnte der Verhandlung kaum folgen. Als der Richter etwas Verständnis für die Situation des ›Betroffenen‹ äußerte, bekam ich naiverweise das Gefühl, das Urteil stünde doch noch nicht fest. Nachdem das Desaster in einigen knappen Sätzen verkündet worden war, stand ich mit den beiden Verlierern eine Weile im Gang. Als der junge Richter ohne Talar an uns vorbeiging, deutete er ein zartes, fast entschuldigendes Lächeln an, bevor er in einem Nebenraum verschwand.

– Wir gehen in Berufung, von der ersten Instanz war nicht viel mehr zu erwarten, meinte der Anwalt.

Menschlich fand ich den Mann leider nicht sehr ansprechend. Vor allem wegen seiner Augen, die wie abgestorben wirkten – oder wie abgetrennt vom übrigen Geschehen in seinem Gesicht. Ich bedauerte nicht, mich für einen anderen Drawermühl-Ersatz entschieden zu haben.

– Sie haben sich so selten zu Wort gemeldet, sagte ich vorsichtig.

– Was zu sagen war, steht in den Akten. Herumquatschen macht hier überhaupt keinen Sinn. Theoretisch hätten wir gar nicht dabeisein müssen, man entscheidet nach der Aktenlage. Uns fehlen sowieso wirklich relevante Argumente. Die Ärzte müßten endlich mit den Studien loslegen.

– Im schlimmsten Fall ohne mich, witzelte der Patient mit seinem Nitroglyzerin-Spray in der Hand.

– Was bewirkt das eigentlich? fragte der Anwalt.

– Das erweitert die Gefäße, auch die verengten im Herzen; ich brauche das unbedingt bei Aufregung und so.

– Es erweitert aber auch alle anderen Äderchen, auch die im Kopf, sagte ich, man kann davon furchtbare Kopfschmerzen bekommen. Wollen Sie das testen?

– Danke, danke. Eine Sache wollte ich noch wissen – über den Patienten, der gerade gestorben ist. Er hat angeblich geraucht.

– Ja, aber eigentlich dürfte das gar keine Rolle spielen, sagte ich, Leute mit Lungenkrebs bekommen ihre Therapie auch und dürfen rauchen, wie sie wollen.

– Wir sind hier aber in einer ganz kippligen Lage. Die Kassen verlangen von den Leuten aktive Mitwirkung. Und das dürfen sie ja auch.

Daß die Sache auch diesmal und hier in der Stadt – vor einer ganz anderen Kammer – verlorengegangen war, war bitter. Mein doch nicht nur unsachlicher Dr. P. hatte mich vor jeglichen Illusionen aber schon rechtzeitig gewarnt. Bei den Sozialgerichten würde man nur rein formal entscheiden; außerdem wäre man bei jedem Gericht – genauso wie auf hoher See – in Gottes Hand. Nach der Verhandlung rief ich ihn an, um ihn wenigstens schimpfen zu hören.

– Hier werden doch ganz legal Leute umgebracht! Bald stürzt man sich beim Sparen auch auf meine Dialyseleute, warten Sie mal ab. Wegen der Euthanasie hätte es hier in Deutschland nie so weit kommen dürfen! Jetzt versucht man das auf dem biologischen Weg, irgendwann lösen sich die Probleme eben von selbst ... und was man dabei zusätzlich noch anrichtet! – menschlich, psychisch. Niemand ist aber direkt verantwortlich! Mir kommt das bekannt vor.

In früheren Zeiten empfand ich in der Regel für Menschen, die depressiv oder stark verunsichert wirkten, oft eine ziemlich intensive Verachtung. Ich nahm sie ins Visier, sah ihnen das unschön Unsouveräne schnell an – und sie fielen bei mir durch. Das änderte sich inzwischen grundsätzlich. Jetzt waren alle diese angeschlagenen Gestalten meine Kumpel und Verbündeten. Ich stellte mir meinen glühenden Kopf voller heißer Spannungen gern bildlich vor – und ahnte dieses innere Glühen jetzt auch hinter den unterschiedlichsten Masken um mich herum. Ich witterte diese Leute sogar von weitem, erkannte in ihren Gesichtern die verräterische Rötung und Spannung wie mit einer Infrarotkamera. Ihre Augen schienen in zitternden Spinnweben zu stecken. Wenn diese Leute zusätzlich eine böse Nacht hinter sich hatten, sammelte sich ihre Traurigkeit in der Nähe ihrer Augen wie in tiefen Kratern. Ihr Mund war oft häßlich verformt, egal wie unbekümmert ihr angedeutetes Dauerlächeln auch wirken wollte. Extremisten unter uns erkannte ich schon aus großer Entfernung, ihre Haut leuchtete regelrecht. Am unglücklichsten waren aber vielleicht diejenigen, die mit ihren Blicken unauffällig die Bürgersteige bürsteten und für meine forschenden Augen kaum erreichbar waren.

Aber ich nahm verstärkt auch fröhlichere Dinge und Menschen wahr. Ich genoß die Ausstrahlung mancher Bürgersteigaufheller, gönnte ihnen ihre Kraft und ihren Optimismus. Als ich eines Tages kurzzeitig eine kleine Euphorie in mir spürte, war ich sofort voll diffuser Zuneigung zu allen, die ich sah. Und ich fand plötzlich, daß eine viel größere Anzahl von Mitbürgern viel weniger angeschlagen wirkte als einen Tag zuvor. Besonders wenn die Sonne schien und die Luft klar war. Bei einer Autofahrt durch die Stadt überraschten mich alle möglichen Farben, die in der Sonne leise klirrten. Dagegen hörten sich die Reifen unseres Autos durch die offenen Fenster extrem laut an und anders als sonst; bis ich das Gefühl bekam, wir hätten Reifen mit Spikes.

– Heute früh war das doch kein Haschkuchen? fragte ich Anne.
– Unsinn, was ist wieder los?
– Wegen der starken Farben.

– Das Licht ist heute klar bei der trockenen Luft. Und die Farben leuchten eben.
– Du hast das studiert. Aber auch unsere Reifen hören sich anders an, klatschen so scharf, hörst du das? Wir donnern hier wie zwei Verrückte in einer Kutsche.
– Ich höre nichts Besonderes.
– Vielleicht wirkt sich die Luftqualität auch auf die Ausbreitung von Schallwellen aus. Du mußt dazu aber keine pseudophysikalische Erklärung abgeben – als Beschwichtigung, meine ich.
– Und du erzähl mir bitte nicht jeden Scheiß, wenn's nicht sein muß. Okay?
Draußen beim Spaziergang fühlte ich mich dann wie in Trance. Der runde Platz, auf dem wir parkten, wölbte sich in der Mitte, die Luft stand still, und alles leuchtete wie in einer aufgemotzten Kodak-Welt. Beim Laufen merkte ich außerdem, daß die Tiefenverhältnisse in meinem Blickfeld nicht stimmten. Ich lief auf der welligen Pflasterung lieber mit Vorsicht und unterdrückte dabei die Frage an Anne, ob sie heute auch so extreme Weitwinkelobjektive statt Augen hätte.
Bald danach kehrte der Winter leider noch einmal zurück. Es wurde wieder bitterkalt, der Frühling kam und kam nicht, und ich staubte von jedem aktuellen Virenschub etwas ab. Meine Infekte, Heiserkeiten, Verschnupfungen, Entzündungen von Nebenhöhlen mündeten schließlich in ein einziges Dauerkranksein. Anne haßte meine Infekte und wachsende Grippephobie wie die Pest. Ihre Fürsorge ließ stark nach, und unser Austausch reduzierte sich sowieso, weil meine Stimme oft ganz wegblieb. In der Wohnung war dauernd dicke Luft – außerdem war sie voller Keime, gegen die Anne mit ausgiebigen Dauerlüftungen kämpfte. Mich trieb es dann in den wärmsten Raum der Wohnung – ins Bad. Ich preßte mich in meinem verkeimten Bademantel an den Wandheizkörper

und wartete ab, bis ich wieder in mein Bett gehen konnte. Aber eigentlich wartete ich dort regelmäßig auf die Erlösung. Trotz allem blieb Anne insgesamt tapfer und verdrehte bei meinem Anblick nur ab und zu stumm die Augen. Zum Beispiel, wenn sie mich wieder verzweifelt Salzwasser gurgeln sah oder wenn das erste, was sie früh von mir erblickte, ein neuer unförmiger Halswickel aus einem mit Sicherheitsnadeln gepiercten Frotteehandtuch war.

– Guck mal, ich hab mich mit schmucken Nadeln schick gemacht.
– Was ist wieder los?
– Die jüdische Moorleiche auf dem Vormarsch.
– Ich bringe dich um.

Anne sah trotz oder dank der durch mich verursachten Reifeprüfungen insgesamt immer schöner aus – wie eine Prinzessin. Ich sagte es ihr ab und an. Sie pflegte ihre Haut, ihre Haare und andere edle Teile natürlich weiter und regelmäßig. Bei diesem Wettbewerb konnte ich absolut nicht mithalten und handelte mir bald den Titel »Prinz von und zu Gosse« ein. Daß ich inzwischen nicht nur im Beisein von irgendwelchen Unsympathen Lust bekam, Getränke in diese fremden Gesichter zu schütten, war dabei alles andere als edel. Solche Impulse spürte ich sogar im Beisein meiner Nächsten. Zur Sicherheit legte ich mir am Tisch oft meine linke Hand auf die gefährdete rechte. Anne provozierte ich sowieso immer penetranter – ausgiebig und auf unterschiedliche Art und Weise. Es ging dabei wiederholt um jüdische Dinge, besonders nach einem Streit mit der Jüdischen Gemeinde. Niemand wollte sich dort in meiner Angelegenheit engagieren, und mir blieb nichts anderes übrig, als verstärkt gegen mein eigenes Volk zu hetzen. Und da sich Anne mit der Judenheit relativ eng verbunden fühlte, konnte ich damit nebenbei auch sie treffen.

– Unser Haushalt ist alles andere als koscher, weißt du das, alles drunter und drüber ... Wenn die Scharfmacher von der Gemeinde ihre Überraschungskontrollen starten, bist du dran.
– Du siehst auch ziemlich verwahrlost aus.
– Das weiß ich doch. Im KZ hätte man mich längst zu den Muselmännern gezählt.
– So etwas will ich nicht hören! Gehst mir wahnsinnig auf den Wecker. Du machst aus harmlosen Dingen dauernd furchtbare Katastrophen – aus jedem Alltagsscheiß gleich die Hölle.
– Der Jude besitzt nun mal ein etwas kränkliches Wesen.

Schlappschwanz nannte sie mich zum Glück nicht mehr, weil sie dann etwas über ihre schlappe Doppellippe zu hören bekommen hätte. Wir reiften beide und härteten uns ab, mußten allerdings auch vorsichtig sein. Manchmal schätzte ich Annes Stimmung falsch ein, zum Beispiel als sie sich einmal partout nicht als Judenschlampe bezeichnen lassen wollte.
– Arschloch, inzwischen dürftest du dir solche Frechheiten nicht mehr leisten!

An dem Tag fühlte ich mich einem härteren Kampf gewachsen und machte weiter.
– Im Grunde bist du eine Blutschänderin, ein Geschwür am deutschen Volkskörper.

Interessant war, daß Anne auch nach solchen, sich von selbst disqualifizierenden Schlägen oft als erste versuchte auszusteigen.
– Unerträglich, wirklich, furchtbar bist du. Hör jetzt auf mit dem Quatsch.
– Der Beschnittene darf sich in der Diaspora keine Ruhe gönnen, sonst ist er verloren. Das wurde mir von klein auf eingetrichtert.
– Ich kann auch nicht anders! schrie sie mich darauf-

hin an, ihr blöden Idioten geht mir alle auf den Wecker, ein Scheißvolk dummes seid ihr. Deine Mutter sagt das auch: Wenn ein Jude dumm ist, ist er wirklich dumm. Und du bist außerdem ein echter Sadist. Dabei habe ich euch doch nie was getan, und meine Eltern oder Großeltern auch nicht. Jetzt quält mich so ein Arschloch von euch mit seinen Dauerzuständen, bis ich auch welche bekomme; mit unmöglichen Blödeleien ohne Ende! Ist das nicht ungerecht? Ich hab doch niemanden umgebracht.
– Ist schon gut ...
– Dabei hast du alles, was du brauchst, du allerärmstes Schwein. Ich höre jetzt nicht auf! Du hast es hier viel besser als die anderen in eurer Wüste da unten! Kein Terror, hier ist doch nichts weiter los! Und von deinen Jammerjuden aus der Gemeinde hilft dir keiner. Ich muß das alles alleine ausbaden ... Deine berühmten Großethiker, die du angeschrieben hast, und deinen joggenden Professor – die kannst du auch alle vergessen. Fröhliche Wissenschaftler ...
– Das war jetzt ziemlich ernst, weißt du das? sagte sie nach einer Pause etwas ruhiger.
– Bin jetzt wieder lieb und brav.
– Das verlange ich doch gar nicht, halt lieber die Klappe.

Inzwischen war ich so weit zermürbt und geschwächt, daß ich ganz neue Seiten an mir entdeckte – Ergebenheit und Gleichmut. Es war absolut keine Abgebrühtheit dabei, eher die reine Resignation. Eindrucksvoll erlebte ich es einmal in der Badewanne. Ich duschte, ohne besonders verdreckt oder vollgeschmiert zu sein, sah unter meinen Füßen aber plötzlich dunkel gebräuntes Wasser fließen. Als das Wasser immer dunkler wurde und offensichtlich von meinem Rücken heruntergeflossen kam, tastete ich mich hinten ab. Daß sich gerade angefaultes Gewebe von mir verabschiedete und ich mich an einer Stelle auflöste, war deutlich. Da ich immer noch keinen Schmerz spürte, nutzte ich die Zeit, um nach positiven Aspekten der Sache zu suchen. Irgendwelche Katastrophen in der Bauchhöhle oder im Brustkorb wären noch bedrohlicher. Mein Hodensack schien intakt zu sein. Das Wasser lief und lief, wurde mit der Zeit etwas heller – und ich wartete ab, bis es sich rot färben würde. Es war das erste Mal, daß ich der Zersetzung meines Körpers beiwohnen, meinem materiellen Ende sozusagen ins Auge sehen konnte. Später unter der Erde wäre es ohne Beleuchtung nicht möglich. Trotz der inneren Erstarrung dachte ich sofort auch an meine fleißigen Krankenhausärzte an ihre technischen Möglichkeiten und an ihre tapferen Kollegen von der Chirurgie. Ich wußte, daß man mich wahrscheinlich ohne viel Mühe wieder zusammenflicken würde.

Ich erzähle hygienisch problematische Dinge über mich nicht unbedingt gern, breche hier lieber ab. Wichtig an der Geschichte war sowieso nur meine ruhige Zuversicht. Ich verließ die Badewanne wie ein rituell erneuerter Mensch.

Die Clownskolonne

An die fröhlichen alten KZ-Märchen meiner drei Damen dachte ich jetzt oft. Wenn die Großmutter sie uns Kindern erzählte, lächelte sie immer glücklich. Strahlen und lächeln konnte sie angeblich auch im Lager. Zum Beispiel, als sie das erste Mal von ihrer zwölfstündigen Schicht aus der Munitionsfabrik kam. Das muß kurz nach der Verfrachtung aus Auschwitz in ein Arbeitslager gewesen sein. Die Frauen mußten dort Sprengkapseln herstellen und sie mit Schießpulver füllen – und da die Fabrikhalle voller Staub war und alle ohne jeglichen Schutz arbeiten mußten, waren die Gesichter der Frauen genauso wie ihre Kleider bald mit einer glitzernden Silberschicht überzogen. Frei von dem klebrigen Staub blieben am Ende nur die Augen und die Münder. Das, was dann ins Lager zurückkehrte, waren keine Menschengestalten, es waren Roboter aus der Vorhölle, uniformierte Fremdwesen ohne individuelle Unterschiede.

Als sich diese silbergraue Kolonne am ersten Tag nach längerem Fußmarsch dem Lager näherte, wurde sie von den noch nicht Eingesetzten neugierig erwartet. Auch meine Mutter und meine Tante standen vor ihrer Barakke, hielten nach ihrer Mutter Ausschau und wollten unbedingt wissen, wie schlimm die Arbeit gewesen war. Die erschöpft wackelnde, undefinierbare Masse verriet erst einmal durch ihr Äußeres, was sie hinter sich hatte. Man erkannte aber niemanden. Aus dem Grund begannen einige der Wartenden furchtbar zu schreien. Meine Mutter und Tante blieben die ganze Zeit ruhig – und schließlich entdeckten sie ihre Mutter doch und konnten ihr zuwinken. Eine einzige Gestalt aus dieser inzwischen zum Stehen gekommenen Menge lachte nämlich übers ganze Gesicht – und das mußte einfach sie sein, niemand sonst. Der Mund und die Augen der Mutter leuchteten in ihre Richtung; die beiden sollten sich vor dem silbrigen Überzug offensichtlich nicht weiter fürchten. Und vielleicht sollten sich ihre beiden Töchter über den Auftritt dieser Clownskolonne wirklich auch amüsieren.

Was das Rehlein-Lachen in Theresienstadt betrifft, wurde ich mir immer sicherer, daß sich der arme Dr. Brakwart geirrt haben mußte. Das Aufsagen des Gedichts war doch ein Gebet. Das Lachen war sicher eine Art Gegenwehr gegen das, was noch kommen sollte – auch wenn die Ausmaße nicht bekannt waren. Aber das Aufzählen der Stunden hat bei Morgenstern tatsächlich etwas Erbarmungsloses. Die nächste Stunde kommt, dann die übernächste, irgendwann ist es soweit. Den drei Frauen stand in der Tat noch einiges bevor. Im Grunde beteten sie ähnlich wie Rehe, denen das Beten in der Jagdzeit auch nicht helfen würde.

Ich sah meine Großmutter als Kind fast immer nur mit einem fröhlichen Gesichtsausdruck. Ihre Freude, überlebt zu haben, mich und meine Cousinen aufwachsen zu sehen, überdeckte offenbar alles andere. Und da man mir nicht genügend Gründe geliefert hatte, sie und die anderen, die den Krieg überlebt hatten, bedauern zu müssen, hielt ich diesen Teil ihrer Vergangenheit lange für einigermaßen amüsant. Auf jeden Fall kam in mir viel zu lange keine gezielte Wut darüber hoch, was sich die Nazis damals getraut hatten, meinen drei Damen anzutun. Heulen darüber konnte ich auch später nur, wenn ich in Dokumentarfilmen Berge von Leichen zu sehen bekam.

Man gab mir in meiner Kindheit tatsächlich nicht genügend Gelegenheiten zu trauern. Die wenigen übriggebliebenen, meist nur fernen Verwandten, die noch da waren, waren eben da – und sie lachten auch viel, wenn sie bei uns auftauchten. Und diejenigen, die nicht da waren, die hatte ich nie gekannt und konnte sie nicht wirklich vermissen. Die ganz nahen Verwandten, die tatsächlich fehlten und empfindliche Lücken hinterließen – wie zum Beispiel Großmutters jüngere Schwester Lizzy –, ersetzte man unauffällig durch diejenigen, die greifbar waren. In diesem Fall durch Pepfi, dessen Bruder Erwin mit der wunderbaren Lizzy verheiratet gewesen war. Wir hatten also diesen Pepfi in unmittelbarer Nähe, den einzigen noch lebenden Bruder von Erwin. Im Zuge dessen wurde seine Enkelin so etwas wie meine nächste Cousine. Zu unserer Familie wurden – nach Sympathie eben – auch Freunde und Bekannte gezählt, so daß immer eine ausreichende Menge an Verwandten um uns herum vorhanden war. Daß wir mit den meisten gar nicht verwandt waren, erfuhr ich meist erst später.

– Man gewöhnt sich an alles, sagte meine Großmutter oft.

– An fast alles, schränkte meine Mutter das in der Regel ein.

Ich lachte jetzt zwar lange noch nicht dauernd wie meine Großmutter, mir ging es aber besser. Meine ausgedehnte Krise relativierte sich mit der Zeit von selbst – auch weil sich im Grunde nichts Dramatisches mehr abspielte. In Gedanken kehrte ich immer öfter zu meiner alten Arbeit zurück. Wir lachten dort zum Beispiel gern über bestimmte Kunden. Am komischsten waren diejenigen, die mit ihren eigenen fertigen Sprüchen schon angerückt kamen. »Dieser Pudding ist kein kaltschnäuziges UnDing« oder »Mach den PUD dingfest, Mann – wenn das Ding fest ist, gibt es ein Fest« schlug uns ein kindischer Werbeleiter einmal vor, dem es um die Vermarktung seines »echt wie gekocht« schmeckenden Instantpuddings ging.

Obwohl ich als Texter im Laufe der Zeit einige witzige Sprüche kreierte, bin ich in der Werbung grundsätzlich doch für einen relativ strengen Ernst. Werbung, bei der sich vor allem die Macher selbst amüsieren oder nur bei Wettbewerben Preise einstreichen wollen, finde ich unerträglich. Dabei meine ich nicht Spots, die einen durch schräge Einfälle wirklich zum Lachen bringen, ich meine alberne Werbung, wie seinerzeit die für Camel. Vom Nikotingenuß ihrer krebsgefährdeten Zielgruppe scheinen diese Leute überhaupt keine Ahnung zu haben.

Das Rauchen ist aus mehreren Gründen eine äußerst ernste Angelegenheit – und man hat als Raucher deshalb das Recht, ernst genommen zu werden. Beim Anzünden der Zigarette verwandelt man sich blitzschnell in ein tiefgründig weises Wesen – ich kann mich an diese verwunschenen Gefühle noch ganz gut erinnern. Nikotin öffnet die Seele sofort für große und eher tragische Gefühle. Daß fast alle Raucher beim Qualmen oft intensiv – auch wenn meistens nur diffus – philosophieren oder sich wenigstens einbilden, in den Dunstkreis von existentiellen Wahrheiten einzutauchen, sieht man ihnen auch an. Und dieses sich rhythmisch mit dichten Rauchschwaden füllende, gefährlich lebende und süchtig in Richtung Abgrund rasende Wesen will seine Einmaligkeit in der Welt für die jeweiligen fünf bis sieben Minuten voll und ganz auskosten – mit dem gut begründeten Anspruch eines zahlenden Konsumenten. Auch das plötzliche Ende des Rauchvorgangs ist bitter bis tragisch. Daher ist jegliche Fehlinterpretation dieser durch Schwermut überschatteten Gefühle eindeutig das letzte, was ein Raucher braucht. Für die Verkennung der Raucherphilosophie ist die humorige Camelwerbung exemplarisch. Trotzdem darf man es bei der Zigarettenwerbung mit dem Ernst nicht übertreiben und sie nicht ins Tragische kippen lassen – wie es eine Zeitlang bei den Davidoff-Kampagnen der Fall war. Einige der Davidoff-Raucher wirkten auf mich wie schwerdepressive Singles kurz vor dem Selbstmord.

Auch bei Autoreklamen bin ich für den Ernst, egal wie ich witzige Ideen gerade in Spots für Autos mag. Wenn ich zum Lachen aber durch das Dauergrinsen von Komikern, die ihr Dauergrinsen als Dauermittel zum Dauerkitzeln einsetzen, animiert werden soll, funktioniert das nicht. Was das Auto betrifft, muß man sogar besonders vorsichtig sein – das Auto ist für die meisten Menschen eine bitterernste Angelegenheit. Die Leute lieben ihre Kisten in der Regel wie Mitglieder ihrer Familien, wenn nicht sogar mehr. Sie lieben ihre Fahrzeuge für ihre Schönheit, Zuverlässigkeit und Verfügbarkeit. Und für ihre Treue: Welches andere Wesen würde auf einen tage-, wenn nicht manchmal wochen- oder monatelang auf der gleichen Stelle geduldig warten? So etwas gibt es in der heutigen Welt eigentlich gar nicht mehr. Man stellt das Auto irgendwo ab, und wenn es böse Menschen nicht geklaut oder demoliert – oder andere Brutalos es nicht abgeschleppt – haben, bleibt es bedürfnislos auf der Stelle stehen und ist sofort wieder dienstbereit. Die besten Hunde sind nichts dagegen. Aus diesem Grund ist auch beim Designen von Autos Vorsicht geboten. Was zählt, ist in erster Linie Funktionalität und eine klare, dieser Funktionalität streng untergeordnete Ästhetik. Die Optik darf auf keinen Fall verspielt oder albern wirken, wie es eine Zeitlang bei Ford der Fall war. Der Spruch »Die tun was« (Young & Rubicam) war für mich von Anfang an ein schlechter Witz, weil ich die damals aktuell präsentierten Modelle ganz und gar abscheulich fand. Der »Fiesta«, der »Ka«, der »Cougar« oder wie sie alle hießen, hatten geschwungene Formen von Spielzeugautos, und ich empfand ihre auch in den unmöglichsten Partien durchgezogenen Linien – egal wie überraschend und neu sie an sich waren – als ironische, distanzierende Gestaltungsgesten. Autos sind aber keine Spielzeuge; sie sind nicht etwas, wovon man sich ironisch distanzieren sollte. Ironisierung dieser Art müßte in der Autobranche als diskreditierende »Auto«demontage bestraft werden. Und Ford erlebte dank der unübersichtlichen Vielfalt und dem zu schnellen Wechsel von Modellen tatsächlich einen schlimmen Absturz. Auch das etwas ernstere Weltauto »Mondeo« mit den unglaublich vielen Testkilometern verließ in der »schwungvollen« Formgestaltung – besonders am Heck – den Boden der Funktionalität. Intensiven Haß auf gestalterisch mißlungene Produkte, sogar auf einzelne Details, entwickelte ich schon sehr früh in meiner Pubertät.

Einen ganz bösen Stilbruch, bei dem mit dem Ernst nicht ernsthaft genug umgegangen worden war, erlaubten sich die Leute von »TöpferGrenvilleCrone« – und zwar bei der Arcor-Kampagne. In den ersten Spots und auf den Billboards begann man mit coolen und wie aus einem Raum voller frühreifer Weisheit blickenden jungen Frauen zu werben. Die Mädels waren nicht nur schön, sie wirkten außerdem fast traurig. Ihr Erkennungszeichen waren ihre markant rot gefärbten Haare. Jeder kannte sie. Der konsequent durchgehaltene und viele Geheimnisse bergende Ernst ihrer Gesichter war bestechend. In den Spots schwiegen diese Schönheiten zum Glück – am Anfang jedenfalls. Der Bruch, der anschließend kam und eventuell von Anfang an geplant gewesen war, machte den ausgezeichneten und zeitgemäßen Eindruck leider sofort kaputt: Die Schönheiten begannen flach zu lächeln und alberne Dialoge abzusondern. Im Grunde plauderten sie damit aus, daß sie überhaupt keine Geheimnisse gehabt hatten.

Solche Stilbrüche verabscheue ich wie die Pest. Aber noch mehr verachte ich in der Werbung Unoriginalität, Mangel an Intelligenz oder Sensibilität. Ich schäme mich bereitwillig immer noch für diejenigen Werber, die mißlungene Kampagnen zu verantworten haben. Man kann sich bei dieser Arbeit zwar sonstwelchen Unsinn oder sonstwelche Absurditäten einfallen lassen, man kann mit Fakten, Wörtern oder Gedanken herumspielen und sie verdrehen, wie man will, für sich selbst muß man aber trotzdem genau wissen, was Sache ist. Man muß alle Daten auf dem Tisch haben, man muß den Markt, die Konkurrenzsituation, das Produkt, das Konsumverhalten genau kennen. Erst dann ist man wirklich frei und kann kreativ arbeiten – und erst dann kann eine egal wie alberne Idee auch eine Funktion bekommen und Geschmack bewahren.

Man muß sich allerdings im klaren sein, daß die moderne Werbung an der plakativen Oberfläche nie wirklich für voll genommen wird. Das ist im übrigen der Grund dafür, warum sie ohne Humor nicht mehr auskommen kann. Um so mehr muß man sich bei der Arbeit auf alle feinen Signale und Botschaften konzentrieren, die in den geistigen Innereien der Leute noch unkritisch angenommen werden. Und weil bei diesem eigentlichen Teil der Werbebotschaften absolut keine Zweifel aufkommen dürfen, muß hier im gesamten Erscheinungsbild alles hundertprozentig perfekt sein. Optisch und akustisch muß sich in der Werbung alles auf dem allerhöchsten Vollkommenheitsniveau abspielen. Schon eine winzige Ungenauigkeit, Unausgewogenheit in der Bildgestaltung oder Ausstattung würde andeuten, daß hier eventuell geschummelt wurde. So etwas wird aber nicht verziehen. Es darf also nie der Eindruck entstehen, die Werbeleute würden das Produkt, für das sie werben, selbst nicht genügend schätzen. Aus diesem Grund wird in der Branche auch nicht gespart – oder es sollte wenigstens nie zu erkennen sein, wo gespart worden ist. Noch besser ist es, wenn man der Werbung ihre hohen Kosten sofort ansieht.

Mir entsprach diese Arbeit sicher auch wegen dieses absoluten und uneingeschränkten Perfektionsanspruchs. Außerdem hatte ich, was manchen vielleicht verwundern könnte, mit der Arbeit auch keine moralischen Probleme. Ich hatte nie Bedenken, daß dank meiner Intelligenz jemand betrogen würde. Um Ehrlichkeit geht es in der Werbung von vornherein nie, jedenfalls nicht uneingeschränkt. Einerseits gehört die Übertreibung und daher auch ein subtiles Zur-Seite-Treten zu unserer Arbeit, andererseits ist man als Werber automatisch sowieso auf der Seite des Kunden, der die Werbefirma engagiert und bezahlt. Das ist die eigentliche Beziehung, auf die es ankommt und in der Ehrlichkeit herrschen muß. Der Zweck der ganzen Sache ist, im Interesse des Werbekunden an das Geld der Verbraucher heranzukommen. Um fast jeden Preis – der Auftraggeber hat in die Produktion schon eine Menge Kapital investiert. An seiner Seite übernimmt man daher einen gehörigen Teil der Verantwortung.

Der Ernst dieser Beschäftigung, der Ernst dieses Spiels ergibt sich dann von selbst. Wenn man schon mit ganzem Einsatz angefangen hat zu arbeiten, wird in einem automatisch auch so etwas wie Kampftrieb geweckt. Man befindet sich unweigerlich Seite an Seite mit dem Geldgeber, zieht bei dem gemeinsamen Feldzug gegen die gesamte feindliche Konkurrenz mit. Und im Krieg sind zwar nicht alle Mittel, aber doch ziemlich viele erlaubt. Ernst ist diese Beschäftigung gerade wegen des Kampfes gegen den Rest der Welt, der theoretisch genau die gleichen oder noch ausgefallenere Waffen zur Verfügung hat. Das betrifft die konkurrierenden Produzenten wie die von ihnen bezahlten Werber. Wir betrügen oder bekämpfen also nicht irgendwelche armen Schwächlinge. Wir kämpfen gegen unseresgleichen; und wenn wir in diesem Sinne den Konsumenten leicht an der Nase herumführen, ist es angesichts des Ernstes der Lage, angesichts des eigentlichen Feldzuges mehr als gerechtfertigt. Das Kämpferische gefiel mir in der Werbung natürlich auch; und ich kultivierte es dort. Vielleicht ging ich überhaupt nur hin, weil es mir entsprach. Für Geld kann man auch morden. Dagegen ist unsere Arbeit ausgesprochen human.

Unser aller, inzwischen verstorbener Alt-Vater Ogilvy warb nur für Dinge, die er selbst mochte und nutzte. Das waren noch Zeiten! Heutzutage geht das nicht mehr. Man muß nicht überzeugt sein, daß eine auf den Markt geworfene Sache gut oder für die Menschheit notwendig ist, es reicht, wenn man von ihrer Verkaufbarkeit und Konkurrenzfähigkeit einigermaßen überzeugt ist. Natürlich verwenden wir bei der Arbeit wahnsinnig viel Energie an das Gelingen von völlig alltäglichen Verkaufsakten. Wir verschwenden einen Teil unserer Begabung für relativ banale Ereignisse, die irgendwo am Ende der Kette zustande kommen sollen. Konsumiert wird nicht die Werbung, sondern das über oder unter uns allen stehende Produkt. Wir stecken dabei mit allen anderen, die am Umschlagen von diesen austauschbaren und teilweise überflüssigen Dingen beteiligt sind – zum Beispiel den Lieferanten, Lagerarbeitern oder Verkäufern –, unter einer Decke. Aus dem Grund gibt man als Werber den Außenstehenden über die eigene Arbeit am liebsten nur diffuse Auskünfte. Man sagt statt ›Ich arbeite an der Kampagne für die neue Trockenwurst von XY‹ viel lieber: ›Ich arbeite für die Firma XY an der Vermarktung einer neuen Produktserie‹. Das Leben in der Branche ist auf Dauer doch etwas anstrengend. Hinter dem, was am Ende an der sichtbaren Oberfläche auftaucht, verbirgt sich in der Regel viel mehr Arbeit, als man sich im allgemeinen vorstellt.

Ein kleines Problem von uns Kreativen ist natürlich, daß wir uns als halbe Künstler empfinden. Mit dem Unterschied zu den echten, daß wir in der Regel keine Namen haben. Und weil dadurch die emotionale Kopplung von den Rezipienten zu uns zurück nicht stattfindet, kann das bei ehrgeizigeren Naturen zu heftigem Frust führen – und die Frustrierten verabschieden sich irgendwann auch. Ein guter Werber muß eine Art Happyend immer im Auge behalten und positive Gefühle vermitteln. Das Maximum davon muß jeder Brief, Katalogtext oder Prospekt für die Direktwerbung ausstrahlen. Also alles, was die Agentur eben verläßt.

Es gab noch eine Begegnung mit Dr. Dr. Horn, dem lipidologischen Experten der mächtigen KV-Kommission. Es war eine Art Abschied ohne Worte und ohne jeglichen Blickkontakt. Herr Dr. Dr. Horn hatte in der Zwischenzeit offenbar noch einen Doktortitel bekommen und nannte sich mittlerweile Dr. mult. Horn. Ich sah ihn von weitem auf der Straße, in einem Stadtbezirk, in dem er meiner Meinung nach nichts verloren hatte. Es war im düstersten Lichtenberg, Sonnabend nachmittags; zu dieser Zeit hätte er eigentlich in seinem Haus oder Garten in Zehlendorf sein müssen. Dr. mult. Horn kam etwas torkelnd aus einem grauen niedrigen Miethaus heraus, blieb eine Weile stehen und setzte sich anschließend auffallend langsam in Bewegung. Er lief auch nicht unbedingt gerade. Meine erste Phantasie war, daß er hier eine Geliebte hatte. Für seine Frau könnte er zu dieser Zeit bei einer Tagung gewesen sein. Ich ging ihm behutsam nach. Als er eine breite Hauptstraße betrat, erwischte ihn eine schlimme Windböe. Sein leichter Mantel war offen, er blieb stehen und stemmte seinen kurzen, plötzlich viel weniger stämmig wirkenden Körper nach vorn. Als der Wind abrupt nachließ, rannte er in schnellen Schritten kurz los, bremste wieder ab. Kurz danach überraschte ihn der nächste Stoß, der wirklich heftig war. Von einem Baugerüst riß sich eine Plane frei, ein liegengelassenes Stück Blech flog durch die Luft, änderte mehrmals seine

Richtung und bedrohte eine junge Frau mit ihrem Kind. Die Frau begann zu kreischen, ein Rentnerpaar von der anderen Straßenseite schloß sich dem Geschrei und dem Blechdonner laut an. Die beiden Alten gerieten trotz allem nicht in Panik, hoben ihre Taschen, soweit sie konnten, und schützten gegenseitig ihre Köpfe. Die Luft war voller Staub und Sand. Dr. Horn hatte sich längst schon wieder in die bessere Schrägposition verlagert und kämpfte. Da er anderweitig beschäftigt war, kümmerte er sich nicht darum, daß er auch seinen Hut hätte beschützen müssen. Dieser war in Sekundenschnelle ein Teil des durchgewirbelten Drecks geworden, und er gab ihn schon nach einem kurzen Suchblick verloren. Die restlichen Haare an den Seiten seines Schädels, die er viel zu lange hatte wachsen lassen, machten sich frei und flatterten in der Luft wie zwei Wimpel. Damals, als ich ihn aufgesucht hatte, waren sie auch relativ lang, trotzdem ordentlich nach hinten an die Schädelbasis geklatscht. Irgendwann wagte Dr. Horn wieder die nächsten Schritte und ging in Richtung Taxistand. Ich holte mir seinen Hut aus einer Einfahrt, durchstach ihn zu Hause mit einem Wurfpfeil und hängte ihn an die Wand. Dort hängt er bis heute. Der Pfeil erfüllt eine klare Zusatzfunktion – er hält einen Zettel mit der Bezeichnung des Objekts fest.

Das Dach

Dann kam der 10. Mai, den ich, wie seit Jahren schon, wieder mal überlebte. Der 10. Mai ist mein zukünftiger Todestag, den ich in der Agentur manchmal pompös gefeiert hatte. Das Datum – allerdings ohne Jahreszahl – hatte mir vor vielen Jahren ein netter Autoelektriker vorhergesagt, der nebenbei – also schwarz – auch Autoradios reparierte. Als ich ihm das stumm gewordene Gerät ausgehändigt hatte, schrieb er an den Rand des Schaltplans: 10.5. SCHORNSTEIN TOT. Seitdem weiß ich nach jedem zehnten Mai, daß ich wieder ein Jahr vor mir habe.

In der kritischen Zeit, bevor ich die Blutwäsche bekam und schwere Herzprobleme hatte, war ich trotz aller Warnungen weiter joggen gegangen. Ich kämpfte gegen die Schmerzen und die Enge in der Brust an und wollte den Herzmuskel an die erschwerten Bedingungen mit Gewalt gewöhnen. Ich lief auch aus Scham immer erst dann, wenn es dunkel wurde, und war mit meinen teilweise heftigen Anfällen von Angina pectoris ganz allein im Park. Wenn ich das überlebe, dachte ich, komme ich bestimmt auch später durch.

An einem Sonntagvormittag schlug ich Anne vor, nach langer Zeit wieder auf dem Dach zu frühstücken – zur Begrüßung des kommenden Sommers. Das Dach war gerade kürzlich von einer richtigen Firma neu gedeckt worden und schien in Ordnung zu sein. Wegen Kabrow schlichen wir uns mit unserem Korb und zwei Taschen leise nach oben. Wir hatten auch eine Flasche Sekt dabei. Oben öffnete sich uns eine vollkommen andere Welt. Es herrschte Windstille, und die Sonne war schon so stark, daß wir beide bald unsere Jacken und Hosen ablegen mußten.

– Guck mal, Schornstein: Du hast hier oben ganz viele Verwandten, alles deine Brüder.

– Aber nur im Grabsteindesign.

Nach dem Essen zog ich mir auch die Unterhose aus und legte mich hin. Unangemeldete Kontrollen mußten wir nicht befürchten, ich hatte die Stahltür vom Dachboden hinter uns abgeschlossen.

– Wird es mit dir jetzt aufwärtsgehen? fragte mich Anne.

– Gibt es was Schöneres als eine eigene Sonnenterrasse?

– Sag mal!

– Sag ich dir unten in der Wohnung, wenn ich meine Glücksgefühle heil überstanden habe.

– Sei bitte ernst.

– Hier oben ist es nicht schwer, die Dinge positiv zu sehen.

– Ich halte viel mehr nicht durch, hab schon alles gegeben.

– Ich werde es dir nie vergessen.

– Das hoffe ich. Wird es mit dir nun aufwärtsgehen oder nicht?

Anne traute mir nicht allzuviel zu und entschloß sich, eine Ansprache an die Engel zu halten. Sie unterhielt zu ihnen seit Jahren gute Verbindungen und hatte dabei nur die besten Erfahrungen gemacht. Sie sammelt bis heute Bücher über sie, besitzt dicke Bände mit schönen bunten Bildern – auch über ganz seltene Arten von Engeln. Anne räumte um uns herum auf, räusperte sich und sprach:

– Liebe Engel und Schutzengel! Ihr habt mir schon so oft geholfen, jetzt ist aber der hier neben mir dran. Schaut mal bitte her, guckt ihn Euch mal gründlich an. Er hat einiges hinter sich, ich aber auch, und ich bin am Ende meiner Kräfte. Ich gebe Euch jetzt eine Art Steckbrief durch. Er ist ein Schutzbefohlener von mir. Also aufgepaßt – ich fange unten an: Er hat total flache Fußsohlen, ohne Hornhaut – dank der platten Gewichtsverteilung. Seine Plattfüße sind fast das Süßeste an ihm, die könnt Ihr normalerweise aber gar nicht sehen. Seine haarigen Beine sind ziemlich krumm und proportional zu seinem Körper etwas zu kurz geraten. Aber das nur nebenbei. Ansonsten ist seine Figur harmonisch. Und guckt Euch gleich noch einmal diese zwei Stellen an seinen Hüften an, links und rechts, die sind einzigartig – beide vollkommen unbehaart, gleich groß und schön glatt, die Haut ist dort wunderschön weich. Das Dummerchen wußte früher gar nicht, daß er sie hatte. Dahin gibt es jetzt gleich zwei Küsse, ein Moment, meine Lieben. Und guckt Euch auch diese dunklen Narben an den Schenkeln an – diese Flecke hängen schon direkt mit seinen üblen Zuständen zusammen; er hat sich schlimm verbrüht. Der Kleine hier in der Mitte bekommt jetzt auch einen Kuß von mir. Also weiter: Sein Penis ist nicht übergroß, er ist für mich aber genau richtig. Ruhe da! Du mußt jetzt nicht gleich blau anlaufen, oder? Jetzt kommt der Bauch. Sein Bauch ist ganz flach. Ihr seht sicher auch, daß mein Mann etwas dünn geraten ist. Er ißt zwar immer ordentlich, wird und wird aber nicht bepackter. Dabei bräuchte er unbedingt eine kleine Schutzschicht mit etwas Fett. Seine Finger sind etwas zu kurz, ansonsten sind seine Hände sanft und zart. An der rechten Hand seht Ihr sicher diese Narbe. Die hängt mit seiner Hauptnarbe am Hals zusammen, über die erzähle ich gleich noch mehr. Seine Schultern sind breit und gerade, sein Rücken ist wunderschön, ich drehe ihn jetzt auf den Bauch, guckt mal hin. So sieht er von hinten aus.

Seine Kopfform ist für ihn ausgesprochen charakteristisch. Und sein Gesicht sowieso. Seine Nase ist nicht allzu groß, und er hat einen großen Mund, mit dem er breit lachen kann, wenn er nicht gerade acht Monate Dauerdepression hinter sich hat. Seine Barthaare, die er sich heute früh wieder – schade, schade – vergessen hat zu rasieren, wachsen vor allem auf den Backen und am Hals in ganz unterschiedliche Richtungen; wild und schräg hin und her – sieht man doch. Und noch ein Erkennungsmerkmal: Am Hinterkopf hat er eine große Schädelplatte mit einem rechtsdrehenden Haarwirbel.

Jetzt noch zu seinen Narben. Die längste hat er hier hinten am Hals, die ist vom Bergsteigen. Die werdet ihr immer gut sehen können, weil er meistens T-Shirts trägt und keine Hemden. Zu der Verletzung kam es nicht aus Dummheit beim Abseilen, es ist passiert, als er einem Freund das Leben gerettet hat. Dieser Mensch flog an ihm vorbei durch die Luft, fünfzehn Meter im freien Fall, und mein Mann hat ihn gesichert, hat das Seil – wie es sich gehört – festgehalten. Als der Ruck kam, rutschte ihm das Seil am Hals auf die nackte Haut. Am Ende war es schon halb in sein Fleisch eingegraben und ein ganzes Seilstück war rot. An den Händen fehlten ihm auch mehrere Hautfetzen. Mich würde er – wenn ich fiele – sicher auch halten, liebe Engel. Ich schaffe es mit ihm jetzt nicht mehr alleine.

Ich versuchte in der letzten Zeit oft, mich an die schönsten Augenblicke unserer Beziehung zu erinnern. Beim Sortieren kam ich am Ende immer auf unsere langwierigen Schmusereien. Witzigerweise kamen sie mir auch »zeitökonomisch« unglaublich produktiv vor. Als ob die Zeit, in der wir uns berührten und uns mit langen Blicken abtasteten, die am sinnvollsten verbrachte Zeit unseres Lebens gewesen sei. Die arme »Tante« Erna – eine Freundin meiner Mutter – stellte allen möglichen Menschen gerne folgende Frage: ›Was stört einen nach vierzig Jahren Ehe am meisten?‹ Die richtige Antwort, die sie dann meistens gleich selbst lieferte, hieß: ›JEDES WORT! Jedes Wort, das der andere überhaupt ausspricht.‹ Sie fand das ziemlich witzig. Gern fügte sie noch die folgende Weisheit hinzu: ›Die Ehe ist eines der schwierigsten Dinge im Leben, trotzdem traut sich fast jeder Trottel zu heiraten.‹

Für mich und Anne war es immer wieder ein Grund zum Wundern, wie lange wir uns zum Beispiel im Bett miteinander beschäftigen konnten, ohne uns zu langweilen oder ein anstrengendes Gespräch vom Zaun zu brechen. Diese Zeit verging unglaublich schnell, manchmal waren es lange Stunden. Im üblichen Sinn produktiv waren dabei höchstens die von Anne bestellten Massagen.

– Kannst du mich massieren?

Eine gründliche Massage kann zwar einiges an Kraft kosten, ich massiere Anne aber ausgesprochen gern. Wegen des besseren Zugangs zu ihrer nackten Haut wird sie von mir dabei sukzessiv entkleidet. Und sie macht meistens brav mit, legt immer mehr ab, um da und dort noch etwas an Berührung abzubekommen. Wenn ihre Haut einen besonders reizbaren Zustand erreicht hat, geht das Entblättern besonders schnell vor sich. Sie streift dann wie benebelt freiwillig sogar ihre berührungsfeindliche Strumpfhose ab. Irgendwann ist sie ganz nackt, bis in die tiefsten Schichten durchwärmt – und wundert sich.

– Wieso habe ich gar nichts mehr an? Wie hast du das geschafft?

– Ich habe dich mit deinen eigenen Endorphinen und Sexorphinen besoffen gemacht.

– Beschäftigt dich noch etwas anderes?

– Ich habe mit dir, Anne ...

– Was denn schon wieder.

– ... auf dem erotischen Sektor noch viel vor. Im Rahmen unseres Kampfes gegen den Grautag – des gemeinsamen Kampfes, versteht sich.

– Ich habe dich etwas gefragt.

– Was mich noch so beschäftigt? Gedanken zum Thema Geldverdienen zum Beispiel. So weit bin ich schon. Mir muß es aber noch etwas besser gehen.

– Gegen die Depression soll Bewegung das beste sein. Joggen, Fahrradfahren. Du mußt damit wieder anfangen.

– Wer sagt das?

– Meine Gynäkologin neulich, wollte ich dir noch erzählen. Außerdem muß dein lieber Dr. Brakwart ein ganz schöner Spinner sein, meinte sie; ohne Ahnung von Tiefenpsychologie und – wie war das noch mal? – Gegenübertragung.

– Ich habe das überlebt.

– Freut mich. Und was ist mit dem Sport?

– Wenn man depressiv ist, will man sich möglichst gar nicht bewegen, nicht einmal die Finger rühren.

– Trotzdem. Ich sag dir nur, was ich gehört habe. Die Koordinierung dieser Bewegungsabläufe, die Reizung der vielen beteiligten Muskeln lenkt ab, beschäftigt andere Gehirnbereiche. Die Bedrückung verschwindet auch deswegen, weil die Kapazität der Birne begrenzt ist.

– Du hast deiner Frauenärztin wieder mal alles gezeigt, gib es zu.

– Ja, sogar viel mehr als dir. Mehr als du je zu Gesicht bekommen wirst.

– Ihr macht euch bei der Arbeit richtig Gedanken um mich, interessant.

– Das hat dir noch nie geschadet, oder?

– Im Gegenteil. Trotzdem ist Joggen viel schöner, wenn es einem schon von vornherein gutgeht.

– Dann mach mal.

Alois Hotschnig
Die Kinder beruhigte das nicht

Erzählungen
Gebunden

»Welcher Handlung ich hier beiwohnte, wusste ich nicht, und die Regeln, nach denen dies alles geschah, waren nicht zu erkennen, und doch war ich jeden Tag mit dabei, gegen meinen Willen und gierig danach, es zu sehen.« Dieser Satz stammt aus einer Erzählung, in der das untätige und aufreizend selbstgenügsame Verhalten seiner Nachbarn den Erzähler dazu bringt, sein Leben vollständig nach ihrem Rhythmus auszurichten, um ihrem Geheimnis auf die Spur zu kommen.
In seinem Erzählungsband spielt Hotschnig auf subtile Weise mit der Wahrnehmung. Er lässt den Leser hinter scheinbar alltäglichen Vorgängen das Besondere sehen und sich im anderen erkennen. Wunderbare Geschichten, die den Blick verändern.

Kiepenheuer
&Witsch   www.kiwi-koeln.de

Feridun Zaimoglu
Leyla

Roman
Gebunden

Eine anatolische Kleinstadt in den fünfziger Jahren. Hier wächst Leyla als jüngstes von fünf Geschwistern auf, im engen Kreis der Familie und der Nachbarschaft, und hegt einen großen Wunsch: Sie will dieser Welt entkommen. Mit einer sinnenfrohen, farbenprächtigen und archaischen Sprache erzählt Feridun Zaimoglu vom Erwachsenwerden eines Mädchens, dem Zerfall einer Familie und von einer fremden Welt, aus der sich viele als Gastarbeiter nach Deutschland aufmachten – eine fesselnde Familiensaga aus dem Herzen des Orients.

»Zaimoglu ist ein grandioser Erzähler. Virtuos, wuchtig, gut.« *Profil*

Kiepenheuer & Witsch   www.kiwi-koeln.de

Moritz von Uslar
Waldstein oder der Tod des Walter Gieseking am 6. Juni 2005

Roman
Gebunden

Walter Gieseking, dreißig Jahre, muss sich bewegen. Es geht um eine Form der Lebensbejahung. Zu irgendwas, am besten etwas Großem, Übergeordneten, muss er doch mal Ja sagen. Bisher hat er immer prima Nein sagen können. Das geht jetzt plötzlich nicht mehr. Aus damit. Vorbei.
Virtuos lässt Uslar Gieseking in einem fulminanten Monolog die großen Themen anschlagen – Natur, Großstadt, Liebe, Freundschaft, bürgerliche Ehe, Älterwerden, Gott im Himmel, Klassik versus Pop, und natürlich: Frauen. Der Erzähler Gieseking haut mit einer Wucht in die Tasten, dass dem Leser die Ohren klingen, und nimmt sich sogleich wieder zurück. Es sind Variationen auf einen Lebensentwurf, aus denen ein Stück großer Literatur entsteht. Zart und kraftvoll, betörend und bedrängend.

Kiepenheuer & Witsch
www.kiwi-koeln.de